전문성과 신뢰성을 높여주는
프레젠테이션 기법
공신력
스피치

Public Confidence Speech

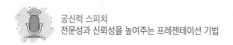

책을 내면서

1996년부터 30여 년 동안 학자로서 교육자로서 스피치를 화두로 연구하고 교육하였다. 말을 잘하고 싶은 열정이 가득한 소중한 사람들을 수없이 만났다. 그들은 한결같이 어떻게 하면 떨지 않고 스피치를 잘할 수 있는지 궁금해했다. 그들이 고민하고 궁금해하는 질문들이 이 책의 일등 공신이다. 쉽게, 그러나 근거 있게 그 질문에 대답하고자 노력하는 과정에서 이 책은 탄생하였다.

이 책은 특색 있는 관점에서 저술되었다.

첫째, 《공신력 스피치》는 스피치만을 위한 책이 아니다. 프레젠테이션에 관한 책이기도 하고 직장에서의 보고를 위한 책이기도 하다. 스피치, 프레젠테이션, 발표, 면접, 보고 등은 다른 것이 아니다. 모두 글이 아닌 말로 하는 커뮤니케이션이다. 이것들은 언어와 비언어를 통해 설득한다는 점에서 동일하다. 동일한 이론, 원칙, 스킬이 적용된다는 말이다. 그래서 프레젠테이션, 면접, 보고를 잘하고 싶은 모든 사람에게 유용한 책이다.

둘째, 《공신력 스피치》는 단순히 스피치 스킬만을 제시한 책이 아니다. 이론적 토대가 없는 스피치 스킬은 사상누각이다. 구체적인 스킬이 없는 스피치 이론은 탁상공론이다. 이 책은 탄탄한 이론적 토대와 과학적 연구 결과를 바탕으로 구체적인 스킬을 담았다. 눈맞춤, 자세, 제스처, 목소리, 역동성, 잠시 멈추기와 같은 스킬을 왜 사용하면 좋은지, 어떻게 사용해야 효과적인지를 상세히 기술하였다.

셋째, 《공신력 스피치》는 스피치 스킬을 연사/프레젠터의 공신력 관점에서 다루고 있다. 스피치 스킬은 연사가 어떤 공신력을 형성하고 싶은가에 따라 다르게 적용되어야 한다. 전문성을 높이는 스킬과 신뢰성을 높이는 스킬이 다를 수 있다는 말이다. 이 책에서는 전문성, 신뢰성, 열정을 높이기 위해 사용되는 언어적 스킬, 비언어적 스킬을 과학적 근거를 들어 제시하였다.

이 책은 총 8장으로 되어 있으나 크게 네 부분으로 범주화할 수 있다.

첫째, 스피치의 의미와 목적을 다루었다. 스킬이 뛰어나면 스피치를 잘하는 사람인가? 그렇지 않다. 스킬이 뛰어나야 스피치를 잘하지만 스킬만 뛰어나서는 안 된다. 그런 사람을 우리는 말만 잘하는 사람이라고 한다. 스피치 능력은 동기, 지식, 스킬의 삼위일체이다. 여기에서 스킬은 연사의 동기와 지식을 구현해주는 수단에 불과하다. 누구와 어떤 상황에서든 진심으로 즐겁게 스피치하려는 동기, 연사 자신, 청자, 스피치 상황, 채널 등에 대한 지식이 있어야 한다. 그래서 높은 동기와 지식을 갖추기 위해서는 스피치의 의미, 목적, 구성 요소 등에 대한 깊이 있는 논의와 성찰이 필요하다.

둘째, 스피치 불안감의 원인과 극복 방법을 다루었다. 불안감은 스피치 능력을 향상시키기 위해 반드시 해결해야 할 난제이다. 무슨 문제든 원인을 알아야 해결할 수 있듯이 스피치 불안감도 그렇다. 스피치 불안감이 발생하는 원인과 그것을 극복할 수 있는 방법을 체계적으로 설명하였다.

셋째, 공신력의 관점에서 전문성과 신뢰성을 높이는 스킬을 다루었다. 스피치에서 공신력이 왜 중요한지, 공신력을 높이기 위해 어떤 언어적, 비언어적 스킬을 구사해야 하는지를 과학적 연구 결과를 토대로 제시하였다. 구체적으로 스피치를 할 때 전문가답고 열정적인 이미지, 신뢰감을 주는 이미지를 형성하는 데 필요한 언어적, 비언어적 스킬을 상세히 설명하였다. 특히 생각 정리를 논리적, 체계적으로 하기 위한 개요 짜기와 서론, 본론, 결론의 구성 방법을 논의하였다.

넷째, 사람의 스타일, 유형에 따른 설득 방법을 다루었다. 커뮤니케이션 조절 이론에 따르면 사람들은 자신의 스타일대로 말하고 행동하는 사람을 좋아하고 설득된다고 한다. 스타일을 알면 通한다는 말이다. 그래서 4가지 스타일의 구분, 성격적 특성, 커뮤니케이션 특성, 설득 방법 등을 일상에서 활용할 수 있도록 상세히 제시하였다.

이 책을 쓰면서 여러 사람의 도움을 받았다. 먼저 어렵고 힘든 상황에서도 흔쾌히 출판을 허락해주고 적극 지원해주신 한올출판사 임순재 대표님, 최혜숙 실장님 이하 편집부에게 진심으로 감사의 말씀을 올린다. 이 책을 완성하기까지 함께 고생해주신 공저자 원광대 이만제 교수님, 박양신 박사님께도 존경과 감사의 말씀을 드린다. 또 한없이 그리운 우리 엄마, 저술 과정 내내 힘든 상황을 견뎌내도록 지지하고 살펴준 남편, 남양주와 군산의 가족들, 멀리서 힘내시라고 응원해준 믿음직한 아들 창협과 창재에게도 고마움과 사랑의 마음을 전한다.

2024년 3월
대표 저자 장 해 순

차 례

Chapter 03   **스피치의 핵심 공신력**   / 56

Chapter 05   **신뢰성을 높이는 언어 스킬**   **/ 110**

Chapter 07 신뢰성을 높이는 비언어 스킬 / 194

Chapter 08 커뮤니케이션 스타일을 알면 설득이 쉬워진다 / 226

공신력 스피치

전문성과 신뢰성을 높여주는 프레젠테이션 기법

스피치의
정의와 목적

Chapter 01 스피치의 정의와 목적

스피치를 잘하기 위해서는 무엇보다도 '스피치란 무엇인가'에 대한 탐구와 성찰에서 시작해야 한다. 원론적이고 다소 진부하기까지 한 이 질문이 왜 스피치를 잘하는 방법의 출발점이 되는가. 그 이유는 인식이 행동을 규정하기 때문이다. 우리는 '스피치란 이것이다'라고 정의하고 인식한 방식대로 스피치를 실행하는 경향이 있다.

예를 들어 '스피치란 논리적으로 말하는 것이다'라고 규정한 사람은 적어도 스피치를 할 때 논리정연하고 체계적으로 표현하려고 노력할 것이다. '스피치란 자신감있게 말하는 것이다'라고 생각하는 사람은 자신감있는 태도로 자신의 생각을 전달하려고 할 것이다. 또한 '스피치란 청중과 교감하는 것이다'라고 정의하는 사람은 청중과 공감대를 형성하고자 다양한 방법을 모색할 것이다. 이와 같이 스피치에 대한 정의와 인식이 실제로 스피치를 실행하는데 영향을 미친다고 볼 수 있다. 따라서 스피치 능력을 향상시키기 위해서는 스피치의 정의에 대한 심도있는 탐구와 논의가 필요하다.

1 스피치의 정의

스피치는 공적 대화에서 출발한다

스피치는 좁은 의미에서 대중연설을 의미한다. 그러나 포괄적 의미에서 스피치는 대중연설뿐만 아니라 일상적인 공적 대화, 프레젠테이션, 발표, 회의, 토의, 토론, 보고, 브리핑, 강의까지 포괄하는 커뮤니케이션이다. 스피치가 커뮤니케이션의 한 방식이라면 분명 상호 작용적 성격을 띤다. 청중과 상호 작용하면서 교감을 나누고 생각이나 의견을 공유해야 한다는 의미이다. 따라서 스피치를 단순히 대중 앞에서 자신이 준비한 내용을 전달하는 것, 대중 앞에서 말을 잘하는 것으로 인식하는 것은 스피치에 대한 오해이다.

우리는 일상에서 나누는 대화는 떨지 않고 잘하지만 대중 앞에서 하는 스피치는 두려워하고 불안해한다. 대화는 한 사람과 말하는 것이지만 스피치는 많은 청중을 상대해야 한다는 압박감 때문이다. 그러나 스피치는 정제된 공적 대화이다. 스피치는 청중 앞에서 말하는 것이긴 하지만 순간순간 한사람과 나누는 대화이다. 스피치를 하는 동안 대화 상대를 순간순간 바꾸는 것일 뿐이다. 수많은 청중이 있어도 한사람과 눈을 맞추면서 이야기하면 된다. 청

중을 대상으로 스피치를 하지만 한사람과 일대일로 이야기하는 느낌을 주어야 성공할 수 있다. 청중 전체가 아닌 누군가 한사람과 눈맞춤을 하면서 말하는 것이 스피치이다. 한사람 한사람과의 대화가 모여 스피치가 완성된다.

스피치는 청중 앞에서 하는 것이기 때문에 공적인 성격이 강하다. 대화는 많은 경우 두 사람이 편하게 나누는 것이기 때문에 사적인 성격이 강하다. 스피치가 매 순간 한사람과 나누는 대화이긴 하지만 대중 앞에서 하는 대화이기 때문에 공적인 성격을 띠어야 한다. 보다 정제된 말투, 정제된 몸짓, 정제된 태도를 보여야 한다는 것이다. 스피치를 대중연설이라고 생각할 때는 중압감과 불안감이 커진다. 하지만 스피치를 정제된 공적 대화라고 인식한다면 우리는 더 친숙하고 긴장하지 않고 다가갈 수 있다. 대화는 매일매일 우리가 하고 있는 커뮤니케이션이기 때문이다. 대화를 하되 정제되게 하자. 그것이 스피치이다.

스피치가 정제된 공적 대화에서 출발하기 때문에 일상생활에서 연습하고 훈련하는 것이 필요하다. 스피치를 잘하기 위해 사용되는 모든 언어적, 비언어적 스킬들을 공적 대화를 할 때 적용하면 저절로 스피치는 잘하게 되는 것이다. 스피치는 우리 말인 한국어로 하는 것이지만 외국어 공부를 하듯이 연습해야 전문가가 될 수 있다. 스

피치는 지금까지 해왔던 커뮤니케이션 방식이 아닌 다른 스킬과 방법이 적용되기 때문이다. 외국어는 매일 꾸준히 오랜 시간 연습하고 공부해야 잘할 수 있듯이 스피치도 마찬가지이다. 전문가답고 신뢰감을 주는 언어적, 비언어적 스킬을 배우고 익혀 매일 대화할 때 사용하도록 노력해보자. 스피치 스킬들이 무의식적으로 저절로 표현될 때까지 연습하고 사용해보는 것이 스피치 달인이 되는 유일한 해법이다.

스피치는 자신의 삶에 대한 표현이자 공유이다

스피치는 자신의 생각, 감정, 욕구, 의견, 경험, 태도, 신념, 가치관 등을 표현하는 것이다. 이런 의미에서 스피치는 자신의 삶을 표현하는 것이다. 우리는 자신의 삶을 떠나 스피치를 할 수 없다. 우리는 스피치 주제 선정 과정부터 표현하는 내용, 스킬 사용 등 모든 것이 자신의 삶의 범위 안에서 선택한다. 아리스토텔레스(Aristotle)는 적절하고 핵심적인 아이디어를 고안하고, 논리적으로 조직하며, 적절한 표현양식을 통하여 구성한 후 효율적으로 암기하여 감동적으로 발표할 줄 아는 사람이 스피치 능력이 있는 사람이라고 하였다. 그가 이야기한 이 모든 스피치 과정은 자신의 삶에 기반해야 한다. 따라서 자신의 삶을 충실히 살고 있는 사람들은 스피치를 잘할 수 있는 자원을 이미 가지고 있는 것이다.

스피치가 삶의 총체성이자 표현이기 때문에 사회문화적 특성을 띤다. 한 사람의 스피치는 자신이 살았던 사회와 문화를 떠나서 할 수 없다. 성별, 연령, 사회계층 등에 따라 살아온 사회와 문화가 다르기 때문에 서로 다른 스피치를 할 수밖에 없다. 스피치를 할 때 청중을 고려해서 내용과 표현을 다르게 해야 하는 이유이다. 면접 상황을 예로 들어보자. 취업 면접자는 대체로 20대이지만 면접관은 적어도 40대 이상이다. 20대와 40대 이상의 사람들은 살아온 사회문화가 서로 다르기 때문에 커뮤니케이션의 방식도 차이가 있다. 따라서 취업에 성공하려면 40대 이상의 면접관의 커뮤니케이션 방식에 맞춰 면접스피치를 해야 한다. 인사하는 법, 답변 내용, 답변 태도 등 모든 것을 면접관의 사회문화에 적합하게 해야 한다.

또한 스피치는 자신의 삶을 청중과 공유하는 것이다. 커뮤니케이션의 정의는 어원에서 도출할 수 있는데 라틴어의 communis(共通, 共有) + cation(化)에서 유래하였다. 여기에서 communis는 공유, 공통의 뜻이다. 따라서 스피치와 커뮤니케이션의 의미는 어원에서도 알 수 있듯이 "둘 또는 그 이상의 사람이 정보, 지식, 경험, 사상, 감정, 욕구, 신념, 태도, 가치관을 공통화하거나 공유화하는 것"이다. 따라서 스피치는 자신의 생각, 의견, 태도 등을 단순히 전달하는 차원을 넘어서 청중과 공유화하는 것이다. 공유화하는 것이 스피치의 본질이다.

공유화가 어떤 의미인지 아래 그림의 A와 B의 회의 사례로 살펴보자. A와 B가 '효과적인 스피치와 커뮤니케이션 방법'이라는 주제로 팀 프레젠테이션을 하기 위해 한 시간 정도 회의를 했다. 두 사람은 한 시간 동안 '공유화'하는 커뮤니케이션을 얼마나 했을까. A는 왼쪽 원만큼, B는 오른쪽 원만큼 이야기를 했다. 두 사람이 한 시간 동안 커뮤니케이션한 전체 양은 두 개 원의 합집합(∪) 만큼이다. 그러나 공유화라는 진정한 커뮤니케이션 양은 두 개 원의 교집합(∩)만큼만이다. 교집합을 제외한 나머지 큰 부분을 차지하는 양쪽의 원은 두 사람이 이야기는 했으나 공유화라는 의미에서 보면 커뮤니케이션을 안한 부분이 된다. 결국 두 개의 원에서 보면 A와 B는 효과적인 커뮤니케이션을 이뤄내지 못한 것이다. 두 개의 원이 합해지는 커뮤니케이션이 가장 적절하고 효과적이다. 스피치에서도 마찬가지이다. 자신이 이야기한 것을 청중이 이해하고 공유한 만큼만 스피치를 한 것이 된다.

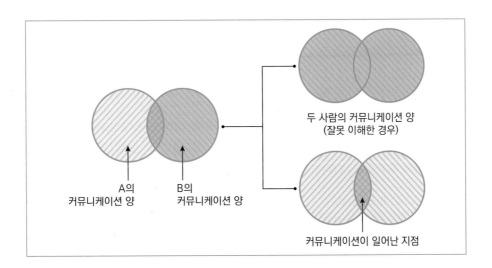

A의
커뮤니케이션 양

B의
커뮤니케이션 양

두 사람의 커뮤니케이션 양
(잘못 이해한 경우)

커뮤니케이션이 일어난 지점

스피치는 동기, 지식, 스킬의 능력을 갖추어야 한다.

우리는 스피치를 잘하는 사람이란 스피치 스킬이 뛰어난 사람으로만 생각한다. 스피치 교육을 받는 사람들도 말을 잘하는 방법, 즉 스킬을 익혀야 한다고 생각한다. 스피치가 곧 말 잘하는 방법이라는 우리 사회의 인식 때문이다.

그러나 스피치 능력이 뛰어난 사람은 동기(motivation), 지식(knowledge), 스킬(skill)을 모두 갖추고 있어야 한다. 스피치 능력이 있는 사람은 첫째, 기꺼이 자발적으로 스피치를 하고자 하는 욕구와 열의, 동기가 있어야 한다. 둘째, 특정한 스피치 상황에서 어떻게 커뮤니케이션을 해야 하는지에 대한 지식이 있어야 한다. 즉 스피치 목표를 달성하기 위해 상황을 어떻게 고려해야 하고, 청중에 어떻게 적응해야 하며, 메시지와 스킬을 어떻게 사용해야 하는지에 대한 지식이 있어야 한다. 셋째, 스피치 목표를 달성하기 위해 실제로 실행할 수 있는 뛰어난 스킬을 가지고 있어야 한다. 이것은 언어적, 비언어적 스킬을 표현하는 능력을 의미한다.

스피치 능력 중 가장 중요한 것은 동기이다. 아무리 지식이 있고 스킬이 뛰어나다 하더라도 청중과 자발적으로 기꺼이 스피치하고자 하는 욕구나 열망이 없다면 그것은 일방적인 스피치에 머물게 된다. 가끔씩 우리는 청중의 마음은 아랑곳 하지 않고 자신의 이야기만 스피치하는 사람들을 경험한다. 이때 우리는 진실성이 없는 스피치, 교감이 없는 스피치, 공허한 스피치라는 느낌을 받는다. 스킬이 뛰어날지는 모르지만 청중과 진심으로 공유하려는 열의나 마음이 없다면 진정한 스피치라 할 수 없는 것이다. 스피치를 하는데 있어 출발지점은 지식도, 스킬도 아닌 바로 동기이다. 스피치를 회피하지 않고 즐거운 마음으로 청중과 호흡하겠다는 동기부여, 열망, 열정이 있어야 시작할 수 있는 것이다.

스피치의 구성요소인 화자, 메시지, 채널, 청자에 대한 구체적인 지식도 필요하다. 화자의 경우 자신의 공신력, 주제에 대한 지식과 태도, 스피치 목적, 장단점 등을 파악하는 것이다. 메시지는 스피치 목적을 성공적으로 달성하기 위한 언어적, 비언어적 스킬에 대한 지식이 있어야 한다. 또한 스피치 상황이나 채널의 특성에 대한 이해, 채널을 효율적으로 활용할 수 있는 방법을 알아야 한다. 청중의 사회경제적 배경, 심리적 성향, 욕구, 주제에 대한 지식수준과 관심정도, 화자에 대한 공신력 인식정도 등에 대해 파악을 해야 한다.

또한 언어적, 비언어적 스킬을 익히고 내면화하여 실제 스피치를 할 때 적용되어야 한다. 스피치에서 스킬은 동기와 지식을 구현해내는 수단이다. 자신이 얼마나 열정적이고 즐겁게 청중과 소통하고 싶은지를 드러내주는 수단, 자신이 갖고 있는 지식을 표현해 주는 수단이 곧 스킬인 것이다. 이제부터 스피치를 스킬 중심으로 생각하지 말고 동기와 지식과 스킬이 하나로 어우러지는 커뮤니케이션이라는 사실을 명심하자.

스피치는 말하기이자 듣기이다

스피치는 화자와 청자가 상호 교섭하여 의미를 창조해 가는 과정이다. 이 말은 스피치는 말하기이자 듣기라는 의미이다. 스피치를 하는 사람은 화자임과 동시에 청자의 역할을 동시에 수행해야 한다. 스피치를 듣고 있는 사람도 청자임과 동시에 화자의 역할을 수행해야 한다. 예를 들어 A라는 교수가 B대학에서 강의를 하고 있는 상황을 생각해 보자. A교수는 화자이고 강의를 듣는 B대학 학생들은 청자라고 생각할 수 있다. 그렇지 않다. 스

피치와 커뮤니케이션을 하는 동안 한사람 안에 화자와 청자는 분리되지 않는다. A교수는 강의하는 동안 화자인 동시에 청자이다. B대학 학생들도 청자임과 동시에 화자이다.

만약 A교수가 화자로서만 강의를 했다면 B대학 학생들이 강의에 어떤 반응을 보이든 상관없이 A교수가 준비한 내용을 이야기하면 된다. A교수가 화자로서의 역할만 수행한다면 분명 강의는 그다지 좋은 평가를 받지 못할 것이다. 강의 능력은

A교수 자신이 아무리 능력이 있다고 스스로 평가한다고 해서 능력이 있는 것은 아니다. B대학 학생들이 강의를 잘했다고 인정해 주어야만 강의능력이 있는 것이다.

A교수가 강의를 잘하는 사람이 되기 위해서는 B대학 학생들의 여러 가지 반응을 살펴야 한다. 학생들이 강의 내용을 이해했는지, 강의를 지루해 하지는 않는지, 졸고 있는 사람은 없는지 등 강의를 듣는 학생들이 보내주는 많은 언어(간단한 대답)와 비언어(고개 끄덕임, 눈맞춤, 밝은 표정 등)를 살펴야 한다. A교수가 학생들의 반응을 살피는 것은 화자로서 하는 것이 아니다. 청자로서 눈과 귀를 통해 학생들의 반응을 살피는 것이다. A교수는 청자로서 반응을 살피고 난 후 화자로서 그 다음 메시지에 반영하여 수정 보완해야 한다. 예컨대 학생들이 지루해 하고 있다면(청자의 역할) 계속 수업을 진행하지 말고 잠깐 쉬었다 한다든지, 아니면 화제를 전환해 재미있는 이야기를 들려준다든지 하는 것(화자의 역할에 반영)이 필요하다.

이처럼 한 사람은 스피치를 할 때 화자와 청자의 역할을 동시에 수행해야 한다. 만약 우리가 화자의 역할만 행하고 청자의 역할을 포기하거나 무시한다면 원활하고 효과적인 스피치를 할 수 없다. 더 중요한 것은 청자로서 들은 것을 그 다음 화자로서 하는 말에 반영을 해야 한다는 것이다. 그래서 한 사람의 스피치는 말하기와 듣기가 동시에 이루어진다. 동전의 양면처럼 화자와 청자는, 말하기와 듣기는 분리될 수 없는 개념이다. 우리는 마치 듣기 능력을 우리가 스피치를 할 때 갖추어야할 스킬인 것처럼 생각하지만 듣기란 스피치 그 자체이다.

이러한 특성 때문에 스피치는 말하기가 아니라 듣기가 더 중요하다. 듣기를 소홀히 하거나 듣기를 잘하지 못하면 스피치를 잘할 수 없다. 《성공하는 사람들의 7가지 습관》에서 스티븐 코비(Stephen Covey)가 꼽은 성공하는 사람과 실패하는 사람의 가장 큰 차이 중 하나가 경청하는 습관인 것도 바로 이 때문이다. 경청을 잘해야 스피치와 커뮤니케이션을 잘하게 되고, 스피치와 커뮤니케이션을 잘해야 성공할 수 있다. 경청은 스피치를 잘하는 사람으로 인정받게 해주는 단순하지만 경제적인 방법이다.

또한 스피치는 상황 의존성의 특성이 있다. 상황에 적절하게 스피치를 해야 한다는 것이다. 흔히 스피치를 할 때 TOP(Time, Occation, Place)에 어울리게 해야 한다고 말한다. 이 말은 우리가 옷을 입을 때 시간과 상황과 장소에 맞게 입어야 하듯이 스피치를 할 때도 제때에, 적재적소(適材適所)에 해야 한다는 것이다. 상황에 적절한 스피치를 하기 위해서는 상대방과 주변 상황에 대한 경청 능력이 뛰어나야 한다. 예를 들어 바쁘게 집에 가는 친구에게 고민을 이야기하는 것, 졸고 있는 청중이 많은데 계속 스피치를 하는 것, 상사가 다른 직원들 앞에서 신규 직원을 질책하는 것, 회의를 하는데 개인적인 잡담을 하는 것 등은 상황에 적절하지 못한 스피치이다. 청중과 주변 상황에 안테나를 세우고 스피치를 하자. 분위기 파악을 잘해야 스피치가 성공한다.

💬 스피치는 언어와 비언어의 통합이다

스피치를 준비할 때 '무슨 말을 할까'를 고민하면서 메시지를 작성하는 데 많은 시간을 투자한다. 그러나 스피치는 언어와 비언어의 통합이다. 이 말은 언어와 비언어를 동시에 잘 활용해야 스피치를 효과적으로 할 수 있다는 의미이다. 더욱이 글이 아니라 말이기 때문에 아무리 좋은 메시지라도 비언어를 통해 잘 표현하지 못하면 스피치 능력이 없는 것과 다를 바 없다. 스피치에서 비언어가 더 중요한 이유이다.

비언어는 표현 방법이 구체적이고 직접적이어서 전달력이 매우 크다. 비언어는 우리의 감정 상태, 느낌, 기분 등을 표현해 주기 때문에 설득에서 핵심적인 역할을 담당한다. 언어는 전두엽이라는 이성적인 뇌에서 통제하기 때문에 조작과 거짓말이 가능하다. 하지만 비언어는 신피질이라는 즉각적이고 본능적인 뇌가 관장하기 때문에 우리의 생각과 느낌을 있는 그대로 표현해 준다. 비언어에는 감정과 속마음이 담겨있기 때문에 더욱 중요하다.

비언어에는 눈맞춤, 얼굴 표정, 자세, 제스처, 외양 등 시각적 요소와 목소리 크기, 속도, 발음, 역동성, 군말, 잠시 멈추기 등의 음성적 요소가 있다. 학자에 따라 시각적 요소를 보디랭귀지, 몸짓언어, 신체언어 등으로 부르기도 한다.

스피치는 말로 전달하는 것이다. 아무리 좋은 메시지라 할지라도 발음이 부정확하다거나 목소리가 작아서 잘 들리지 않거나 목소리의 톤이 일정하고 단조로워 졸음을 가져온다면 결코 그 메시지는 잘 전달될 수 없다. 또 청중을 바라보지 않거나 자세가 삐딱하고 산만하다거나 표정이 밝지 않게 스피치를 한다면 아무리 좋은 메시지라 할지라도 설득 효과가 떨어진다.

댄 아르케(Dane Archer)는 두 남자가 막 끝난 농구경기에 대하여 토론하는 장면을 비디오테이프로 보여주고 실험 참가자들에게 이 두 사람의 대화를 듣고 누가 이겼는지를 판단하도록 하였다. 한 집단은 언어적 자극만을 제시하였고 다른 집단은 언어와 비언어적 자극을 모두 제시하였다. 실험 결과 언어적 자극과 비언어적 자극을 모두 제시받은 집단의 실험 참가자의 판단 정확도

가 현저히 높았다. 비언어가 내용을 제대로 이해하는 데 영향을 미친 것이다.

헤리티지와 그레이트비치(Heritage & Greatbatch)는 영국의 정치 연설을 분석한 결과 정치인이 청중 앞에서 연설을 할 때 갈채를 받는 경우는 언어적 메시지에 상관없이 청중응시, 목소리 크기 변화, 제스처, 리듬의 변화 등 비언어적 행동에 달려있다고 했다. 이러한 비언어적 스킬을 두 가지 이상 사용할 때 50% 이상 갈채를 받을 가능성이 있으며, 한가지 비언어적 행동을 할 때는 25%, 하나도 사용하지 않을 때는 5%만 갈채를 받을 가능성이 있다고 한다.

심리학자 데이빗 얼브리튼(David Albritton)은 애매한 문자 내용을 제시하고 화자의 비언어적 행동을 다르게 하여 실험 참가자에게 이미지를 평가하도록 하였다. 예컨대 연사의 말투나 얼굴 표정을 공손하거나 불손하게, 낙천적이거나 음울하게, 비아냥거리거나 진실되게 등 다양하게 실험 조건을 만들었다. 실험 결과 화자가 비언어적 스킬을 어떻게 사용했는가에 따라 같은 내용이라 할지라도 다르게 해석하였다. 실험 참가자들은 공손한 말투, 환한 얼굴 표정을 한 연사에게는 공손하다고 인식하였으나 불손한 표정과 말투를 쓴 사람에게는 불손하다고 느꼈다. 이처럼 비언어는 자신의 의견이나 생각을 잘 전달하게 해주는 요소이자 효과적인 설득 수단인

것이다. 이제부터는 언어 못지않게 비언어의 중요성을 깨달아 열심히 연습하고 훈련하는 것이 필요하다. 메르비언이 말했듯이 언어가 7%, 비언어가 93%가 아닌가.

💬 스피치는 내용보다 자신의 공신력을 설득하는 것이다

스피치는 단순히 메시지를 전달하는 행위가 아니다. 자신의 모든 것을 표현하는 것이고, 자신의 공신력을 드러내는 행위이다. 아리스토텔레스(Aristotle)가 이야기했듯이 스피치는 아이디어를 고안하는 순간부터 시작된다. 이때부터 우리는 자신의 삶을 반영하기 시작한다. 어떤 주제로 스피치를 할 것인지, 구체적으로 무슨 내용을 담을 것인지, 어떤 데이터를 활용할 것인가, 옷차림, 눈맞춤, 자세, 얼굴 표정 등은 어떻게 할 것인지 등등. 이 모든 것들은 직간접적으로 자신의 삶과 연관되어 있다. 자신의 삶의 표현이고 총체성인 것이다. 그래서 동일한 주제를 주어도 스피치 내용이나 방식이 각양각색으로 구현되는 것이다. 따라서 스피치는 내용이 아니라 자신을, 그것도 자신의 공신력을 설득하는 것이다.

맥크로스키(McCroskey)는 공신력이란 주어진 상황에 청자가 화자에 대해 느끼는 이미지, 또는 태도라고 정의하면서 공신력이 화자에게 있는 것이 아니라 청자의 마음속에 있다는 점을 강조하였다. 이 말은 공신력은 청자가 평가하는 것이라는 이미지라는 것이다. 또한 학자들이 제시한 공신력의 요인을 정리해보면 전문성, 신뢰성, 역동성이다. 전문성은 능력, 지식, 자질, 경험, 권위, 사회적 배경 등으로 되어 있다. 신뢰성은 성품, 인격, 도덕성, 진실성, 개방성, 친밀감, 유사성, 호감도, 근접성 등으로 구성되어 있다. 역동성은 열정, 몰입, 박력, 매력, 사교성, 외향성 등으로 되어 있다.

공신력 이론에 따르면 전문성, 신뢰성, 역동성의 공신력이 설득에 긍정적인 영향을 미친다. 연사의 공신력을 어떻게 평가하느냐에 따라 같은 내용이라 하더라도 다르게 받아들인다고 한다. 실제로 많은 연구에서 전문성이 있고 신뢰성이 있으며 열정이 있는 사람이 스피치를 하면 더 유창하고 설득적이라고 평가하며 그 말을 더 잘 믿는 것으로 나타났다. 대학생들도 신뢰도가 낮은 연사보다는 높은 사람이 이야기했을 때 자신의 의견을 크게 변화시켰다. 커뮤니케이션 학자인 메르비언(Mehrabian)도 우리가 시간을 들여 준비하는 스피치 내용의 영향을 7%에 불과하고 그 말을 누가 했느냐, 어떻게 했느냐의 연사 공신력이 93%의 영향력이 있다고 강조한다. 청중에게 공신력을 인정받지 못하는 연사는 아무리 뛰어난 말솜씨를 가지고 있더라도 청중의 찬사와 설득을 구하기 어렵다. 공신력을 높이는 노력이 스피치에서 중요한 이유이다.

🗨 스피치는 먼저 자신을, 그리고 상대방을 설득하는 것이다

우리는 스피치가 다른 사람을 설득하는 행위라고 생각한다. 물론 스피치의 궁극적인 목표는 다른 사람을 설득하는 것이다. 그러나 다른 사람을 설득하기 위해서는 자신이 먼저 설득되어야 한다. 자신이 이해하지 못한 내용을 어떻게 청중에게 이해시킬 수 있겠는가. 자신이 확신을 갖지 못한 내용을 어떻게 청중에게 확신을 심어줄 수 있겠는가. 스피치 내용을 이해, 내면화하지 못해 원고를 보면서 이야기하는 연사의 모습을 생각해보라. 강의 내용을 완벽하게 숙지하지 못해 전공 서적이나 강의 자료를 보고 가르치는 교육자를 생각해보라. 그 모습을 보고 우리는 스피치와 강의 내용을 완벽하게 받아들일 수 있겠는가. 스피치 능력, 강의 능력이 뛰어나다고 평가할 수 있겠는가. 그렇지 않을 것이다.

따라서 어떤 상황에서 스피치를 하더라도, 설사 수업이나 직장에서 원하지 않는 스피치를 하더라도 반드시 자신을 설득하는 것이 먼저이다. 완벽하게 몰입해서 스피치 내용을 이해하고 확신을 갖고 받아들여야 한다. 그래야만 자신감 있고 열정적인 스피치를 할 수 있다. 청중은 그 모습을 보고 저절로 설득되는 것이다.

설득은 인지-태도-행동이라는 단계를 거친다. 먼저 연사가 무슨 말을 하는지 청중이 제대로 이해하고 인식해야 한다. 설득의 첫 단계이다. 무슨 말을 하는지 청중이 알아들을 수 없거나 이해할 수 없다면 설득의 출발지점에서 아직 그대로 서 있는 것과 같다. 연사가 무슨 말을 했는지 인식하고 이해했다면 그 다음 단계는 태도를 형성하는 것이다. 태도란 호의적인 감정이다. 연사가 말한 내용이 자신의 의견이나 신념과 맞는다면, 연사가 하는 내용이 마음에 들었다면 청중은 호의적인 태도를 형성할 것이다. 그러나 연사가 말한 내용에 동의하지 않았다면, 연사에게 마음에 들지 않는다면 부정적인 태도를 형성하게 된다. 긍정적인 태도가 형성되었다면 대체로 설득의 마지막 단계인 행동으로 가게 된다. 이처럼 인지, 인식, 이해시키는 과정은 설득의 출발점이 된다. 자신이 먼저 이해하고 인지해야 한다. 그 다음이 청중이다. 아는 만큼 이해하고, 이해한 만큼 확신을 갖고, 확신한 것만큼 스피치를 하면 된다.

🗨 스피치는 에토스, 파토스, 로고스 세 박자를 갖추어야 한다

우리는 스피치를 논리적인 내용을 통해 설득하는 것으로 이해하고 있다. 그러나 스피치는 단순히 메시지의 전달이 아니라 자신의 철학, 생각, 감정, 인격, 가치관, 열정 등을 총체적으로 드러내는 행위이다. 따라서 스피치는 자신의 인격과 성품, 열정과 감성, 이성과 논리가 한데 어우러져 녹아내리는 과정이다. 아리스토텔레스(Aristoteles)가 이야기한 에토스(ethos), 로고스(logos), 파토스(pathos)의 세 박자를 갖춰야 청중을 설득할 수 있는 것이다.

아리스토텔레스(Aristoteles)는 설득 과정에서 에토스가 60%, 파토스가 30%, 로고스가 10%의 영향력을 미친다고 하였다. 따라서 청중을 설득하고 싶다면 우선 청중에게 신뢰감이나 호감을 얻고(에토스), 감정, 욕구, 심리적 경향에 호소한 다음(파토스), 논리적 근거를 제공해야 한다(로고스). 에토스, 파토스, 로고스의 통합을 통해 설득은 완성되는 것이다. 맹자 역시 왕을 설득하기 위해 도덕적, 감성적, 논리적 수단을 동시에 이용하였다고 한다.

여기에서 에토스는 연사의 인품, 도덕성, 진실성, 명성 등을 이용해 설득하는 것이다. 이를 연사의 품성이라고 한다. 연사의 품성이 청자에게 믿음을 줄 때 우리는 그 내용을 쉽게 수용하고 믿는 경향이 있다. 파토스는 청중의 감정, 욕구, 마음에 호소하여 설득하는 것이다. 연사가 청중의 기쁘거나 슬픈 감정의 상태를 파악하고 이를 동원하여 마음을 움직일 때 설득의 효과는 증폭된다. 소비자의 감성이나 감정에 영향을 미치는 감성마케팅이 그 한 예이다. 로고스는 청중을 논리적으로 설득시키는 경우를 말한다. 과학적 연구나 실험 결과, 통계 수치, 전문가의 증언, 법률,

사례 등을 이용해 자신의 주장을 타당한 근거로 입증함으로써 설득하는 것이다. 논리는 말 자체에 자기완결성을 가진다. 말 자체가 타당하게 들리면 청자는 연사의 논리를 따라갈 수밖에 없다. 따라서 논리적 설득은 가장 합리적인 설득방법이다. 이처럼 에토스, 파토스, 로고스의 통합을 통해 설득은 완성되는 것이다.

스피치는 준비되고 내면화된 퍼포먼스이다

스피치는 자신의 설득을 통해 청자를 설득하는 행위이다. 그래서 자신이 이해하고 확신을 가진 것만큼 스피치해야 한다고 언급하였다. 그러기 위해서는 철저히 준비하고 내면화, 체화시켜야 한다. 자신만의 이야기로 만들어야 한다는 의미이다. 절대로 원고를 보면서 스피치를 하면 안된다. 그것이 설득의 출발점이다. 메시지를 이해하고 또 이해해서, 반복적으로 연습하고 또 연습해서 내면화시켜야 한다.

단순히 암기만 하는 것도 문제이다. 만약 완벽하게 스피치를 하고 싶어 내용을 암기했다면 수많은 연습을 통해 내면화 단계까지 가야 한다. 아인슈타인과 운전수의 일화는 암기를 넘어선 체화된 메시지의 중요성을 확인시켜 주고 있다. 아인슈타인이 상대성이론을 강의하던 시절 운전수가 지금까지 30번 정도 되풀이해서 듣고 나니 저도 설명할 수 있을 것 같다고 이야기했다. 아인슈타인은 재미있겠다는 생각으로 그에게 강의를 맡겼고 아인슈타인의 얼굴을 모르던 학생들은 운전수의 강의에 속아 넘어갔다고 한다. 그때 한 학생이 수학과 관련된 질문을 던졌는데 운전수는 침착하게 "그 문제는 매우 쉬워요. 얼마나 쉬운지 제 운전수도 풀 수 있을 정도지요."라고 하면서 아인슈타인을 단상에 오르도록 해 위트있게 상황을 넘겼다는 일화이다.

아인슈타인과 운전수의 일화는 외우는 것으론 부족하다. 이해하지 못한 정보는 체화되지 않는다. 체화되지 않은 정보를 청중에게 설명하는 건 불가능하다는 교훈을 주고 있다. 또한 스피치는 노래 부르기와 마찬가지로 물 흐르듯이 전체적인 짜임새 속에서 자연스럽게 해야 한다. 막힘이 없이 자연스럽고 유창한 스피치는 무엇보다 준비되고 내면화해야 가능한 일이다.

다른 측면에서 스피치는 일방적인 메시지 전달이 아닌 청중과 자신의 이야기를 공유하는 것이기 때문에 철저한 내면화가 필수조건이다. 원고를 보고 스피치를 한다는 것은 그 내용을 완벽히 이해하지 못했다는 증거이다. 이해하지 못했기 때문에 자신만의 언어로 말할 수 없다. 자신의 마음이나 신념이 담겨야 하는데 그저 앵무새처럼 스피치 원고를 읽고 있는 셈이다. 청중은 메시지는 들었으나 연사의 마음을 느낄 수 없다. 연사의 마음을 느낄 수 없기 때문에 설득은 불가능한 일이다. 내면화하고 체화시키는 스피치는 반복적인 연습과 리허설로만 가능하다. 몸에 스며들어 저절로 표현될 때까지 연습하고 연습하고 또 연습하는 것. 그리고 리허설로 최종 확인하는 것. 그것이 내면화의 비법이다. 이 시대 최고의 프레젠터로 꼽히는 스티브 잡스(Steven Jobs)가 완벽하게 프레젠테이션을 할 수 있었던 방법이기도 하다.

또한 스피치는 퍼포먼스이다. 가수가 음성으로 노래를 부르지만 춤, 눈빛, 제스처, 의상을 통해 노래를 더욱 감명깊게 만드는 것처럼 스피치도 그래야 한다. 눈맞춤, 자세, 얼굴 표정, 제스처, 목소리, 발음, 잠시 멈추기 등을 사용하여 스피치 메시지를 하나의 공연 작품으로 만들어야 한다. 그래서 동일한 메시지라 할지라도 연사가 스피치라는 무대에서 어떤 비언어를 사용해 공연하느냐에 따라 품격과 감동이 달라지는 것이다. 스피치는 메시지의 느낌과 감정을, 자신의 이미지를 담아내는 퍼포먼스이어야 한다.

2 스피치의 목적

💬 스피치의 목적에 부합해야 성공한다

A는 매우 신중하고 정확하며 꼼꼼한 직원이다. 말수가 적고 농담이나 사교적 언사를 거의 하지 않는다. 언제나 진지하게 생각하고 이야기하는 것을 좋아한다. A는 공적인 자리는 물론이고 사적인 자리, 점심식사, 회식 자리, 차 마시는 자리에서도 진지한 내용을 화제로 삼는다. 사람들은 A와 식사하거나 차 마시는 것을 부담스러워 한다. 다른 사람들은 왜 그렇게 생각할까.

B는 유쾌하고 활달한 사람이다. 유머가 있고 사람들에게 말을 잘 걸며 농담하길 좋아한다. 재미있고 즐거운 이야기를 많이 해서 분위기를 좋게 만들기도 한다. B는

회의시간에도 회의 주제와 상관없는 말, 농담, 개인적인 이야기를 많이 한다. 사람들은 B가 이야기를 하면 주의를 기울이지 않는다. 사적인 이야기로 시간을 지체하는 B 때문에 회의시간이 길어지고 비효율적이라고 느끼기도 한다. B는 회의시간에 어떻게 해야 스피치를 잘할 수 있을까.

위에 사례에서 알 수 있듯이 A와 B는 스피치 목적에 맞지 않게 이야기했기 때문에 성공적인 결과를 얻을 수 없었다. 우리는 스피치를 할 때 목적에 맞게 하는 것이 중요하다. 그것을 적절성이라고 한다. 스피치의 성공여부는 목적이 명확히 설정되어 있는가에 달려있다고 해도 과언이 아니다. 아무리 말을 잘했다 하더라도 목적에 부합하지 않는다면 결코 스피치를 잘해낼 수 없다. 목적을 분명하게 설정하는 데서부터 스피치는 시작된다.

💬 스피치 목적에는 정보 전달, 설득, 교육, 오락과 사교, 격려가 있다

스피치 목적이란 우리가 도달하고자 하는 목표이자 얻어내고자 하는 효과이다. 일반적으로 스피치 목적에는 정보전달, 설득, 교육, 오락과 사교, 격려 등이 있다. 동일한 주제로 스피치를 한다 할지라도 목적이 정보전달인지, 설득인지, 오락과 사교인지, 격려인지에 따라 메시지를 다르게 구성해야 한다. 실제 스피치를 할 때도 다른 분위기를 연출해야 한다.

구체적으로 스피치 목적에 대해 설명해보면 다음과 같다.

첫째, 정보전달 목적의 스피치는 정보나 지식을 전달하고 교환하기 위해 한다. 정보전달 스피치는 우리가 살아가는 데 필요한 여러 가지 정보나 정보를 설명하여 그것을 이해시키는 데 주안점을 둔다. 따라서 정보전달 스피치는 정보를 명확하고 구체적이고 쉽게 설명하는 것이 관건이다. 너무 어렵고 장황하고 추상적으로 정보를 전달한다면 청중을 그 내용을 이해할 수 없기 때문이다. 또한 중요한 내용은 반복적으로 표현하여 이해력을 높이는 것도 하나의 방법이다.

정보전달 스피치의 예시로는 상사에게 업무 보고하는 것, 부하 직원에게 업무를 지시하는 것, 교과 과정을 설명하는 것, 학과 운영 방식 설명하는 것 등이다. 정보

전달 스피치 주제로는 스트레스 해소법, 대학생활 잘하는 법, 나만의 독서 방법, 대인관계를 잘하는 방법, 자신의 버킷리스트, 가보고 싶은 여행지와 이유, 금연 방법 등으로 선정할 수 있다.

둘째, 설득 목적의 스피치는 청중의 의견, 태도, 행동, 신념 등을 변화시키기 위해 한다. 설득이란 사전적으로 여러모로 설명하여 상대방이 잘 알아듣도록 한다는 뜻이다. 여러 학자들은 설득을 청중의 태도나 신념 또는 가치관을 자신이 의도하는 방향

과 일치하도록 변화시키거나 재강화시키는 행위라고 하였다. 또한 모든 스피치는 정도의 차이는 있지만 대체로 설득의 목적을 수반하고 있다. 정보제공 스피치의 경우 자신이 제공하는 정보가 청중에게 효과적으로 전달되어 영향을 끼쳐야 하기 때문에 본질적으로 설득을 지향하고 있다. 설득 스피치도 최종 목적은 청중의 변화를 촉구하는 것이지만 정보제공을 토대로 이루어진다. 청중을 이성적, 논리적인 방법으로 설득하고자 할 때 기본적으로 정보제공이 필요한 것이다.

설득 스피치의 예시로는 긍정적인 이미지를 형성하고자 할 때, 상품이나 서비스 등을 판매하고자 할 때, 캠페인을 할 때, 선거에서 승리하고자 할 때, 친구가 자신의 부탁을 들어주길 바랄 때, 면접에서 채용되고자 원할 때 등 다양하다. 또한 조직 안에서 발생하는 갈등, 의견 차이 등은 설득을 목적으로 한 스피치를 통해 해결된다. 설득 스피치 주제로는 자기소개, 동아리 행사 참여 유도, 일회용품 쓰지 않기, 선플달기 촉구, 금연 등이 있다. 또한 경제, 사회, 환경, 교육, 과학 관련 찬반 토론도 대표적인 설득 목적의 스피치이다.

셋째, 교육 목적의 스피치는 지식과 기술, 사회규범 등을 가르치기 위해 혹은 문화를 전수시키기 위해 스피치를 한다. 조직 문화 습득, 가정 교육, 학교 교육, 신입사원 교육, 다양한 기관에서 행해지는 연수 교육, 강의, 수업 등이 여기에 해당된다. 교육 목적의 스피치는 교육적이고 감동적인 내용으로 구성되어야 한다. 오랜 시간 스피치가 이루어지기 때문에 지루해하지 않고 내용을 효과적으로 이해할 수 있도

록 다양한 스피치 기법을 동원해야 한다. 예를 들면 직접 참여 유도, 질문 제기, 경험담 이야기, 시범을 보여주면서 교육, 역할놀이 실시 등을 활용할 수 있다.

넷째, 오락과 사교 목적의 스피치는 즐거움을 주기 위해, 긴장감을 해소하기 위해, 호의적인 감정을 나누고 원만한 대인관계를 형성하기 위해, 스트레스를 해소하기 위해서, 유쾌한 분위기를 조성하기 위해서 등 다양한 형태로 이루어진다. 특히 오락과 사교 스피치는 정보전달, 설득, 교육 목적의 스피치처럼 이성적, 논리적 차원보다는 감성적, 오락적, 관계적 차원을 중요시한다. 회식 장소, 동창회 모임, 학과 환영 행사, 가족과의 식사 등에서 이야기하는 것은 대체로 오락과 사교 목적이다. 이때 유머, 재미있는 일화야기, 사교적 언사 등을 활용해 유쾌하고 재미있고 편안하게 스피치를 해야 한다. 청중도 말하는 사람의 메시지를 분석하거나 판단하지 말고 즐거운 마음으로 감상하면서 들으면 된다. 마치 개그 프로그램을 보듯이 즐기면 된다.

다섯째, 격려 목적의 스피치는 청중에게 활력과 영감을 불어넣고 동기를 부여해주고 격려하는 목적의 스피치이다. 격려 스피치는 칭찬과 응원의 메시지를 보내주는 것이기 때문에 가능하면 짧게 스피치하는 것이 좋다. 그러나 청중이 마음속에 새기고 오래 기억될 만한 메시지를 전달해야 하기 때문에 명언, 사자성어, 유명한 일화 등을 인용하는 것이 효과적이다. 그래야 감동적이고 인상적인 격려 스피치가 완성된다.

공신력 스피치

공신력 스피치

전문성과 신뢰성을 높여주는 프레젠테이션 기법

스피치 불안감
원인과 극복 방법

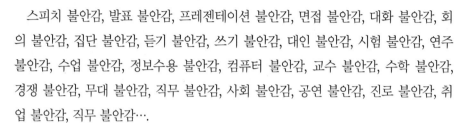

Chapter 02

스피치 불안감 원인과 극복 방법

    스피치 불안감, 발표 불안감, 프레젠테이션 불안감, 면접 불안감, 대화 불안감, 회의 불안감, 집단 불안감, 듣기 불안감, 쓰기 불안감, 대인 불안감, 시험 불안감, 연주 불안감, 수업 불안감, 정보수용 불안감, 컴퓨터 불안감, 교수 불안감, 수학 불안감, 경쟁 불안감, 무대 불안감, 직무 불안감, 사회 불안감, 공연 불안감, 진로 불안감, 취업 불안감, 직무 불안감….

    많은 학자들이 연구하고 있는 불안감의 종류이다. 이처럼 불안감은 대부분의 사람들이 여러 상황에서 느끼고 있는 심리적 현상이다. 불안감이란 편안하지 않으며 불길한 예감이 들고 긴장을 느끼며 걱정하는 상태이다. 또한 불안감은 특정한 대상이 없이 막연히 나타나는 불쾌한 정서적 상태, 안도감이나 확신이 상실된 심리상태를 의미한다. 우리는 어떤 새로운 일, 중요한 일을 하려고 할 때 부담을 느껴 걱정하고 긴장하고 불안해한다. 그 일이 중요하면 할수록, 잘하고 싶으면 싶을수록 불안감은 더 생기고 가중된다. 피할 수 없는 일이다. 반드시 거쳐 가야 좋은 결과를 얻을 수 있는 필연적 과정이다. 스피치 불안감도 마찬가지이다.

    무대공포증으로 불리는 스피치 불안감은 실제로 스피치를 하거나 미래에 스피치를 할 것이라고 예상하는 경우 느끼게 되는 공포, 긴장, 불안의 정도를 의미한다. 이 불안감은 우리가 다른 사람 앞에서 멋지게 스피치를 하는 것을 방해하는 첫 번째 장애물이다. 최근 한 조사에서 직장인의 97.9%가 '극심한 불안감을 느낀 적이 있다'고 대답할 정도로 스피치 불안감은 모든 사람이 겪고 있는 현상이다. 성별, 연령, 지역에 상관없이 전 세계의 모든 사람들이 경험한다고 해도 과언이 아니다. 심지어 아주 유명한 연사, 교수, 강연자라 할지라도 정도의 차이는 있지만 스피치 불안감을 느낀다.

    대학생들의 경우 다양한 상황에서 스피치 불안감을 경험한다. 모임, 아르바이트, 면접 등 다른 사람 앞에서 자기소개를 하는 상황, 수업시간에 질문에 대답해야 하는 상황, 회의에서 의견을 개진하는 상황, 모임의 리더나 사회를 맡아 진행해야 하는 상황, 수업에서 발표나 프레젠테이션을 해야 하는 상황, 공식적인 자리에서 스피치를 하는 상황, 수업이나 다양한 조직에서 토론을 해야 하는 상황, 자신의 주장을 표현해야 하는 상황, 권위있는 사람(교수, 상사 등)이나 어려운 분들과 대화를 하는 상황, 이성을 만나 이야기하는 상황 등에서 불안감을 경험하는 것으로 밝혀졌다. 이처럼 우리는 살아가면서 원하든 원하지 않든 자신을 표현해야 하는 수많은 상황에 직면하고 그럴 때마다 불안감을 경험한다. 따라서 스피치 불안감은 도대체 왜 생기는 것인지, 어떻게 하면 극복할 수 있는지를 적극적으로 탐구해야 한다. 그래야만 스피치 불안감의 공포에서 탈출하여 즐겁고 행복한 스피치를 할 수 있게 된다.

우리가 스피치를 하면서 불안감을 느끼면 다양한 형태로 증상이 나타난다. 얼굴이 빨개지고, 심장이 콩닥콩닥 뛰고, 몸이 굳어지고, 식은 땀이 나고, 맥이 빠지고, 머릿속이 하얘져 아무 생각도 나지 않고, 손과 몸이 떨리고, 표정이 굳어지고, 어색한 표정을 짓고, 입술이 떨리고, 눈빛이 흔들리고, 청중을 쳐다보지 못하고, 말이 빨라

지고, 자꾸 횡설수설하고, 목소리가 떨리고, 톤이 높아지고, 눈을 맞출 수가 없고, 말을 더듬고, 목소리가 작아지거나 떨리고, 여기저기 몸을 만지게 되고, 말을 버벅거리고, 같은 말을 계속 반복하고, 말을 더듬고, 입이 굳고 발음이 부정확해지고, 호흡이 가빠지고, 머리가 아파오기도 하고, 어지러움을 느끼기도 하고 … 이처럼 스피치 불안감은 신체적, 정신적으로 오기 때문에 우리가 더 심각하게 느끼게 된다. 자신을 자책하거나 비난하고 자존감이 떨어지기도 한다.

학교에서, 직장에서, 비즈니스 상황에서, 대인관계에서 말의 중요성이 점점 커지면서 스피치 능력과 불안감에 대한 관심이 높아지고 있다. 지금까지 수많은 학자와 교육자들이 스피치 불안감에 관심을 갖고 연구하거나 교육을 하고 있다. 이처럼 스피치 불안감에 관심을 갖는 이유는 여러 가지 부정적인 영향력 때문이다. 실제로 수많은 연구들은 스피치 불안감이 여러 가지 측면에서 부정적인 영향을 미치고 있

다는 것을 과학적으로 입증했다.

첫째, 불안감은 스피치 능력을 제대로 발휘할 수 없게 만든다. 자신이 준비한 만큼 스피치 능력을 발휘하지 못하게 하고 스피치를 해야 하는 상황을 회피하도록 만들고 스피치를 하면서 기쁨이나 만족감을 느끼지 못하게 한다. 연사의 이미지에도 부정적인 영향을 미친다. 청자들은 불안감이 높은 연사를 공신력이 낮고 매력적이지 못하고 침착하지 못하며 스피치 능력도 떨어진다고 평가하였다.

둘째, 불안감은 학교생활이나 학업에도 관여한다. 불안감이 높은 대학생들은 커뮤니케이션을 적게 하는 수업이나 전공, 직업을 선택한다. 학업에서도 수업 적응에 어려움을 겪거나 학습동기와 의지가 낮아 학습내용에 주의를 덜 기울여 수업 만족도나 학업 성취도가 낮다. 또한 자긍심과 자신감이 부족하여 대인관계를 잘 형성, 유지하지 못하거나 관계 만족도도 떨어져 외로움, 소외감, 우울감과 같은 부정적 심리를 경험하게 된다.

셋째, 취업이나 승진을 하는 데 어려움을 겪는다. 면접이나 집단토론, 프레젠테이션이 강조되는 취업에서 불안감이 높은 대학생들은 자신이 가진 역량을 충분히 표현하고 발휘할 수 없어 결국 부정적인 결과를 초래하게 된다. 회사에 취업을 했어도 승진을 잘 못하고 업무에 대한 불만족이 높아 해고를 당하거나 자진해서 회사를 그만둘 가능성이 높다.

넷째, 조직 상황에서도 불안감이 높은 사람들은 대화의 양이 적고 커뮤니케이션을 회피하기 위해 눈에 잘 띄지 않는 구석자리를 선택하는 특성을 보인다. 토의나 회의에서 주제와 무관한 의견을 내놓거나 다른 사람의 주장에 반대하더라도 이의를 제기하지 않고 대다수 구성원들의 의견에 동의하는 성향을 나타낸다. 그래서 자신의 업무 능력을 제대로 보여주지 못해 능력있는 조직 구성원으로 인정받지 못하는 경향이 있다.

다섯째, 불안감이 높은 사람은 갈등과 스트레스를 효과적으로 관리하는 데 어려움을 겪는다. 실제로 불안감이 높은 사람은 커뮤니케이션 능력이 낮기 때문에 갈등이나 스트레스를 많이 경험한다. 또 스트레스나 갈등을 경험하면 그것을 적극적으로 해결하기보다는 회피하고 합리적, 긍정적인 해결책을 모색하지 않아 좋은 결과를 얻지 못하기도 한다.

이처럼 스피치 불안감은 우리 삶의 질이나 행복과 연결되어 있다. 자신의 경쟁력이나 능력과도 직결되어 있다. 우리가 스피치 불안감에 관심을 갖고 극복 방법을 찾아야 할 이유이다.

1 스피치 불안감의 원인과 극복 방법

스피치 불안감은 확실히 자신이 준비한 만큼, 자신의 능력만큼 스피치를 할 수 없게 하는 얄미운 대상이긴 하다. 떨지 않고 자신이 준비한 것을 완벽하게 발표하는 자신의 모습을 상상해 보라. 청중 앞에서 당당하고 자신감있게 자신의 스피치 능력을 발휘하는 모습을 상상해 보라. 얼마나 멋진 일인가.

어떠한 문제가 생겼을 때 원인을 알아야 해결책을 찾아낼 수 있다. 스피치 불안감도 마찬가지이다. 스피치 불안감이 왜 생기는지를 알아야 해결책을 찾을 수 있다. 해결책을 모색하여 그것을 실천에 옮겨야 불안감을 극복할 수 있다. 지금부터 스피치 불안감은 왜 생기는지 살펴보자. 그런 다음 그 원인에 대한 해결책을 모색해 보자. "모든 문제의 해답은 자기 자신 안에 있다", "세상 일이란 마음먹기에 달려있다"라는 말처럼 스피치 불안감을 극복하는 일도 우리 자신만이 할 수 있는 일이다.

💬 원 인 잘하고 싶은 욕구 때문에
해결책 스피치 불안감을 긍정적으로 인식하고 수용한다

스피치 불안감이 생기는 첫 번째 이유는 스피치를 잘하고 싶은 욕구 때문이다. 모든 일이 그렇다. 잘하고 싶은 욕구, 완벽하게 해내고 싶다는 마음이 생기는 순간 불안감은 상승한다. 스피치 불안감도 마찬가지이다. 다른 사람 앞에서 더 완벽하고 더 멋있고 더 능력 있게 스피치를 하고 싶은 마음이 강하면 강할수록 불안감은 점점 더 심해진다. 특히 발표할 준비는 잘 안 되어 있으면서 잘해야 된다는 생각이 강하면 불안감은 극에 달한다. 지극히 당연한 인간의 감정적 상태이다.

사람은 본능적으로 타인에게 잘 보이고 싶은 욕구, 인정받고 싶은 욕구가 있다. 이것을 체면 욕구라고 한다. 체면을 지키고 싶은 마음은 강한데 스피치를 잘 못할까봐, 스피치를 하는 도중 실수라도 해서 체면이 손상될까 봐 불안해지는 것이다. 스피치를 성공적으로 마쳐 청중들에게 좋은 평가를 받고 싶은 마음, 그것이 스피치 불안감을 유발하는 것이다. 그래서 중요한 스피치 상황일수록, 중요한 사람 앞에서 스피치를 하는 상황일수록 불안감은 더욱 가중된다. 좋은 평가를 받고 싶은 마음이 간절하면 할수록 더 불안한 것이다. 그래서 학교에서 스피치를 할 때보다 면접을 볼 때 더 떨리는 것이다.

여기에서 우리가 직시해야 할 것은 청중에게 잘 보이고 싶은 마음, 체면을 지키고 싶은 마음은 너무나 소중한 태도라는 것이다. 체면은 몸을 뜻하는 체(體)와 얼굴을 뜻하는 면(面)의 합성어로 '남을 대하기에 떳떳한 도리나 얼굴'로 정의되듯이 스피치를 하는 사람이라면 누구나 가져야 하는 당연한 도리이자 예의이다. 스피치를 하면서 청중들에게 잘 보이고 싶은 마음이 없다면 그것은 청중을 배려하지 않는 것과 같다. 청중이 자신을 어떻게 평가해도 상관이 없다는 뜻이기 때문이다. 그래서 연구자들은 스

피치 불안감이 생기는 것은 너무나 당연한 현상이고 연사의 윤리를 표현하는 방식이라고 이야기한다.

따라서 스피치 불안감을 관리하는 첫 번째 방법은 불안감을 긍정적으로 인식하고 당연한 감정이라고 수용하는 것이다. 앞에서도 설명했듯이 스피치 불안감을 느끼지 않는 것이 오히려 연사의 윤리에 어긋난다는 사실을 직시해야 한다. 예컨대 시험을 볼 때 떨리지 않고 긴장이 되지 않는 사람이 두 사람이 있다. 시험을 완벽하게 준비한 사람과 시험공부를 전혀 하지 않은 사람이다. 마찬가지이다. 스피치를 완벽하게 준비하지 않았는데도 떨리거나 긴장되지 않는다면 그것은 청중에게 잘 보이고 싶은 마음, 스피치를 잘하고 싶은 마음이 없는 것이다. 스피치를 잘하고 싶은

마음이 있다면 너무도 당연하게 불안감이 생기는 것이다. 아주 짧은 시간의 불안감일지라도. 앞으로는 긴장하고 불안한 마음을 좋은 신호로 받아들이자. 청중을 존중하는 마음이고, 성장하고 싶은 마음이다.

원인 잘하지 못할 것이라는 비합리적 생각 때문에
해결책 합리적, 긍정적 생각으로 전환하고 자신을 격려한다

스피치 불안감이 생기는 두 번째 이유는 부정적이고 비합리적인 생각이 머릿속을 지배하고 있기 때문이다. 대체로 스피치 상황에서 청자들의 기대에 부응하지 못하고 좋은 결과를 얻지 못할 것이라고 예상하고 걱정할 때 일어난다.

구체적으로 "청중의 기대에 부응하지 못하면 어떻게 하지", "난 스피치를 잘할 수 없을 거야", "청중은 내가 말하는 것을 좋게 생각하지 않을 거야", "스피치를 못해서 나쁜 평가를 받으면 어떻게 하지", "준비한 만큼 잘 못할 거야", "실수해서 망치게 될 거야", "떨리는 모습을 보면 안 좋게 생각할 거야", "떨려서 아무 말도 못할 수도 있어", "웃음거리가 되는 것 아닐까", "원하는 결과를 얻지 못하면 어떻게 하지"등등 수없이 많은 비합리적 생각들이 스피치를 준비하는 과정 내내, 스피치를 하는 도중에도 지배하고 있다. 지레짐작하여 걱정하고 불안해한다.

그러나 이러한 생각은 스피치를 하기 전에 정확한 근거도 없이 하는 생각이기 때문에 '걱정을 사서 한다'는 말처럼 쓸데없는 염려이다. 실제로 이러한 일이 일어날지 아니면 일어나지 않을지 알 수가 없음에도 마치 불행한 상황이 발생할 것처럼 확신하고 걱정하는 것이다. 그러나 자신이 스피치를 열심히 준비했다면 이러한 부정적인 결과는 발생하지 않는다. 그것이 당연한 이치이다. 열심히 노력하고 준비한 만큼 스피치와 면접은 훌륭히 해낼 수 있기 때문에 반드시 만족할 만한 결과를 얻을 수 있고 다른 사람에게 좋은 반응을 이끌어낼 수 있다. 그래서 많은 학자들은 이런 생각들을 '비합리적'이라고 한다.

비합리적 사고란 비실제적이고 비논리적이며 아무런 근거 없이 우리의 행동에 지장을 주는 사고를 의미한다. 특히 부정적 평가에 대한 두려움, 즉 다른 사람들로

부터 자신이 부족하거나 부적절하게 평가되어 거절당할 것에 대한 두려움이 많은 사람들이 비합리적 생각을 많이 하면서 불안해한다. 더욱이 비합리적 생각은 가슴이 쿵쾅거리고, 식은땀이 나고, 다리가 떨리고, 입이 마르고, 앞이 캄캄해지고, 머리가 하얗게 되고, 머리가 아파오는 등 여러 가지 생리적 증상을 유발시키기 때문에 더욱 불안감이 커지고 부정적인 생각이 꼬리에 꼬리를 물고 걷잡을 수 없을 정도로 강해진다.

따라서 스피치 불안감을 관리하는 두 번째 방법은 비합리적 생각을 합리적인 생각으로 전환하고 자신을 격려하는 것이다. 스피치를 할 때 비합리적 생각이 들 수 있다. 스피치를 성공적으로 해내고 싶기 때문에 실수할 것에 대한 걱정, 잘하지 못할 것에 대한 걱정이 생기는 것은 당연하다. 중요한 것은 비합리적 생각을 하지 말라는 것이 아니다. 비합리적 생각이 들 때마다 정신을 차리고 바로 합리적, 긍정적인 생각으로 바꾸어 자기 자신에게 되뇌어주라는 것이다. 그러면 불안감이 줄어들고 스피치를 성공적으로 할 수 있게 된다.

- 예를 들면 '실수할 것 같다(그래서 불안하다) → 실수없이 잘해낼 거야'
- '준비한 만큼 잘 못할 거야(그래서 불안하다) → 열심히 준비했으니 잘할 수 있을 거야'
- '웃음거리가 되면 어떻게 하지(그래서 불안하다) → 청중 앞에서 멋지게 해낼 수 있을 거야'
- '스피치를 잘하지 못할 거야(그래서 불안하다) → 스피치를 잘 해낼 수 있을 거야'
- '떨려서 아무 말도 못할 수도 있어(그래서 불안하다) → 떨지 않고 말을 할 수 있을 거야'

이처럼 비합리적 생각이 들 때마다 합리적, 긍정적 사고를 전환하도록 노력해야 한다. 합리적인 생각으로 전환하면 감정과 행동이 달라지고, 감정과 행동이 달라지면 떨지 않고 스피치를 할 가능성이 높아진다. '일체유심조(一切唯心造)' 모든 일이 마음먹기에 달려있다는 말이다. 스피치 불안감을 극복하는 방법도, 스피치를 훌륭하게 해낼 수 있는 방법도 모두 마음먹기에 달려있다. 잘 못할 거야, 실수할 거야 등 부정적인 생각을 단숨에 떨쳐내 버리고 자신을 믿고 '잘할 수 있다'는 긍정적이고 합리적인 생각을 한다면 반드시 스피치를 성공적으로 수행할 수 있다. '긍정의 힘'이 스피치에서도 작용하는 것이다.

여기에 '나는 청중 앞에서 떨지 않고 멋지게 스피치를 잘할 수 있다'라고 긍정적인 말을 혼잣말로 되뇌어 보자. 바로 긍정적인 자기 암시를 하는 것이다. 매일 20번씩 이 암시문을 확신하는 마음으로 반복해 보자. 자신감이 생길 것이다. 자신감은 성공에 대한 확신과 자기 자신에 대한 존중감에서 나오는 것이기 때문에 불안감을 극복할 수 있을 것이다.

실제로 심리학자 로이 바우마이스터(Roy F. Baumeister) 교수는 목표를 이루고자 하는 의지는 자기 암시를 통해 강화될 수 있다는 것을 밝혀냈다. 자기암시를 반복적으로 한 사람은 그렇지 않은 사람보다 습관을 고치거나 목표를 이루는 데 강한 의지를 보인다고 한다. 또한 하버드대학의 윌리엄 제임스(William James) 교수에 따르면 우리가 어떤 생각을 반복적으로 계속하여 뇌 조직에 깊이 새겨 놓으면 그 생각에 따라 성격이 바뀌게 되고, 자신의 능력이 달라지게 되고, 마침내는 인생의 패턴이 변화하게 된다고 한다. 일종의 자기암시 효과이다.

또한 자기격려를 해주면 불안감을 극복하는 데 효과가 크다. 자기격려란 자기 스스로를 격려하고 용기를 주는 것을 말한다. 심리학자 아들러(Adler)는 그의 저서 《미움받을 용기》에서 격려의 중요성과 영향력을 강조하였다. 그는 결과보다는 노력이나 지속성, 과정이나 향상을 격려하면 다른 사람이 목표를 달성하고 자신의 잠재력을 최대한 발휘하는 데 도움을 줄 수 있다고 하였다. 실제 연구 결과를 보아도 자기격려가 높은 대학생들은 자신에 대한 수용, 믿음, 자신감을 스스로에게 심어줌으로써 낙담할 만한 상황에서도 건강하게 대처하며 불안 수준도 낮았다. 또한 자신의 실수를 받아들일 준비가 되어 있고 실수로부터 배울 수 있다고 생각하며 자신의 가치와 강점에 초점을 맞추어 자신을 인정하고 다른 사람과 비교하지 않는 것으로 나타났다. 이제 스피치 불안감이 생길 때 자기 스스로를 격려하고 용기를 주자. 심리적, 신체적 증상이 완화되고 도전하고 노력해보고 싶은 힘이 생길 것이다.

💬 원인 자신의 현재 스피치 능력과 추구하는 이상적인 능력과의 차이 때문에

해결책 스피치 능력을 정확히 진단하고 단계적, 구체적으로 목표를 설정한다

스피치 불안감이 생기는 세 번째 이유는 자신의 현재 스피치 능력과 추구하는 이상적인 스피치 능력과의 차이, 간격(gap) 때문이다. 현재 자신의 스피치 실력은 낮은데 스피치를 할 때 성공적으로 해내는 실력의 이상적인 모습을 기대한다면 간격은 벌어진다. 이 둘 간의 간격이 크면 클수록 스피치 불안감은 커진다. 예를 들어 A라는 사람의 현재 스피치 실력은 10점, B라는 사람은 70점이라고 가정해보자. 그런데 두 사람 모두 스피치를 할 때 가장 이상적인 형태인 100점을 목표로 설정했다면 당연히 B보다 A가 스피치 불안감이 높을 수밖에 없다. 현재 자신의 스피치 능력과 추구하는 이상적인 스피치 모습과의 차이가 B보다 A가 크기 때문이다. B는 A보다 100점이라는 목표 달성이 쉽기 때문에 불안감이 훨씬 적은 것이다. 자신의 현재 스피치 능력보다 높은 목표를 설정해 달성이 어려우면 어려울수록 불안감은 높아지는 것이다.

따라서 스피치 불안감을 관리하는 세 번째 방법은 자신의 스피치 능력을 정확히 진단하고 단계적, 구체적으로 목표를 설정해 연습하는 것이다. 우리는 누구나 스피치 달인이 되고 싶어한다. 그래서 스피치를 할 때 최고의 스피치 능력을 발휘하는 모습을 궁극적인 목표로 설정하는 경우가 많다. 그러나 현재 스피치 실력이 그다지 뛰어나지 않다면 이 목표는 달성하기 어렵다. 노력을 했는데도 목표를 달성하지 못한다면 우리는 크게 낙담한다. 자신은 원래 스피치를 못하는 사람이라고 자책하고 노력해도 스피치 능력을 향상시킬 수 없다 생각해 아예 스피치 상황을 회피하기도 한다. 이것은 스피치의 최종 목표를 잘못 설정했기 때문에 생기는 문제이다.

스피치를 할 때 목표는 현재 자신의 스피치 능력을 기준으로 단계적으로 설정해야 달성할 수 있다. 달성 가능한 목표를 가지고 스피치를 해야만 불안감이 줄어든

다. 노력하면 목표를 달성할 수 있기 때문에 자신감이 생기고 열심히 하고자 하는 의지와 열정이 생긴다. 따라서 현재 자신의 스피치 능력이 어느 정도인지 냉철하게 진단하는 것이 필요하다.

그렇다면 스피치를 할 때 어떻게 목표를 잡아야 하는가. 목표는 항상 자신의 현재 스피치 능력보다 약간 높은 단계로 잡아야 한다. 예를 들어 현재 스피치 능력이 10점이라면 20점 혹은 30점을 목표로 설정하는 것이 바람직하다. 그 다음 40점, 50점, 60점 형태로 단계적으로 설정해야 한다. 이렇게 분명하고 도달 가능한 목표를 가지고 스피치를 하면 불안감은 줄어들고 성공할 확률이 높아진다. 스피치 목표를 달성하면 성취감을 느끼고 노력하면 해낼 수 있다는 자신감이 생긴다. 자신감은 스피치 불안감을 극복하는 최선의 무기이다.

💬 원 인 과거 스피치를 하면서 실수나 실패 등 좋지 않은 경험 때문에

해결책 실수, 실패한 원인을 분석하고 해결책을 모색한다

스피치 불안감이 생기는 네 번째 이유는 과거에 스피치를 하면서 실수했거나 실패하는 등 좋지 않은 경험을 겪었기 때문이다. 과거에 스피치를 하면서 실수했거나 잘하지 못한 단 한 번의 경험 때문에 스피치하는 것을 두려워하고 회피하는 사람들이 있다. 초등학교 때 선생님이 발표를 시켰는데 당황하고 버벅거렸던 경험 때문에 수십년이 지나 직장에서 높은 위치에 올랐음에도 스피치만 생각하면 불안하고 긴장된다고 토로하기도 한다. 이처럼 과거의 좋지 않은 경험으로 자신은 원래 스피치를 못하는 사람이라고 생각하면서 스트레스를 받고 노력해서 극복할 엄두조차 내지 않는다.

이러한 상황에서 스피치 불안감을 관리하는 네 번째 방법은 실수나 실패한 원인을 분석하고 해결책을 모색하는 것이다. 무슨 일이든 실수하거나 실패했을 때 분명히 원인이 존재한다. 스피치 상황에서도 마찬가지이다. 컨디션이 안 좋았다거나 준비를 소홀히 했다거나 갑자기 스피치를 하게 되었다거나 하는 등 스피치를 잘할 수 없는 이유가 있었을 것이다. 단순히 자신이 원래 스피치를 잘하지 못해서 과거에

실수나 실패를 했다고 생각하지 말고 원인을 철저히 분석해야 한다. 원인이 파악되면 해결책을 찾아 노력하면 된다. 대체로 과거 스피치 실수와 실패의 원인은 준비 부족, 연습 부족일 가능성이 크다. 과거의 안 좋은 경험에 얽매이지 말고 이제부터라도 준비와 연습을 철저히 해서 스피치에 임한다면 불안감을 충분히 극복할 수 있다. 과거 한두 번의 실수와 실패 때문에 자신의 경쟁력을 높여주는 스피치를 회피하고 두려워하지 말아야 한다.

원 인 스피치 경험이 적고 기술이 부족하기 때문에

해결책 몸이 기억하도록 연습, 또 연습, 다시 연습한다

스피치 불안감이 생기는 다섯 번째 이유는 스피치를 해본 경험이 적고 스피치를 잘 수행하는 기술이 부족하기 때문이다. 어떤 일이든 경험이 부족하고 그 일을 수행할 기술이나 능력이 부족하면 자신감이 없고 불안감이 생기기 마련이다. 스피치의 경우 더더욱 그렇다. 스피치는 지식이 아니라 몸으로 실행하는 퍼포먼스이다. 수많은 경험과 직접 퍼포먼스를 펼칠 수 있는 실행 기술이 필요한 것이다. 그런데 여러 가지 이유로 스피치를 해본 경험이 적다면 자신감이 부족해 당연히 불안할 수밖에 없다. 교육이나 경험을 통해 스피치 스킬을 향상시킬 기회가 없었다면 성공적으로 해내지 못할 것이라는 생각에 떨리게 된다. 너무도 당연한 이치이다. 그래서 여러 학자들은 연습과 훈련, 스피치 경험을 많이 쌓는 것이 불안감을 극복하는 방법이라고 이야기한다.

따라서 스피치 불안감을 관리하는 다섯 번째 방법은 몸이 기억하도록 연습, 또 연습, 다시 연습하는 것이다. 그리고 기회가 있을 때마다, 아니 기회를 만들어서라도 스피치 실행 경험을 많이 쌓는 것이다. '반복적인 연습과 최대한의 스피치 경험'. 이것이 스피치 불안감을 극복하는 최고의 전략이다.

기억과 학습의 원리를 보아도 뭔가를 제대로 배워서 이해하고 기억하려면 '주기적, 5회 이상의 반복(누적복습)'이 반드시 필요하다. 밴저민 블룸(Benjamin Bloom)이 수학, 신경의학, 미술, 음악, 스포츠 등 성공한 전문가 120명의 어린 시절을 치밀하게

조사한 결과에서도 성공의 결정적 요소는 바로 십수 년에 걸친 연습과 학습의 양이었다고 한다. 전문가가 되는 방법은 바로 끊임없는 연습에 있다는 것이다. 말콤 글래드웰(Malcolm Gladwell)은 《아웃라이어》라는 책에서 전문가를 만드는 마법의 시간으로 1만 시간을 이야기하였다. 그는 작곡, 야구, 문학, 스케이팅, 연주, 체스, 범죄 등 수많은 분야에 대한 연구에서 세계적인 수준의 전문가가 되려면 연습이 1만 시간 필요한 것으로 나타났다고 제시하였다. 진정한 달인이 되기 위해 뇌가 알아야 할 모든 내용을 흡수하는 데는 1만 시간이 필요하다는 것이다.

유명한 연설가들도 한결같이 "연습하고 연습하고 또 연습해라. 불안감을 극복하지 못하는 이유는 첫째도 노력 부족, 둘째도 노력 부족이라고 이야기하고 있다. 프레젠테이션 달인으로 유명한 스티브 잡스(Steve Jobs) 역시 〈비즈니스 위크〉의 한 기자가 떨지 않고 뛰어나게 프레젠테이션을 하는 비결을 묻자 이렇게 답했다고 한다. "녹초가 될 정도로 충분히 연습하면 됩니다." 실제로 스티브 잡스(Steve Jobs)는 하나의 프레젠테이션을 하기 위해 500시간 정도를 연습했다고 한다.

스피치 전문가들 역시 빈틈없는 준비와 리허설로 스피치 불안감을 75% 없앨 수 있고, 15%는 심호흡으로, 나머지 10%는 심리적인 컨트롤로 감소시킬 수 있다고 하였다. 연설의 대가 윈스턴 처칠

(Winston Churchill)도 평소 책을 많이 읽고 생각을 많이 하고 거울 앞에서 열심히 스피치 연습을 했다고 한다. 불안감을 줄이고 자신감을 얻는 데 반복적인 연습과 리허설을 통한 완벽한 준비가 최고라는 이야기이다.

또한 연습을 할 때 스피치에 대한 긍정적인 마음, 자발적으로 즐기는 마음으로 해야 한다. "인생은 자신이 가장 많이 연습하는 모습 그대로 된다"고 한다. 무엇이든 우리가 가장 열심히 연습하는 그 모습이 바로 우리의 모습으로 굳어진다는 뜻이다. 스피치를 회피하고 두려워하고 하기 싫다고 생각한다면 그 모습과 생각이 그대로 투영될 것이다. 연습하고, 연습하

고, 또 연습하되 즐겁고 신나는 마음, 자신감 있고 열정적인 모습으로 하자. 스피치가 재미있어질 것이다. 자신감 있고 열정적인 모습으로 변할 것이다.

2 스피치 불안감에 대한 잘못된 인식

스피치 불안감은 여러 가지 요인으로 발생하기도 하지만 불안감 그 자체에 대한 잘못된 인식과 오해에서 비롯되기도 한다. 이러한 잘못된 인식과 오해가 스피치 불안감을 가중시키고 마치 영원히 해결할 수 없는 문제인 것처럼 생각하게 만든다. 지금부터 우리가 스피치 불안감에 대한 잘못 인식하고 있는 것이 무엇인지 살펴보기로 하자.

스피치 불안감은 자신만 느끼는 것인가

우리는 스피치 불안감은 자신만 느끼는 것으로 착각한다. 다른 사람들은 당당하고 자신감 있게 잘하는데 자신만 바보처럼 떨리고 긴장한다고 생각한다. 과연 그런가. 그렇지 않다. 스피치 불안감은 언제, 어디서나, 누구에게든 찾아오는 불청객이자 선물이다. 사람마다 불안감을 느끼는 정도와 표출하는 방식이 다를 뿐이다.

스피치 불안감이 생기는 이유는 잘하고 싶은 마음 때문이다. 청중들에게 멋지고 좋은 모습을 보여주고 싶기 때문이다. 잘하고 싶은 마음이 강하면 강할수록 불안감이 커진다. 언제, 어디서 스피치를 하더라도 잘하고 싶은 욕구는 사라지지 않는다. 스피치 불안감이 누구에게나 항상 따라다니는 이유이다.

스피치 달인들은 경험이 많아서, 스피치 능력이 뛰어나서 불안감이 생기지 않는 것인가. 그렇지 않다. 로마의 유명한 연사 키케로(Cicero)는 "나는 스피치를 시작하면 얼굴이 창백해지고 모든 팔, 다리 심지어 머릿속까지 모두 떨린다"고 말했다. 윈스턴 처칠(Winston Churchill)도 스피치를 하기 전의 긴장감을 "배 한가운데 커다란 얼음덩어리가 올려져 있는 것 같다"고 표현하기도 했다. 이렇게 스피치 불안감은 시대를 초월하여, 국경을 초월하여, 능력을 초월하여 언제, 어디서나, 누구에게든 찾아오는 것이다. 스피치를 할 때 자기 자신만 떨리는 것은 결코 아니다.

또한 스피치 불안감은 불청객이기도 하지만 선물과 같다. 스피치 불안감이 없다면 우리는 더 이상 발전할 수 없기 때문이다. 항상 청중에게 잘 보이고 싶고, 더 잘하고 싶은 욕구가 더 연습하고 더 노력하게 만드는 것이다. 그래서 많은 학자들은 적절한 스피치 불안감은 스피치 능력과 동기를 상승시키는 매개체가 된다고 강조한다. 이제부터 자신만 바보같이 불안감에서 헤어나오지 못한다고 자책하지 말자. 수없이 스피치를 했는데도 불안감이 없어지지 않는다고 불평하지도 말자. 스피치 불안감은 우리를 '스피치 전문가'가 되도록 단련시키는 소중한 증상이라고 받아들이고 친해지자.

💬 불안해하면 청중은 부정적으로 평가하는가

스피치를 할 때 불안하고 긴장한 모습을 청중에게 들키지 않으려고 애쓴다. 행여 들키게 될까 봐 전전긍긍한다. 숨기려 하면 할수록 불안감은 더 깊어져 우리를 괴롭힌다. 이렇게 스피치 불안감을 숨기려 하는 이유는 단 하나이다. 불안한 모습을 보이면 청중이 부정적으로 평가할 것이라고 생각하기 때문이다. 과연 그런가. 청중은 긴장하고 불안해하는 연사를 싫어하고 능력이 없고 이상한 사람이라고 생각하는가. 그렇지 않다.

청중들도 스피치 불안감을 경험한 사람들이다. 불안감을 느낄 때 얼마나 당황스럽고 난처한지 그 느낌을 잘 알고 있다. 우리는 천성적으로 다른 사람의 처지를 불쌍히 여기는 연민의 마음을 가지고 있기 때문에 떨고 있는 연사를 나쁘게 평가하기보다 그 상황을 잘 극복할 수 있도록 도와주려고 할 것이다. 청중은 당황하고 불안해하는 우리를 분명히 보듬어 줄 것이다. 떨고 있는 모습을 들키지 않으려고 애쓰지 않아도 되는 이유이다. 오히려 스피치를 할 때 불안하면 솔직하게 인정하자. 언어로 직접 청중에게 불안감을 표현하자. 인정하는 순간 마음이 편해져 불안감을 효과적으로 관리할 수 있게 된다. 청중도 힘과 용기를 실어줄 것이다.

또한 청중은 우리가 실수를 하더라도, 불안감을 표출하더라도 그렇게 신경 쓰지 않는다. 청중이 신경을 쓰더라도 우리보다 훨씬 빨리 잊어버린다. 심리학자 토머스 길로비치(Thomas Gilovich)는 이 같은 현상을 입증하였다. 실험에서 한 학생에게 매우 우스꽝스러운 티셔츠를 입혀 수업을 듣게 했다. 티셔츠를 입은 학생은 50~60%의 사람들이 자신의 티셔츠에 대해 기억할 것이라고 답했지만 그 티셔츠를 입은 학생을 기억하는 학생은 23% 정도밖에 되지 않았다. 우리가 생각하는 것만큼 다른 사람들은 그렇게 신경 쓰지 않는다는 것이다.

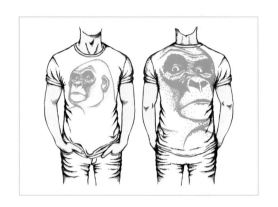

그는 조명 효과(spotlight effect) 때문에 이 같은 현상이 발생했다고 설명하였다. 조명효과란 연극 무대에서 조명을 받는 주인공처럼 다른 사람들이 자신의 외모와 행동에 관심을 보인다고 생각하면서 다른 사람들의 시선에 필요 이상으로 신경을 쓰는 것을 말한다. 스피치를 할 때 실수를 하면, 많이 떨고 있으면 청중이 우리를 주목하고 있다고 착각하지만 사실은 우리를 보고 있는 것은 바로 우리 자신인 것이다.

💬 스피치 불안감은 제거해야 하는 대상인가

우리는 스피치 불안감을 완전히 극복하여 없애면 좋겠다고 생각한다. 불안감을 제거하고 나면 다시는 찾아오지 않기를 바란다. 그래야 편안하고 여유롭게 스피치를 할 수 있다고 여긴다. 또한 스피치 불안감을 완벽하게 극복할 수 있다고 생각한다. 스피치를 해본 경험이 많으면 불안감을 더 이상 느끼지 않아야 한다고 여긴다. 그런데 수많은 스피치 경험을 했음에도 불안감이 생기면 당황해하고 자책한다. 실제로 오랫동안 스피치 교육을 받고 수많은 스피치 경험을 쌓은 사람이 왜 여전히 불안감을 느끼는지 속상하다고 이야기하기도 한다.

그러나 스피치 불안감은 제거해야 하는 대상이 아니라 관리하고 조절해야 하는 대상이다. 앞에서도 설명하였듯이 불안감은 스피치를 할 때마다 어김없이 생기는 감정이다. 제거할 수 있는 대상이 아닌 것이다. 오히려 스피치 불안감을 생산적으로 활용할 수 있도록 관리 조절하는 것이 필요하다. 언제든 찾아오는 증후이지만 빠른 시간 안에 그것을 자유자재로 조절하고 관리하는 자신만의 비법을 찾아내야 한다. 스피치를 잘하는 사람과 그렇지 않은 사람의 차이는 불안감을 전혀 느끼지 않았느냐에 달려있는 것이 아니다. 스피치 불안감을 얼마나 친밀하고 긍정적인 대상으로 수용하고 자신과 융화를 이뤄냈느냐의 차이에서 비롯된다. 스피치 불안감을 느끼지만 빠른 시간 안에 관리하는 사람이 스피치를 잘하는 사람이다.

💬 100% 떨었으나 실제로 그렇게 보이는가

우리는 스피치를 할 때 자신이 많이 떨었다고 생각한다. 대부분의 사람이 그렇게 생각한다. 너무 떨어서 스피치를 망쳤다고 자책하기도 한다. 그러나 실제로 그 사람은 많이 긴장하고 떨었다고 볼 수 있는가. 자신은 100% 떨었다고 생각하지만 청중이 볼 때 그렇게 보이는가. 분명 그렇지 않다. 긴장이나 불안감은 신체적 증상으로 나타난다. 연사는 심장이 쿵쾅거리는 소리, 얼굴이 굳고 빨개지는 것, 혀가 굳어버리는 것 같은 느낌, 등과 손에 땀이 나는 것, 머리가 하얘지는 것 등을 고스란히 느낀다. 그러나 청중은 연사의 신체적 증상을 자세히 알 수가 없다. 심장의 쿵쾅거리는 소리를 들을 수 없고 혀가 굳어버리고 머리가 하얘지는 상황을 직접 느낄 수 없다. 그래서 청중은 연사가 느끼는 것만큼 실제로 긴장하고 떨었다고 받아들이지 않는다. 연구 결과에 따르면 연사가 자신이 긴장했다고 느끼는 정도와 청자가 연사의 불안감을 평가하는 정도가 3~10배 가량 차이가 있다고 한다. 연사는 불안감을 신체적으로 경험하기 때문에 3배 이상 확대되어 굉장히 떨었다고 생각하지만 청중의 눈에는 그렇게 긴장한 것처럼 보이지 않는 것이다.

이에 대해 클락과 웰스(Clark & Wells)는 불안감이 있는 사람들이 사회적 위협 상황에 처할 경우 그 상황에서 실제로 무엇이 일어나는지에 주의를 기울이지 않고 자신 내부로 주의력이 이동되어 자신이 경험하는 불안감이나 신체 감각들에 과도하게 관심을 기울이게 된다고 설명한다. 이로 인해 실제보다 자기의 모습을 더 부정

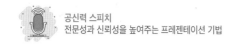

적으로 왜곡되게 지각하고, 그러한 왜곡된 자아상이 실제의 모습과는 다르다는 것을 인식하지 못한 채 계속 부정적인 자기개념을 강화하기 때문에 불안감이 가중된다고 하였다.

스피치 수업에서 자신의 모습을 객관적으로 살펴볼 수 있는 기회, 즉 동영상 피드백을 통해 코칭해 보면 이 같은 현상이 나타난다. 스피치 동영상을 보기 전에 사람들은 대부분 스피치를 할 때 매우 긴장하고 불안감을 느꼈다고 이야기한다. 그러나 스피치를 실행한 동영상을 보여주면 대부분의 사람들이 '긴장했다고 생각했는데 전혀 떨지 않고 스피치를 하고 있다'고 평가한다.

왜 사람들은 그렇게 평가하는가. 그 이유는 두 가지이다. 첫째, 스피치 불안감이 생기지만 동시에 그것을 관리, 조절할 수 있는 능력을 가지고 있기 때문이다. 우리는 스피치 불안감을 느낄 때 어떻게 해서든 이겨내고자 노력한다. 그리고 우리는 불안감을 어느 정도는 스스로 해결할 수 있는 능력을 이미 가지고 있다. 다만 자신이 그러한 능력이 있다는 것을 모르고 있거나 믿지 않고 있을 뿐이다. 청중은 스피치를 하면서 연사가 신체적으로 느낀 불안한 모습이 아닌 떨렸지만 스스로 불안감을 관리한 모습을 보게 된다. 그래서 자신은 떨었다고 말하지만 청중은 긴장하지 않고 잘해냈다고 평가하는 것이다.

둘째, 스피치를 할 때 자신이 떨고 있다고 느낀 만큼 청중이 느끼지 못했기 때문이다. 따라서 스피치를 하면서 느끼는 불안감이 고스란히 청중에게 전달될 거라고 생각하는 것은 큰 착각이다. 대체로 우리는 스피치를 하면서 자신이 극복할 정도의 불안감만 경험한다고 생각하면 된다. 스피치 불안감이나 긴장감이 그렇게 심각하게 연사 자신을 곤란하게 만드는 것은 아니다.

공신력 스피치

전문성과 신뢰성을 높여주는 프레젠테이션 기법

스피치의 핵심
공신력

Chapter 03
스피치의 핵심 공신력

1 공신력이란 무엇인가

💬 공신력은 타인이 평가한 긍정적인 이미지다

공신력이란 사전적으로 사회적으로 널리 인정받을 수 있는 공공의 신용이나 공적인 믿음을 말한다. 공신력이라는 용어가 처음으로 개념화된 것은 아리스토텔레스(Aristotle)에 의해서이다. 그는 저서 《수사학》에서 공신력을 듣는 사람으로 하여금 그의 말을 믿게 하는 화자의 개인적인 속성으로 정의하였다. 이후 호블랜드(Hovland)는 공신력을 커뮤니케이션 효과에 영향을 미치는 화자의 특성으로서 청자가 지각한 화자의 전문성 및 신뢰감이라고 정의하였다. 맥크로스키(McCroskey)는 공신력이란 주어진 상황에 청자가 화자에 대해 느끼는 이미지, 또는 태도라고 정의하면서 공신력이 화자에게 있는 것이 아니라 청자의 마음속에 있다는 점을 강조하였다.

그는 사회적 명성이나 지위와 같은 외적 공신력과 주어진 경우에 실제 측정으로 나타나는 내적 공신력을 구분해야 한다고 제안하였다. 결국 공신력은 청자가 평가하는 화자의 이미지인 것이다.

가스와 사이터(Gass & Seiter)는 공신력을 청자의 입장에서 판단되는 주관적 개념이며 복잡하고 다차원적으로 구성되어 있다고 주장하였다. 이들은 공신력은 전적으로 메시지를 수용하는 측에서 판단하는 것이기에 화자가 가진 특질이 아니라 이를 느끼고 판단하는 청자의 지각과 관련된 개념이라고 하였다. 또한 공신력은 상황과 맥락에 따라 달라질 수 있다고 보았다. 우리는 A라는 상황에서 특정한 화자를 공신력이 높은 사람으로 평가했더라도 B라는 상황에서 동일한 화자를 공신력이 낮은 사람으로 평가할 수도 있다는 것이다.

이처럼 공신력은 화자를 바라보는 청자의 주관적인 판단에 따라 달라지고 커뮤니케이션 상황과 맥락에 따라서 달라질 수 있는 복잡한 개념이다.

공신력은 전문성, 신뢰성, 역동성으로 구성된다

여러 학자들은 공신력의 구성 요소를 다양하게 제시하였다. 이들 학자들이 제시한 공신력의 구성요소를 정리해 보면 전문성(expertise), 신뢰성(trustworthiness), 역동성(dynamism)으로 범주화할 수 있다. 전문성은 능력, 자질, 지식, 현명함, 자격, 경험, 권위, 사회적 배경으로 구성되어 있다. 신뢰성은 성품, 인격, 도덕성, 진실성, 객관성, 개방성, 친밀감, 유사성, 호감도, 근접성 등으로 구성되어 있다. 역동성은 열정, 몰입, 박력, 매력, 사교성, 외향성 등의 요인으로 되어 있다.

우리는 스피치를 하는 사람이 얼마나 전문성이 있는가를 체계적인 전개, 증거 사용, 간결하고 핵심적인 표현, 확신있는 언어, 세련된 언어, 눈맞춤을 통한 청중과의 교감, 당당한 자세, 힘찬 목소리, 복장, 자연스런 제스처 사용, 교육 경험, 나이, 사회적 배경 등을 보고 평가한다. 신뢰성은 친절함, 성실함, 준비성, 진지함, 가치관 부합 여부, 유사성, 개방적 태도, 따뜻한 말투, 신체 접촉, 미소, 진실한 눈맞춤 등에 근거하여 판단한다. 역동성은 확신 표출, 몰입도, 제스처의 사용, 역동적인 목소리, 열정, 사교성, 핵심어 사용, 자신감 있는 눈빛, 외양 등으로 평가한다.

이처럼 공신력은 전문성, 신뢰성, 역동성이라는 추상적인 개념이지만 스피치 과정에서 구체적인 언어적, 비언어적 스킬을 사용함으로써 드러낼 수 있다. 대체로 지식과 경험이 풍부해 그 영역에 권위가 있는 사람, 진솔하고 정직하며 항상 친절하고 호의적으로 행동하는 사람, 주어진 일에 열정적으로 몰입하며 박력 있게 매진할 수 있는 사람이 높은 공신력을 인정받는다. 여기에서 일반적 공신력은 특정 주제와 상관없이 일반적으로 청중이 스피치하는 사람을 믿는 정도를 말한다. 한정된 공신력은 스피치 주제와 관련하여 스피치하는 사람의 말이 어느 정도 믿을 만한가의 정도를 의미한다.

또한 자신이 직접 발휘하는 일차적인 공신력 외에도 이차적, 간접적 공신력이 있다. 이차적 공신력은 통계수치, 법률, 과학적인 연구나 실험 결과, 서적이나 미디어 자료, 전문가나 유명한 사람의 말, 유명한 일화나 예화 등을 이용하여 공신력을 형성하는 것이다. 이 공신력을 이용할 때는 청중이 인정하는 권위를 지닌 사람, 전문 기관의 통계, 객관적인 자료 등을 사용해야 한다. 간접적 공신력은 자신이 실제 행동을 보여줌으로써 공신력을 형성하는 것을 말한다. 일차적인 공신력이 부족했던 사람이라도 스피치 실행을 통해 전문가다운 모습과 호의적인 태도를 보여주면 공신력이 재고될 가능성이 있다.

② 스피치에서 공신력의 중요성

💬 메시지가 아니라 공신력이 설득한다

"콩으로 메주를 쑨대도 못 믿는다"는 말이 있다. 같은 내용으로 이야기했는 데도 어떤 사람이 말하면 100% 신뢰가 가지만 다른 사람이 말하면 별로 믿기지가 않는다는 뜻이다. 공신력이 얼마나 중요한가를 보여주는 표현이다. 앨버트 메르비안 (Albert Mehrabian)은 《Silent Message》라는 책에서 설득을 하는데 우리가 그토록 중요시하는 메시지의 영향력은 단 7%밖에 되지 않는다고 하였다. '누가 말하는가'의 공신력이 55%, '어떻게 말하는가'의 태도가 38%의 영향력이 있다고 하였다. 또 버드위스텔(Birdwhistel)과 리치(Leach)는 비언어적인 요소가 스피치 평가에 영향을 미치는 비율이 각각 65%와 85%라고 밝히고 있다.

대체로 스피치 연구자들은 메시지가 아니라 공신력이 설득을 한다는 것을 강조하고 있다. 즉 동일한 메시지라 하더라도 누가 메시지를 전달했느냐에 따라 메시지의 수용정도와 설득이 달라진다. 대체로 우리는 공신력이 높은 사람이 이야기를 하면 매우 의미있는 내용으로 받아들이고 설득되는 경향이 있다. 스피치 메시지보다 연사의 공신력이 설득에 효과적이라는 이야기이다. 스피치를 할 때 우리가 공신력을 높여야 하는 이유이다.

또한 스피치 능력은 다른 사람이 어떻게 지각하느냐에 달려있다. 자신이 아무리 스피치를 잘했다고 생각하고 평가한다고 해서 능력있는 사람이 되는 것은 아니다. 청자가 스피치를 잘하는 연사라고 평가해야만 능력있는 사람이 되는 것이다. 예를 들어 5분간의 스피치를 했다고 하자. 스피치를 끝내고 자신 스스로 "오늘은 완벽했어. 떨지도 않았고 막힘이 없이 아주 잘 했어. 감정전달도 잘 된 것 같애"라고 평가할 수 있다. 자신 스스로 스피치를 잘했다고 평가하면서 자신감을 갖는 것도 필요하다. 그러나 스피치는 청중에게 말하는 것이기 때문에 듣는 사람의 평가에 따라 능력을 인정받는 것이다. 스피치를 들은 사람들이 "오늘 스피치 논리적으로 잘했다", "스피치가 설득적이었다", "스피치가 유창했고 감동적이었다"라고 평가해 주어야만 스피치를 잘한 사람이 되는 것이다.

실제로 많은 연구 결과에서 공신력이 스피치 능력 평가에 영향을 미치는 것으로 나타났다. 능력, 신뢰감, 친밀감, 매력, 침착성 등 연사의 공신력을 높게 평가할수록 더 스피치 능력이 있고 유창하고 설득적이라고 평가하였다. 호블랜드와 바이스(Hovland & Weiss)도 한 연구에서 학생들에게 동일한 메시지를 보여준 결과 말하는 사람의 신뢰도에 따라 설득의 효과가 달라진다고 밝혔다. 즉 학생들은 신뢰도가 낮은 사람보다는 높은 사람이 이야기했을 때 자신의 의견을 크게 변화시키는 것으로 나타났다.

심리학자 로지(Rosie) 역시 똑같은 말이라도 말하는 사람에 대한 이미지, 공신력에 따라 다르게 평가된다는 것을 밝혀냈다. 두 집단의 대학생들에게 "나는 약간의 반란은 좋은 것이며 자연계에서의 폭풍처럼 정치계에서도 반란이 필요하다는 것을 인정한다"는 말을 들려주었다. 첫 번째 집단에게는 이 말이 미국의 제3대 대통령인 토머스 제퍼슨(Thomas Jefferson)이 한 말이라고 알려주었고, 두 번째 집단에게

는 러시아 공산주의 혁명가인 레닌의 말이라고 설명했다. 실험 결과 첫 번째 집단의 학생들은 거의 모두 이 말에 동의한 반면 두 번째 집단의 학생들은 거의 거부감을 드러냈다.

또다른 연구에서 실험 참여자들에게 전문가가 판단하는 좋은 음악들의 순위를 보여주고 난 후 자신이 좋아하는 음악 순위를 매기게 했다. 그러자 실험 참여자들은 대부분 전문가의 평가와 비슷하게 순위를 조정했다고 한다. 우리도 일상생활에서 전문가, 지식이 많은 사람, 경험이나 교육 수준이 높은 사람, 진실하고 정직한 사람, 믿을만한 사람이 이야기를 하면 그 말이 사실일 것이라고 믿는 경향이 있지 아니한가.

이처럼 공신력은 스피치 능력을 높게 평가받고 설득을 하는 데 결정적인 요소이다. 지금 학교에서 혹은 직장에서 전문성, 신뢰성, 열정을 가진 사람으로 평가받고 있다면 스피치를 할 때, 기획안을 제출할 때, 아이디어를 제시할 때 대체로 좋은 평가를 받게 될 것이다. 만약 공신력을 높게 평가받고 있지 못하다면 어떠한 기획안이나 아이디어를 내도, 스피치를 잘해도 좋은 평가를 받기에는 한계가 있을 것이다.

자신의 스피치 능력을 제대로 평가받기 위해서는 우선 공신력을 높이는 방안부터 강구해야 한다. 먼저 자신이 학교에서, 직장에서 어떤 사람으로 평가받고 있는지 점검해 보자. 전문성은 어느 정도인가, 신뢰성은 어느 정도인가, 역동성과 열정은 어느 정도인가 파악해보자. 자신의 공신력을 객관적으로 평가하기 위해 주변 사람들이 보내주는 여러 가지 언어적, 비언어적 신호를 주의 깊게 관찰해보자. 주변 사람들은 끊임없이 언어와 비언어를 통해 우리가 어떤 사람인지 신호를 보내고 있으니 놓치지 말고 파악해보자. 다른 사람에게 직접적으로 질문도 해보자. 그런 다음 전문성과 신뢰성을 높이는 언어적, 비언어적 스킬을 익혀서 일상에서 실천해 보자. 공신력이 충분히 쌓일 때까지 충분히 반복해보자. 공신력이 높아질수록 설득은 쉬워진다.

💬 우리는 공신력이 높은 사람을 좋아한다

우리는 대체로 유능하고 신뢰감을 주며 매력적인 사람을 좋아한다. 이 사람들과 친하면 무언가를 얻게 되기 때문이다. 우리는 대인관계에서 보상을 추구하는 성향이 있어 힘 있고, 능력 있고, 매력적이고, 호감이 가는 사람들 편에 서고 싶어한다. 그래서 보상을 제공할 수 있는 사람에게 호감을 느낀다. 이것을 단순보상효과라고 한다. 아슨과 린더(Arson & Linder)가 제시한 보상이론(reward-reinforcement theory)에 따르면 공신력이 높은 커뮤니케이터는 상벌을 줄 수 있는 힘을 가지고 있다고 생각하기 때문에 그 커뮤니케이터의 주장이나 메시지를 잘 받아들인다고 한다.

그렇다면 우리는 공신력이 높은 사람에게서 어떠한 보상을 원해서 좋아하는가. 심리학의 '반사된 영광 누리기(basking in reflected glory)'와 '방사 효과(radiation effect)'가 이 같은 현상을 잘 설명해 주고 있다. 반사된 영광 누리기란 사람들이 성공한 사람, 매력적인 사람과의 연관되어 있다는 것을 공개함으로써 자신의 이미지를 고양시키는 것을 말한다. 우리는 자신의 사회적 이미지를 높이기 위해 성공한 사람, 능력있는 사람, 매력적인 사람, 인기 있는 사람들과 자기 자신을 연결시키려 애를 쓴다. 예를 들어 "그 탤런트, 우리 학교에 다녀", "그 선수, 우리 고향 출신이야"등 공신력이 높은 사람과 관련시키면 자신의 이미지를 고양시킬 수 있기 때문이다. 이로써 자존감이 올라가고 자신감이 생기는 자존심 고양 효과가 나타나는 것이다.

우리가 이렇게 행동하는 이유는 바로 체면 욕구 때문이다. 우리는 살아가면서 항상 긍정적인 이미지를 형성, 유지하고 싶어하는 체면 욕구를 가지고 있다. 특히 다른 사람보다 돋보이는 이미지를 보여주고 싶어하고 인정받고자 하는 욕구가 강하다. 이것을 체면의 과시 욕구라고 한다. 체면은 태어나면서부터 선천적, 본능적으로 가지고 있는 욕구이기 때문에 그 욕구가 좌절당했을 경우 자아정체감 형성에 부정적인 영향을 미치고 자존감에 상처를 받게 된다. 이 체면 욕구를 끊임없이 충족시키기 위해 우리는 사회에서 인정받는 사람과의 친분을 드러내면서 자신도 그만큼 대단한 사람이라는 것을 은연 중에 표출하고 있는 것이다.

반사된 영광 누리기 효과는 여러 연구에서 과학적으로 입증되었다. 심리학자 로버트 치알디니(Robert Cialdini)는 대학생들이 자기 학교 미식 축구팀이 이겼을 했을 때와 패배했을 때 대학의 로고가 새겨진 티셔츠를 입고 등교하는 학생의 수를 비교해 보았다. 연구 결과 자기 학교가 경기에서 이겼을 경우 평소보다 더 많은 학생들이 학교 티셔츠를 입고 등교했으며, 일방적인 승리를 하면 그보다 훨씬 더 많은 학생들이 학교 티셔츠를 입고 등교했다.

그는 또다른 실험에서 학생들에게 전화를 걸어 "이번 시즌의 첫 번째 시합에서 당신 대학 팀이 이겼습니까?"라고 질문했을 때 '우리는'이라고 말하는지 아닌지를 조사했다. 역시 이 실험에서도 자신의 대학이 승리했을 때에는 36% 학생이 "우리는 이겼습니다"라고 대답한 반면 시합에 패배했을 때에는 "우리는 졌습니다"라고 대답한 학생이 18%밖에 되지 않았다. 대부분의 학생들은 "그들은 졌습니다"라는 식으로 시합 결과를 객관적으로 응답했다. 이 같은 결과는 자기 자신과 승리한 팀의 관계를 공표함으로써 자신의 이미지를 고양시킬 수 있다고 믿는 인간의 심리를 잘 보여주고 있다.

반사된 영광 누리기 효과는 집단이나 조직, 브랜드 이미지를 높이거나 마케팅 전략을 세울 때에도 사용된다. 나이키는 1996년 골프황제 타이거 우즈(Tiger Woods)에게 한 해에 2천만 달러를 지불하면서 골프 의류를 입혔다. 그 결과 나이키는 전년도에 비해 1996년에 골프 의류와 신발 매출액이 무려 260% 증가했다고 한다. 골프황제 타이거 우즈(Tiger Woods)가 입은 나이키 골프 의류를 입으면 자신의 이미지가 높아질 것이라는 기대감이 작용한 것이다.

다음으로 방사효과란 예쁜 여자와 다니는 못생긴 남자에겐 특별한 뭔가가 있을 것으로 추측하는 것처럼 매력적인 짝과 함께 있는 사람의 사회적인 지위나 가치를 높게 평가하는 것을 말한다. 심리학자 마릴린 시걸(Marilyn Seeger)은 대학생들에게 네 쌍의 부부 사진을 보여주면서 남편의 사회적 지위나 명성의 정도를 추측하게 했다. 연구 결과 '매력적인 여자와 못생긴 남자' 커플이 남녀 모두 못생긴 커플, 남녀 모두 매력적인 커플, 매력적인 남자와 못생긴 여자 커플에 비해 여러 가지 조사에서 가장 높은 점수를 받았다. 대학생들은 못생긴 남자가 매력적인 여자를 아내로 맞이한 것은 남자에게 뭔가 특별한 능력이 있을 것으로 추측하였다. 반면 못생긴 아내와 함께 있는 잘생긴 남자는 사회적 지위나 명성을 가장 낮게 평가하였다.

이처럼 우리는 공신력이 높은 사람과 함께 있으면 자신의 지위나 가치도 올라갈 것이라고 생각하기 때문에 전문성, 신뢰성, 열정, 매력 등이 높은 사람을 좋아하는 것이다. 좋아하면 그 사람의 행동을 따라 하게 되고 그 사람의 말을 믿게 된다. 스피치나 면접에서 최대한 빠른 시간에 전문성, 신뢰성, 열정 등의 공신력을 확보하자.

첫인상이 공신력의 출발이다

공신력이 설득을 하는 데 중요한 요소라면 스피치를 할 때 첫인상을 잘 형성해야 한다. 첫인상이 공신력 형성의 출발점이기 때문이다. 첫인상은 첫눈에 느껴지는 인상이다. 인상은 접촉한 사물이나 사람에 대해 마음에 남는 느낌이다. 첫눈에 느껴지는 우리의 인상은 대개 몇초 안에 형성될까. 학자마다 의견이 다르다. 3초, 7초, 10초, 14초 등 다양하다. 최근 결과는 놀랍게도 0.1초만에 첫인상이 형성되는 것으로 밝혀졌다.

미국 프린스턴 대학의 심리학자 제닌 윌리스(Janine Willis)와 알렉스 토도로프(Alex Todorov)는 실험 참가자들에게 낯선 사람들의 사진을 보여주고 이들이 어떤 사람인지 파악하는 실험을 진행했다. 실험 참가들이 사진 속의 인물이 매력적인지, 믿을 만한 사람인지를 판단하는 데 걸리는 시간은 놀랍게도 0.1초에 불과했다. 연구자들은 첫인상만으로도 낯선 사람을 판단하는 기술이 이미 우리의 유전자 속에 숨어 있고 생활에서 무의식적으로 적용된다고 설명하였다. 이처럼 첫인상은 0.1초에서 길어도 15초 안의 짧은 시간에 형성된다.

또한 플랭크 버니에리(Plank Bernieri) 교수는 면접 모습을 비디오테이프로 녹화한 후 실험 참가들에게 면접 시작 후 15초 동안의 모습만 보여주었다. 놀랍게도 실험 참가자들이 15초 동안 받은 첫인상이 면접관들이 20분의 면접 시간 동안 받은 인상과 거의 일치하는 결과가 나왔다.

그렇다면 이렇게 짧은 시간에 형성되는 첫인상은 왜 중요한가. 바로 초두효과(primary effect) 때문이다. 초두효과란 먼저 제시된 정보가 나중에 제시된 정보보다 더 큰 영향력을 행사하는 것을 말한다. 심리학자 아쉬(Asch)는 가상적인 인물에 대한 성격을 묘사하는 형용사들을 제시하고 실험 참가자들에게 그 인물에 대한 인상을 질문하였다. 동일한 내용이었지만 순서를 역순으로 바꾸어 서술하였다. 첫째 집단에게는 '똑똑하고, 근면하며, 충동적이고, 비판적이고, 고집이 세며, 질투심이 강함'이었고, 두 번째 집단에게는 '질투심이 강하고, 고집이 세며, 비판적이고, 충동적이고, 근면하며, 똑똑함'이었다. 그 결과 가상인물이 좋은 사람이라고 평가한 비율이 첫 번째 그룹에서는 78%이었던 반면 두 번째 그룹에서는 18%에 불과하였다. 평가 내용은 같았으나 순서만 달리 했을 뿐인데 전혀 다른 이미지로 평가한 것이다. 맨 처음 내용인 '똑똑하고, 근면하며'과 '질투심이 강하고, 고집이 세며'가 가상인물의 성격을 평가하는데 영향을 미쳤기 때문이다. 이 실험을 통해 첫인상이 사람을 판단하는 데 큰 영향을 미친다는 사실이 밝혀졌다.

또한 우리는 처음에 형성했던 이미지를 바꾸지 않고 고정시키는 경향을 가지고 있다. 그래서 첫인상을 가지고 그 이후의 행동을 평가하게 된다. 바로 맥락효과(contextual effect)가 작용하기 때문이다. 맥락효과란 처음에 제시된 정보가 나중에 들어오는 정보들을 처리하는 기본 지침이 되어 전반적인 맥락을 제공하는 것을 말한다. 이것은 우리가 다른 사람에 대해 어떠한 첫인상을 형성하면 그 첫인상에 근거하여 그 다음에 행하는 행동들을 평가한다는 것이다.

예를 들어 첫인상이 좋았던 사람이 약속 시간에 늦으면 '차가 밀렸겠지', '무슨 일이 있었겠지'라고 생각한다. 반면 첫인상이 좋지 않은 사람이 약속시간에 늦으면 '불성실한 사람이야', '그러면 그렇지'라고 부정적으로 평가한다. 이렇게 우리는 일관성을 유지하기 위해 첫인상과 일치하지 않는 정보가 들어오면 그 새로운 정보를 전환시켜 해석하는 것이다. 맥락효과는 광고에서도 많이 사용되고 있다. 한 프로그램이 끝나고 나면 곧바로 그 프로그램의 주인공이 등장하는 광고가 많이 나온다. 프로그램에서 형성된 주인공의 좋은 이미지가 광고에 영향을 미치기 때문에 기억을 더 쉽게 하는 심리적 현상을 이용한 것이다. 따라서 우리는 스피치를 할 때 무엇보다 첫인상을 잘 형성해야 한다. 첫인상을 잘 형성할수록 스피치 능력을 긍정적으로 평가받는다.

그렇다면 긍정적인 첫인상은 어떻게 하면 형성할 수 있을까. 흔히 첫인상은 외모로 결정된다고 생각한다. 외모가 첫인상 형성에 긍정적인 영향을 미치는 것은 사실이다. 매력적인 외모는 심리학자 에드워드 손다이크(Edward Thorndike)가 처음 연구한 후광효과(halo effect)가 발휘되어 좋은 이미지를 형성한다. 후광효과란 어떤 대상의 한가지 혹은 일부에 대한 평가가 또다른 일부 또는 나머지 전부의 평가에 영향을 미치는 현상이다.

　니스벳과 윌슨(Nisbett & Wilson)은 학생들의 강사에 대한 평가 실험에서 후광효과를 증명하였다. 한 그룹에게는 강사가 학생들의 질문에 친절히 답변하는 모습을 보여주고, 다른 그룹에게는 냉정하게 보일만큼 건조하게 답변하는 모습을 보여준 뒤 평가하도록 하였다. 친절히 답변하는 비디오를 본 학생 그룹은 강사가 외모와 매너, 말투까지 매력적이라고 평가한 반면 질문에 건조하게 답변하는 비디오를 본 학생 그룹은 강사가 권위적이며 비호감으로 생겼고 말투도 거부감을 주고 강의에도 별로 성의가 없다고 평가하였다. 강사가 친절히 답변하는 모습이 후광효과를 입어 외모, 매너, 말투까지 긍정적으로 보이게 한 것이다. 니스벳과 윌슨(Nisbett & Wilson)은 또다른 실험에서 후광효과를 입증하였다. 학생들에게 면접관을 소개하면서 한 명은 다정한 사람으로, 다른 한명은 차갑고 적대적인 사람이라고 소개하였다. 그랬더니 면접도 하기 전에 면접관이 다정한 성격이라는 말을 들은 학생들은 면접관을 더 좋아했고 잘 생겨서 기분 좋다고 평가하였다. 단지 다정한 사람이라고만 평가했는데 면접관을 잘생겼다고 평가한 것은 후광효과가 작용했기 때문이다.

　또 마르코니(John Marconi)의 마케팅 관련 책을 출판하면서 한 표지에는 '하버드대학 고전서'라는 문구를 넣고, 다른 표지에는 문구를 넣지 않았다. 그 결과 하버드라는 문구가 들어간 책은 가격을 두 배로 책정해도 잘 팔리는 반면 문구가 들어가지 않은 책은 별로 잘 판매되지 않았다. 하버드라는 후광이 책의 판매에 영향을 미친 것이다.

　특히 외모를 포함한 신체적 매력은 긍정적인 첫인상에 영향을 미치는 중요한 요소이다. 외모가 매력적인 사람은 능력도 있고 성격도 좋을 것이라고 생각한다. 실제로 신체적으로 매력적인 연사는 더 유창하고 설득적이며 더 인기있고 사회성이 있으며 더 행복한 것으로 평가받았다. 이것은'아름다운 것이 좋은 것(The beautiful-is-good)'이라는 믿음 때문에 발생한다. 예컨대 면접관들이 면접자들을 평가할 때 외모나 인상 등만을 보고 회사 업무에 잘 적응할 만한 사람이라고 판단하는 경우 후광효과가 작용한 것이다.

골드맨과 레위스(Goldman & Lewis)의 연구에서 매력적인 사람들이 더 커뮤니케션 스킬을 가지고 있는 것으로 평가받았다. 차이캔(Chaiken) 역시 매력과 커뮤니케이션 능력 간의 관련성 연구에서 매력적인 사람이 더 유창하고 설득적이라는 평가를 받고 있다고 밝혔다. 직장에서 매력적인 사람들은 실제 직무성과와 관계없이 보다 긍정적인 성과 평가, 빠른 승진, 더 높은 급여를 받는 것으로 조사되었다.

그러나 첫인상은 외모만으로 형성되는 것은 아니다. 외모는 첫인상에 영향을 미치는 하나의 요소일 뿐이다. 다른 여러 가지 언어적, 비언어적 요소들이 첫인상에 영향을 미친다. 눈맞춤, 얼굴 표정, 옷차림, 자세, 목소리 크기와 톤, 말하는 내용 등 매우 다양하다. 첫인상은 한 순간에 형성되는 것이긴 하지만 다양한 스피치 스킬들이 복합적으로 작용한다. 예를 들어 여러분이 면접에 간다면 첫인상은 어떻게 형성될까. 면접 장소에 들어가는 발걸음, 당당한 자세, 면접관과의 눈맞춤, 깔끔한 외모, 환한 얼굴 표정, 준비한 옷차림과 헤어스타일, 면접 장소에 일찍 도착하기, 밝고 자신감있는 목소리, 예의바른 인사, 미소, 답변할 때 첫 문장 등 이 모든 것들의 결합체가 첫인상이다.

실제로 외모가 아닌 다른 비언어적 스킬들이 긍정적인 이미지를 형성하는 데 영향을 미치고 있었다. 스탠포드 대학 연구팀과 경영 컨설턴트 반 슬로언(Van Sloan)이 고등학생 2,500명을 대상으로 실시한 연구에서 항상 자주 웃는 여학생이 신체적 매력이 뛰어난 여학생보다 두 배나 인기가 높았다. 환하고 밝은 얼굴이 긍정적인 인상 형성에 미치는 힘이다. 옷차림도 중요하다. 한 실험에서 옷을 잘 입은 사람이 신호등을 무시하고 횡단하자 신호 바뀌기를 기다리던 사람 중 14% 정도의 사람들이 그 사람을 따라 횡단했다. 그러나 초라하게 옷을 입은 사람이 횡단하자 겨우 4%만이 그 뒤를 따랐다.

눈맞춤도 첫인상에 중요하다. 헤스(Hess)의 실험에 따르면 동공이 커보이면 매력적이고 열정적이고 똑똑해 보인다고 한다. 눈맞춤을 제대로 하면 동공이 커보여 긍정적인 인상을 형성할 수 있는 것이다. 요사이 젊은 여성들이 동공이 커 보이게 하는 써클렌즈를 착용하는 이유이다. 또 눈맞춤을 잘하면 단순하게 눈만 접촉해도 친해진다는 단순 접촉 효과 때문에 친밀감과 호감도까지 확보할 수 있다.

입을 크게 움직여 이야기하는 것도 매력적인 첫인상을 형성하는 데 도움을 준다. 이것은 일명 '3M' 법칙으로 로저 건러프(Roger Ganruff)가 처음으로 제창하였다. 'More Mouth Movement 법칙'은 입을 될 수 있는 한 크게 움직여서 이야기하라는 것이다. 입을 크게 벌려 이야기하면 자연히 볼의 근육도 따라 움직이기 때문에 표정이 풍부해 보인다. 표정이 풍

부해 보이면 매력을 높일 수 있다. 스탠리 스트롱(Stanley Strong)의 조사에 따르면 사람들은 입을 다물고 정지하고 있는 듯한 무표정한 사진은 차가워 보인다고 평가한 반면 입을 한껏 벌리고 움직임이 있는 듯한 표정의 사진은 사교적 이고 따뜻해 보이고 대인관계가 좋아 보인다고 평가하였다.

이처럼 좋은 첫인상은 자신의 능력을 제대로 인정받는 첫 관문이다. 첫인상으로 사람을 평가하는 것이 옳지 않다고 항변하지 말자. 옳은 일은 아니지만 우리는 그러한 심리를 지니고 태어난 존재이다. 이제부터 자신의 첫인상을 어떻게 구축할 것인지를 고민하자. 좋은 첫인상을 형성할 전략이 필요하다. 확신해 찬 눈빛, 당당하게 편 어깨, 활기차고 성큼성큼 걷는 발걸음, 환한 미소, 깔끔하고 단정한 옷차림, 인상적인 첫마디, 힘있고 따뜻한 목소리 등등. 이 모든 것들이 긍정적인 첫인상을 형성하게 해준다. 우리가 훈련하고 노력하면 실행할 수 있는 스피치 스킬이기도 하다. 첫인상은 충분히 자신이 원하는대로 구축할 수 있다. 전문가답게 보이는, 신뢰성 있게 보이는, 열정적으로 보이는 첫인상을 경영해 보자.

그러나 첫인상이 좋지 않게 형성되었다 하더라도 낙담하지 않아도 된다. "첫인상이 마지막 인상이다(The first impression is the last impression)"는 말은 설득력이 떨어진다. 첫인상이 안 좋더라도 변화시킬 수 있다는 이야기이다. 바로 빈발효과(frequency effect) 때문이다. 빈발효과란 반복해서 제시되는 행동이나 태도가 첫인상을 바꾸는 것을 말한다. 첫인상이 좋지 않게 형성되었다 할지라도 지속적이고 반복적으로 진지하고 성실하고 당당하고 믿음직한 행동을 하면 점차 좋은 인상으로 바뀌게 된다. 반대로 외모가 매력적이어서 좋은 첫인상을 형성했는데 자꾸 만나보니 호감도가

감소하는 경우도 있다. 그래서 공신력 있게 말하고 행동하는 방법을 배우고 내면화시키는 것이 중요하다.

첫인상을 변화시키기 위해서는 최소한 40시간 정도가 걸린다고 한다. 많은 시간일 수 있다. 그러나 공신력 있게 말하고 행동하는 방법만 몸에 익혀두면 짧은 시간이다. 항상 공신력을 갖춘 사람답게 말하다 보면 40시간은 저절로 지나간다. 말 한마디 한마디가 첫인상을 바꿀 수 있다는 것을 명심하자. 말은 생각을 담는 그릇이자 그 사람의 인격이다.

전문가라는 호칭 사용도 공신력에 영향을 미친다

학위, 직위, 경력, 사회적 경험 등과 마찬가지로 '전문가'라는 호칭이 공신력 형성에 영향을 미친다. '전문가'라고 부르는 순간 전문성이 생겨난다고 한다. 커뮤니케이션 학자 클리포드 나스(Clifford Nass)와 코리나 옌(Corlina Yen)은 몇 가지 실험을 통해 이 같은 사실을 입증하였다. 한 실험에서 참가자들은 동일한 내용의 뉴스를 시청했음에도 뉴스 전문 채널에서 방영한 뉴스가 종합 방송의 뉴스에 비해 더욱 중요하고 유익하며 흥미로웠다고 평가했다. '뉴스 전문'이라는 말이 메시지의 공신력을 높여준 것이다.

또다른 실험에서도 동일한 프로그램을 시청했는데도 실험 참가자들은 뉴스 TV에서 시청한 뉴스가 일반 TV에서 본 내용보다 뉴스 가치가 더 있고, 예능 TV에서 본 시트콤이 훨씬 더 재미있고 스트레스 해소에 도움이 되었다고 평가하였다. 아무런 객관적인 근거가 없더라도 전문가라는 명칭이 영향력을 발휘한 것이다.

이들 연구자들은 사람들이 전문가라는 말에 쉽게 설득이 되는 이유를 두 가지로 설명하였다. 첫째, 다른 사람의 말을 무의식적으로 사실로 받아들이는 경향 때문이라고 한다. 어떤 것이 거짓이라고 판단하려면 상당한 시간을 들여 분석을 해야 하는데 뇌가 너무 바빠 의견이나 제안이 타당한지 판단할 수 없기 때문이라고 한다. 둘째, 우리는 불확실성을 매우 불편하게 생각하기 때문에 호칭을 신뢰한다고 한다. 여기에서 불확실성이란 미래에 전개될 상황에 대해 정확한 정보를 얻을 수 없거나 어떤 상황이 발생할 가능성을 명확히 측정할 수 없는 상태를 뜻한다. 길버트(Gilbert)의 주장에 따르면 우리는 불확실성을 없애고 싶어하기 때문에 사실의 진위를 판단할 수 없는 정보를 듣고서도 반론을 펴기보다 믿으려고 한다는 것이다.

또다른 사례에서는 전문가라는 호칭이 실제로 전문가다운 행동을 하게 만드는 효과가 있다는 것을 밝혀냈다. 미국 물류 서비스 회사 P.I.E는 배송 기사들의 부주의로 매년 25만 달러의 손해를 봤다고 한다. 그 원인 중 56%가 컨테이너 물품을 제대로 분류하지 않은데서 비롯되었다. 회사는 수리 물리학자이자 품질 관리 전문가 에드워드 데밍(Edward Demming)에게 해결책을 의뢰한 결과 배송 기사들을 '물품 분류 전문가'라고 부르라고 했다. 이후 한 달만에 배송 오류는 56%에서 10%로 감소하였다. 다른 사람이 자신을 전문가라는 호칭으로 부르자 이들은 실제로 전문가답게 행동한 것이다.

우리나라 기업에서도 전문가답고 창의적인 직명을 사용함으로써 직원들이 자신의 직무에 자긍심을 갖고 업무 능력을 발휘하도록 하고 있다. 한국야구르트는 창립 50주년을 맞이하여 야쿠르트 아줌마의 명칭을 '프레시 매니저'로 변경했다. 신선한 제품을 전달하며 소비자의 건강을 관리한다는 의미이다. 전문가다운 직함으로 변경해 방문 판매원이라는 직업의 가치를 높여줌으로써 직원들의 호응을 얻고 있다고 한다. 써브웨이는 매장에서 샌드위치를 만드는 직원을 '샌드위치 아티스트'라고 부르고 있다. 아티스트라는 명칭을 사용함으로써 써브웨이의 얼굴이자 핵심 일꾼으로서의 자긍심을 높여주고 있다.

우리는 다양한 방식으로 자신의 존재를 확인한다. 심리학에서는 이를 아이덴티티라고 부른다. 어떤 것과 동일시한다는 의미이다. 전문가라는 호칭이 자신의 존재를 전문가와 동일시하게 만든 것이다. 이처럼 전문가라는 호칭은 자신뿐만 아니라 다른 사람을 설득하는 데 지대한 영향을 미친다. 스피치를 잘하기 위해서는 자신을 전문가라고 칭하거나 스스로 전문가라고 믿고 전문가인 것처럼 행동하는 자세가 필요하다. 세계적인 자기개발 전문가인 미국의 데일 카네기(Dale Carnegie)는 스피치와 프레젠테이션을 잘하는 방법 중의 하나가 바로 자신이 전문가인 것처럼 행동하는 것이라고 하였다. 스피치 전문가처럼 행동하다 보면 자신도 모르게 스피치 전문가로 성장해 있을 것이다.

공신력 스피치

전문성과 신뢰성을 높여주는 프레젠테이션 기법

전문성을 높이는
언어 스킬

Chapter 04

전문성을 높이는 언어 스킬

전문성이란 사전적으로 특정 분야만 연구하거나 해당 분야에 대해 상당한 지식과 경험을 가지고 있는 특성이나 성질을 의미한다. 전문성을 나타내는 요소들은 능력, 자질, 지식, 자격, 경험, 권위, 사회적 배경이 있다. 따라서 전문성을 갖춘 사람, 즉 전문가란 무슨 일에 굉장히 정통하며, 올바른 판단을 내릴 수 있으며, 필요로 하는 기술을 갖췄다고 사회에서 여겨지는 사람을 의미한다. 사회적으로 능력, 지식, 경험 등을 갖췄다고 인정받았기 때문에 우리는 전문가의 말을 더 신뢰하고 더 공신력 있는 내용으로 받아들이고 설득된다. 스피치에서 전문성을 확보해야 하는 이유이다.

그렇다면 어떻게 해야 전문성을 확보할 수 있는 것인가. 어떻게 하면 우리가 능력, 자질이 뛰어나고 지식이 많으며 경험이 많고 권위가 있다는 것을 드러낼 수 있는가. 대체로 우리는 능력, 자질, 지식 등 전문성은 오랜 시간 커뮤니케이션을 해야만 파악할 수 있는 것으로 생각한다. 그렇지 않다. 우리는 다른 사람을 단 몇 분만에 능력이 있는 사람, 지식이나 경험이 많은 사람이라고 평가할 수 있다. 물론 그러한 평가가 옳다고 말할 수는 없다. 그러나 중요한 건 첫인상이 단 몇 초만에 형성되듯이 우리가 전문가다운지 그렇지 않은지를 다른 사람은 순식간에 판단한다는 것이다.

다른 사람은 우리가 전문성이 있는지 없는지를 어떠한 기준으로 평가하는가. 그것은 바로 우리가 스피치를 포함한 커뮤니케이션을 할 때 사용하는 언어와 비언어를 통해서이다. 따라서 어떤 상황에서 스피치를 하더라도 소홀히 준비하면 안 된다. 한순간에 전문성이 부족한 사람으로 평가받을 수 있기 때문이다. 전문성이 부족한 이미지가 형성되면 그것을 변화시키기는 쉽지 않다. 스피치를 할 때 전문가다운 언어와 비언어 스킬을 구사해야 하는 이유이다.

전문성을 보여주는 언어적 스킬에는 체계성 법칙, 논리성 법칙, 핵심성 법칙, 구체성 법칙, 간결성 법칙, 평이성 법칙, 확신성 법칙이 있다. 스피치를 할 때 체계적, 논리적, 핵심적, 구체적으로 말하고 간결하면서도 쉽고 확신있게 말하면 전문가다운 이미지를 형성할 수 있다. 지금부터 7가지 언어적 스킬이 왜 중요하고 어떻게 하면 향상시킬 수 있는지 살펴볼 것이다.

1 체계성 법칙

구조적, 범주적 사고를 하고 스마트하게 정리하라

전문성을 보여주는 첫 번째 언어적 스킬은 체계적으로 메시지를 구성하는 것이다. 체계성은 좋은 스피치의 첫 번째 원칙이다. 우리가 흔히 조리있게, 일목요연하게, 짜임새있게, 논리적으로 스피치하라는 말은 모두 체계성의 법칙대로 메시지를 구성하라는 의미이다. 예컨대 '조리있게 스피치한다'는 말에서 조리(條理)라는 단어를 해석해보면 나뭇가지(條)가 뻗어가듯이 체계적이며 앞뒤가 맞게 잘 다듬는(理) 것을 뜻한다. 반면 두서없이 이야기한다, 횡설

수설 말한다, 중언부언한다라는 것은 내용이 체계적, 핵심적이지 않음을 나타낸다.

체계성이란 일정한 원리에 따라 낱낱의 부분이 짜임새 있게 조직되어 통일된 전체를 이룬 특성이나 상태를 말한다. 따라서 체계적이라는 것은 구조화, 범주화시켜야 한다는 의미이다. 구조적인 스피치란 구조적 사고가 근간을 이룬 것이다. 여기에서 구조란 단순한 집합이 아닌 전체와 부분의 조화로운 관계를 말한다. 구조화란 부분적인 요소나 내용이 서로 관련되어 하나의 전체로 만들어지거나 그렇게 만드는 것을 의미한다. 구조적 사고란 단어 혹은 추상적 개념들 간의 관계를 이해하고 이들을 통일성 있고 일관된 방식으로 엮어 부분이 전체를 이루는 체계를 만들어가는 것을 말한다. 즉 외부의 방대한 정보와 지식을 논리적인 규칙을 바탕으로 올바

른 연결 구조로 정리해내는 것이 바로 구조적 사고의 목적이다. 따라서 구조적 사고를 통해 구성 요소 간의 관계를 명확히 밝혀 전체의 의미를 파악할 수 있다.

우리는 스피치를 하기 위해 여러 가지 사고 단계를 거쳐야 한다. 처음에는 많은 아이디어를 고안해내야 하지만 이 아이디어를 구조화, 범주화하여 체계적으로 구성해야 한다. 이때 발산적 사고와 수렴적 사고가 필요하다. 발산적 사고란 다양한 정보를 탐색하고 상상력을 발휘하여 여러 가지 아이디어를 만드는 것이다. 새로운 아이디어를 많이, 다양하게, 자세하게, 독창적으로 생성해내는 것을 말한다. 스피치 준비 단계에서 첫 번째로 거쳐야 하는 사고 단계이다. 어떤 주제로 무슨 내용을 담아 이야기할 것인지 새로운 아이디어를 다양하게 많이 생성해내면 더 창의적이고 전문적인 스피치를 할 수 있다.

수렴적 사고는 발산적 사고를 통해 만들어낸 아이디어를 평가하는 것이다. 생성한 아이디어를 논리적, 비판적으로 평가하고 판단해 가장 유용한 것을 선택한 후 카테고리별로 정리하는 것이다. 수렴적 사고는 분류 사고와 구조화 사고로 되어 있다. 분류 사고는 목적에 따라 정보를 동일한 부분끼리는 묶거나 서로 다른 부분은 분리하는 작업을 하는 것이다. 구조화 사고란 이렇게 분류된 구성요소가 서로 어떠한 관계가 있는지 명확히 규명해서 전체의 의미를 파악하는 것이다. 스피치를 할 때는 앞의 발산적 사고를 통해 생성해낸 아이디어를 범주화하고 구조화하는 수렴적 사고 단계를 반드시 거쳐야 한다. 스피치는 머릿속의 무언가를 아무런 체계나 틀이 없이 정리해서 발표하면 되는 것이 아니라 구조화된 메시지를 전달하는 것이다. 즉 발산적 사고를 거쳐 수렴적 사고를 통해 자신이 어떤 메시지를 전달할 것인지 핵심 주제를 정하고 이를 뒷받침하여 설명하는 소주제를 정리해야 한다.

이와 같이 스피치를 할 때 구조화가 필요한 이유는 자신의 생각이나 주장을 다른 사람에게 잘 이해시키고 설득하기 위해서이다. 우리가 스피치를 듣고 나서 뭔가 이해할 수 없고 받아들일 수 없다고 느끼는 것은 논리가 구조화되어 있지 않고 단순히 파편적으로 나열되어 있기 때문이다. 구조화된 메시지는 머리 속에 체계적으로 정리되어 쉽게 전달되고 쉽게 기억되기 때문에 다른 사람을 설득하고 전문가다운 이미지를 형성하는 데 도움이 된다.

그렇다면 논리를 어떻게 구조화하는 것인가. 논리를 구조화하려면 우선 전체를 적절한 크기로 분해할 필요가 있다. 이 분해를 도와주는 것이 MECE 방법이다. MECE는 세계 최고 수준의 경영 컨설팅 회사 맥킨지에서 개발한 업무 해결 및 커뮤니케이션 핵심 기법이다. MECE는 Mutually Exclusive and Collectively Exhaustive의 약자로 어떤 과제와 개념을 전체 집합으로 보고 그것을 누락 없이 그리고 서로 중복 없이 부분 집합으로 나누어 생각하는 사고방식이다. 예를 들어 설명해 보면 다음과 같다.

⑩ 1 우리 가족은 여행을 좋아한다.
- 아버지는 여행을 좋아한다.
- 아들은 여행을 좋아한다.
- 딸은 여행을 좋아한다.
→ 누락 : 어머니

⑩ 2 우리 가족은 여행을 좋아한다.
- 부모님은 여행을 좋아한다
- 자녀들은 여행을 좋아한다.
- 아들은 여행을 좋아한다.
→ 중복 : 자녀 안에 아들이 포함

정리하면 구조적 사고란 어떠한 문제를 전체 맥락과의 연계성 속에서 파악하고 해결하려는 사고, 문제를 MECE하게 쪼개어 재구성하는 사고를 의미한다. 우리는 스피치를 할 때 먼저 머릿속에 도식으로 논리의 구조를 만들어야 한다. 머릿속에 논리적인 가상의 기억 창고를 만드는 것이다. 이렇게 구조화되어 머릿속에 저장된 정보는 넣기도 쉽지만 끄집어내서 사용하기도 쉽다. 또 내 머릿속에 명확히 도식이나 그림이 그려질 때 청중의 머릿속에도 명확히 인식되고 기억될 수 있다. 메시지를 구조화하는 것이 조리있게, 일목요연하게, 체계적으로 스피치하는 출발점이다.

💬 3말 원칙을 지켜라

　메시지를 구조화시켜 체계적으로 스피치하기 위해서는 어떻게 해야 하는가. 바로 아리스토텔레스(Aristotle)가 제시했던 삼단논법을 갖추어 메시지를 구성해야 한다. 아무리 짧은 시간에 이루어지는 스피치라 하더라도 가능하면 서론, 본론, 결론 형태를 갖춘 삼단논법으로 구성해야 한다. 그래야만 두서없이 이야기하지 않고 체계적으로 스피치를 할 수 있어 전문성을 확보할 수 있다. 그렇다면 서론, 본론, 결론에 무엇을 담아야 하는가. 이것은 '3말 원칙'에 입각하여 구성하면 된다.

　세계적으로 유명한 컨설팅 회사인 맥킨지를 비롯한 와튼스쿨, 하버드 등에서도 스피치, 프레젠테이션 기법에서 '3의 법칙'을 강조한다. '3의 법칙'이란 어떠한 것이든 3가지로 요약하고 정리하면 기억하기 쉽다는 것이다. 또 3가지로 정리하면 어떠한 문제를 계획적이고 체계적으로 다루고 있다는 인상을 준다고 한다. 텍사스 주립대학의 인지심리학자 아트 마크만(Art Markman)은 그의 저서 《Smart Thinking》에서 사람은 어떤 정보를 한번  에 듣고 이를 머릿속에 넣었다가 다시 끄집어낼 수 있는 적정 수준이 3개라고 하였다. 수십 개의 내용을 들어도 남는 것은 3개밖에 없다는 것이다. 그는 20년 동안 3만 명을 투입해 500차례의 실험을 하며 인간은 한 가지 주제나 경험에 대해 몇 가지를 기억할 수 있고 그것이 어떻게 스마트 싱킹으로 이어질 수 있는가를 집중 추적했다. 예를 들면 10가지 전자레인지용 팝콘 브랜드를 설명하는 실험에서 학생들에게 10가지 브랜드에 대해 각기 다른 특징들을 설명해주고 일주일이 지난 다음 다시 학생들에게 최대한 기억하는 점을 이야기하라고 했다. 그러자 대부분의 학생들은 2~3개의 팝콘에 대해 '팝콘의 색깔이 다소 달랐던 것 같다' 수준의 두루뭉술한 답변만 내놓았다. 그는 사람들은 기억의 한계 때문에 어떤 사안에 대해 모든 정보를 기억하려고 애쓰다 핵심적인 기억을 전부 놓쳐버리게 된다. 그래서 오히려 핵심적인 세 가지만 기억하도록 노력하는 편이 낫다고 하였다. 또한 유추를 통해 생각의 범위를 넓혀 어떤 주제든 A~Z까지 설명할 수 있는 고품질 지식을 만들어야 하며 그것이 스마트 싱킹이라고 하였다.

이처럼 우리가 많은 정보가 주어져도 2-3개만 기억하는 기억의 한계를 가지고 있다면 스피치를 할 때 처음부터 자신이 기억할 것을 세 가지로 압축하는 것이 바람직하다. 청중에게 꼭 알려야 할 내용 세 가지를 중심으로 스피치 원고를 구성하면 좋은 평가를 받을 수 있는 것이다. 아트 마크만(Art Markman)은 이 원칙을 '3의 역할(Role of 3)'이라고 불렀다. 3의 역할, 3의 법칙이란 스피치를 듣는 청중은 한번에 3가지 정보만 머릿속에 기억할 수 있다는 법칙이다. 스티브 잡스(Steven Jobs)가 아이패드 2를 처음 선보였을 때 청중의 마음을 사로잡은 메시지는 '더 작고, 더 가볍고, 더 빨라졌다' 딱 세 개였다. 오바마는 처음 대통령 선거 운동 당시 3의 법칙을 적용해 캐치프레이즈를 만들었다. 바로 '예, 우리는 할 수 있어요(Yes, we can)'였다. 누구나 기억할 수 있는 단어 3개로만 이뤄진 문구였다. 또한 토니 블레어 영국 총리도 반복할 때 반드시 3의 법칙을 사용한다. 영국의 총리였던 토니 블레어(Tony Blair)는 단어를 반복할 때 3의 법칙을 사용해 "우리의 우선순위는 교육·교육·교육입니다 (Our priorities are Education, Education, Education)"라고 하여 교육이 무엇보다 중요하다는 것을 청중에게 어필하였다.

심리학에서 '3의 법칙'이란 같은 행동을 하는 사람이 3명이 되면 사람들의 관심을 끌고 그 행동에 동참할 수 있게 만든다는 의미이다. 심리학자 필립 짐바르도 (Phillip Zimbardo)는 3명이 모이면 집단이라는 개념이 발생하고 사회적 규범이 나타나며 3명의 행동에는 그럴만한 이유가 있는 것으로 느끼게 된다고 주장하였다. 바로 같은 행동을 하는 사람이 3명이 되면 다른 사람이 그 행동에 동조하는 현상이 나타난다는 것이다. 이 같은 현상을 설명하는 사례로 하늘을 쳐다보는 실험이 있다. 횡단보도에서 한 사람이 아무것도 없는 하늘을 쳐다보면 대부분의 사람들은 아무런 관심을 두지 않으며 두 명이 하늘을 쳐다보아도 마찬가지였다. 그러나 하늘을 쳐다보는 사람이 3명이 되었을 때 가던 길을 멈추고 하늘을 쳐다보는 사람이 급격히 늘어났다. 또한 3이라는 숫자는 주역에서는 완성, 안정의 숫자라고 한다. 이처럼

숫자 3은 놀라운 힘을 발휘한다. 따라서 스피치 원고의 전체적인 구조를 짤 때, 본론의 소주제(sub message)를 구성할 때, 메시지를 반복할 때 '3의 법칙'을 활용해야 한다. 그렇다면 스피치에서 '3말 원칙'이 무엇인지 살펴보도록 하겠다.

📢 3말 원칙
- **서론** : 말할 것을 말하라   (핵심 주제 + 소주제)
- **본론** : 말하라   (소주제 + 입증할 근거)
- **결론** : 말한 것을 말하라   (요약 + 강조하고 싶은 말)

3말 원칙에 대해 자세히 설명해 보면 서론의 '말할 것을 말하라'에서는 스피치를 할 때 자신이 무엇을 말할 것인지 전체적인 윤곽을 제시하는 것이다. 즉 핵심 주제(key message)와 소주제(sub message)를 명확하게 말해야 한다. 이것은 스피치를 통해 자신이 청중에게 말하고 싶은 것, 설득하고 싶은 주장이다. 도달해야 하는 목표이기도 하다. 여기에서 핵심 주제와 소주제는 각각 한 문장으로 정리하는 것이 중요하다.

이처럼 서론에서 자신이 말하고자 하는 내용을 개괄적으로 설명해야 하는 이유는 크게 두 가지이다. 첫째, 초두효과 때문이다. 초두효과란 먼저 제시된 정보가 나중에 제시된 정보보다 더 큰 영향력을 행사하는 것을 말한다. 청중은 맨 처음에 들은 정보에 주목하고 잘 기억하기 때문에 스피치에서 가장 중요한 내용인 핵심 주제와 소주제를 서론에서 이야기하는 것이다. 둘째, 청중의 머릿속에 전체 메시지의 큰 그림을 형성해 주면 나중에 상세한 정보가 들어와도 쉽게 이해할 수 있기 때문이다. 청중에게 말할 내용의 개요를 정리해서 미리 알려주면 청중은 머릿속에 전체적인 아웃라인을 짜고, 그 다음 실제로 여러 가지 정보가 들어오면 미리 짜 놓은 아웃라인 안에 세부적인 내용을 집어넣으면서 체계적으로 정리를 하게 된다. 만약 서론에서 미리 전체 메시지의 큰 틀을 형성해 주지 않으면 그 다음에 들어오는 세부적인 정보들이 체계적으로 정리되지 않고 파편적인 정보로 남을 수 있다. 그렇게 되면 청중은 스피치 내용을 이해할 수도, 기억할 수도 없게 된다.

본론에서 '말하라'라는 의미는 소주제를 데이터를 통해 상세하게 설명하거나 입증하는 것을 말한다. 여기에서 소주제는 핵심 주제와 마찬가지로 한 문장으로 정리해야 한다. 또한 '소주제+데이터를 통한 입증'은 본론의 한 단락을 구성하게 된다. 소주제는 주어진 스피치 시간에 따라 2-3개 정도로 설정한다. 그러나 앞에서 강조한 '3의 법칙'에 따라 가능하면 소주제를 3가지로 구성하는 것이 효과적이다. 핵심 주제와 소주제는 구조적 체계를 갖추어 설정해야 한다. 건물에 비유하면 핵심 주제가 천장에 해당한다면 소주제는 그 천장을 밑에서 받쳐주는 기둥 역할을 하는 것이다. 즉 소주제는 핵심 주제를 이해시키기 위해 반드시 논의해야 할 서브 내용으로 스피치의 기본 골격을 구성한다.

핵심 주제와 소주제의 구성은 위에서 설명한 MECE(Mutually Exclusive and Collective-ly Exhaustive) 방법을 따르면 된다. 즉 소주제는 누락된 것이 없이 핵심 주제의 근거가 되는 3개의 기둥이어야 한다. 3개의 소주제 간에는 서로 중복됨이 없이 상호 배타적이어야 한다. 또한 데이터는 소주제, 즉 주장을 직접적으로 입증해 주는 자료들이다. 우리는 공신력 있는 데이터를 통해 입증된 주장을 더 신뢰하고 설득되는 경

🖐 논리의 피라미드 구조

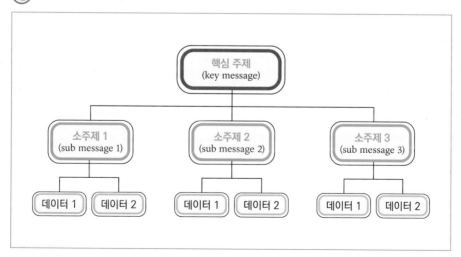

향이 있다. 따라서 본론에서 공신력 있는 데이터를 활용해 소주제를 설명, 입증하는 일은 반드시 필요하다. 여기에서 데이터는 통계 자료, 법률, 과학적 연구나 실험 결과, 전문가의 말, 전문 서적, 언론 기사, 다른 사람의 경험, 자신의 경험 등을 포함한다. 핵심 주제, 소주제, 데이터의 논리 피라미드 구조를 설정하는 방식은 아래 그림에 제시한 바와 같다.

이 점에서 극적 효과를 주기도 하고 숫자의 특성상 객관적이고 신뢰할 만하다는 인상을 준다는 장점이 있다. 수치나 통계를 쓸 때에는 믿을 만한 근거를 지닌 것을 골라 써야 한다.

마지막으로 결론에서 '말한 것을 말하라'라는 의미는 자신이 이야기한 내용의 핵심을 다시 한번 요약해 주라는 의미이다. 그런 다음 자신이 정말 강조하고 싶은 내용을 감성적으로 표현하여 인상적인 끝마무리를 지으면 된다. 결론에서 자신이 이야기한 핵심 내용을 다시 한번 요약해주는 것은 신근성 효과 때문이다. 신근성 효과란 초두효과와는 정반대로 시간적으로 나중에 제시된 정보가 잘 기억된다는 것이다. 결론에서 다시 요약해줌으로써 메시지를 더 잘 인식하고 기억할 수 있도록 해주는 것이다. 또한 반복적으로 핵심 내용을 설명하면 청중은 그 내용을 유익하고 더 중요한 내용으로 받아들인다. 단순 노출 효과에 따르면 특정한 개념이나 아이디어를 청중에게 많이 노출시킬수록 그 개념이나 아이디어는 그 사람에게 더욱 유익한 것이 된다. 하지만 메시지를 3회 이상 반복하면 식상해져서 오히려 설득력을 잃게 된다. 한 연구에서 광고를 세 번 본 아이들은 광고를 다섯 번 본 아이들보다 그 아이스크림을 훨씬 더 원했다고 한다. 마법의 '3의 법칙'에 따라 3번만 핵심 메시지를 반복하면 된다. 청중은 더 많이 이해하고 더 많이 기억하고 더 많이 중요한 내용으로 받아들일 것이다.

이처럼 스피치를 할 때 핵심 내용을 3번에 걸쳐 반복하면 청중은 더 많이 이해하고 더 많이 기억하고 더 많이 중요한 내용으로 받아들인다. 그러나 메시지를 반복할 때 같은 어휘로 반복하기보다는 다양한 표현으로 변화를 주어야만 중언부언하는 느낌을 주지 않는다. 이처럼 스피치를 할 때 반복을 하는 이유는 메시지에 대한 인식력, 이해력, 기억력을 증가시키고 핵심 내용을 확정해주기 때문이다. 말은 글과 다르다. 글로 쓰여진 것은 읽다가 이해가 안 되거나 건성으로 읽게 되면 다시

되돌아 가서 읽으면 된다. 하지만 말은 한번 언급되면 그것을 반복하기 전에는 다시 들을 수 없게 된다. 그래서 스피치를 할 때 중요한 핵심 내용은 반복적으로 되풀이해서 강조함으로써 잘 알아들을 수 있게 해야 한다. 스피치에서 중요한 것은 자신이 무엇을 얼마만큼 이야기했느냐가 중요한 것이 아니라 청중이 얼마나 알아듣고 인식하고 기억했느냐가 더 중요하다. 청중이 무슨 내용을 이야기했는지 인식, 이해, 기억하지 못한다면 그것은 스피치를 하지 않은 것과 다를 바가 없다. 스피치는 청중에게 정보를 전달하고 설득하기 위해서 하는 것이기 때문이다.

여러 연구들은 스피치에서 반복해서 말하는 것이 얼마나 중요한지 밝히고 있다. 니콜라(Nichols) 등의 연구에 따르면 보는 것과 달리 귀로 들은 내용은 우리가 아무리 집중을 한다 해도 이야기를 듣고 난 직후에 그 내용을 약 절반밖에 기억하지 못하고, 두 달이 지난 후에는 들은 내용의 25% 정도밖에는 기억하지 못한다고 한다. 미국에서 이루어진 와튼 연구에서도 말로 정보를 전달했을 경우 기억은 10%에 불과하다는 것이 밝혀졌다. 그러나 미국 브라운대 연구팀이 참가자들에게 화상을 보여준 후 모양을 구별해내는 실험을 한 결과 같은 화상을 반복해서 보여줬을 때 정답률이 올라간 것으로 나타났다. 연구팀은 이러한 실험 결과를 토대로 학습 직후의 기억은 불안정해 깨지기 쉽지만 반복 학습을 하면 기억이 빨리 고정된다고 설명했다.

이러한 연구 결과는 말로 정보를 전달할 때는 핵심 주제를 반복해서 설명하는 것이 효과적임을 단적으로 보여주고 있다. 또한 기억과 학습 연구로 유명한 헤르만 에빙하우스(Hermann Ebbinghaus) 교수의 망각곡선이 증명하듯 기억력을 높이기 위해서는 꾸준히 반복하고 또 반복해야 한다. 만약 반복하지 않는다면 괴쉔 에어롤로 효과(Goeschenen airolo Effekt), 즉 메시지를 한 귀로 듣고 다른 한 귀로 흘려버리는 현상이 나타날 것이다.

유명한 연설가 윈스턴 처칠(Winston Churchill)도 반복의 중요성에 대해 다음과 같이 언급하였다. "강조하고 싶은 부분이 있다면 괜히 어렵게 돌려 말할 필요가 없다. 말뚝을 박아 넣는다고 생각하라. 한번 때려라. 그리고 돌아와서 다시 때려라. 세 번째에는 확실하게 힘을 주어 때려 넣어라." GE의 CEO였던 잭 웰치(Jack Welch) 역시 "중요한 내용을 10번 이야기하지 않으면 한 번도 말하지 않은 것과 같다"고 하면서 반

복의 중요성을 강조하였다.

다음으로 3말 원칙 이외에 체계적으로 메시지를 구성하는 방법을 살펴보면 다음과 같다. 오시마 도모히데는 《논리적으로 말하는 기술》이라는 책에서 'PREP법'을 제시하였다. PREP법은 커뮤니케이션 매니아들의 국제적인 모임인 토스트마스터즈클럽(Toast Masters Club)에서 두괄식의 구조로 사용하는 방법이기도 하다. PREP법이란 Point(요점), Reason(이유), Example(사례·데이터), Point(결론·요약)의 논리적 구조로 메시지를 구성하는 것을 말한다. 즉 핵심(결론)부터 말한다 → 이유를 말한다 → 사례를 제시한다 → 핵심을 되짚는다의 형태로 구성하는 것이다.

세부적으로 설명해보면 Point 단계에서는 스피치의 결론, 핵심 메시지를 제시한다. 이렇게 하면 청중이 스피치를 듣는 동안 주요 메시지에 집중할 수 있고 내용을 이해하고 기억하는 데 도움을 준다. Reason 단계에서는 주장을 뒷받침하는 이유를 제시한다.

왜 이 주장이 중요하고 타당한지를 논리적으로 설명한다. Example 단계에서는 이 단계에서는 주장을 뒷받침할 수 있는 객관적인 데이터, 통계결과, 전문가의 의견, 다양한 사례, 언론 기사 등을 제시한다. 구체적인 데이터를 통해 주장을 더욱 신뢰성있게 만들고 청중의 관심을 갖고 수용할 수 있도록 해준다. Point 단계에서는 주장을 다시 한번 강조하고 스피치의 핵심 메시지를 재확인한다. 반복적으로 요약해줌으로써 효과적인 끝맺음을 하며 메시지를 강조하고 기억할 수 있게 도와준다. 이처럼 PREP법은 결론이 먼저 나오기 때문에 장황해지거나 두서없이 이야기할 염려가 없다. 또한 자신의 주장에 대해 이유와 데이터를 제시하기 때문에 구체적이고 쉽게 이해할 수 있어 설득력이 있다.

- P : 나는 개를 좋아합니다.
- R : 개는 머리가 좋고 인간에게 도움이 되기 때문입니다.
- E : 예를 들면 안내견, 보청견, 치료견, 그리고 경찰견과 마약수사견 등 다양한 분야에서 활약하는 개가 있습니다.
- P : 이처럼 도움이 되므로 나는 개를 좋아합니다.

첫째, 둘째, 셋째의 표현을 사용하라

체계적으로 구성하는 또다른 방법은 본론에서 소주제를 언급할 때 첫째, 둘째, 셋째 등으로 표현하면서 문장을 구성하는 것이다. 첫째, 둘째, 셋째 등으로 표현하면 새로운 소주제가 시작된다는 것을 알릴 수 있어 청중이 이해하기 쉽다. 글에서는 새로운 주장이나 주제가 시작되면 문단나누기를 통해 알려준다. 말은 글과 달리 문단 나누기를 할 수 없어 청중이 새로운 주제를 인식하고 정리하는 데 많은 인지적 노력을 기울여야 한다. 그러나 첫째, 둘째, 셋째를 사용하는 순간 우리의 뇌는 새로운 내용을 받아들일 준비를 하기 때문에 더 정확하고 빠르게 이해하고 기억할 수 있다. 신경과학자이자 심리학 교수인 그레고리 번스(Gregory Berns)에 따르면 우리의 뇌는 최소한의 에너지를 사용하려는 경향이 있다고 한다. 다시 말해 다른 사람이 말하는 내용을 이해하기 위해 많은 노력을 하지 않으려 한다는 것이다. 그렇기 때문에 첫째, 둘째, 셋째 등으로 표현하여 체계적으로 정리하여 제시해주면 명확하게 전달될 것이다.

또한 첫째, 둘째, 셋째를 사용하여 소주제를 표현하면 자신감이 넘쳐 보이고 그 내용을 깊게 생각하고 일목요연하게 정리한 느낌이 들어 전문성 확보에 도움이 된다. 특히 첫째, 둘째, 셋째를 사용하면 청자가 집중하지 않았더라도 여러 가지 내용을 이야기한 것을 알게 되어 탄탄하고 성실하게 스피치를 준비했다는 긍정적 평가를 하게 된다. 이처럼 첫째, 둘째, 셋째의 사용이 단순하게 보이지만 체계성과 논리성을 보여주는 전문가다운 표현 방법인 것이다.

2 논리성 법칙

서론에서 전체 내용의 윤곽을 그려주라

서론은 스피치의 첫인상이다. 청중과 첫 만남이 이루어지는 곳이다. 청중이 스피치를 얼마나 관심있고 집중해서 들을 것인지를 결정해주기도 한다. 그래서 서론은 '시작이 반이다'가 아닌 그 이상이다. 조지 부시(George Bush) 대통령의 미디어와 스피치 자문위원인 로저 아이리스(Roger Ailes)는 스피치에서 처음 7초가 가장 중요하다고 언급하였다. 서론에서 청중을 장악해야 스피치가 성공할 수 있다는 의미이다.

서론을 효과적으로 구성하기 위해서 몇 가지 원칙이 있다. 서론의 기능이자 역할이기도 하다. 첫째, 스피치 전체 내용의 윤곽을 그려줘야 한다. 연사가 전체적으로 무슨 메시지를 전달할 것인지 핵심 주제와 소주제를 이야기해야 한다. 그래야 청중이 연사의 의도와 목적을 알게 되어 집중해서 들을 수 있다.

둘째, 청중의 흥미를 유발해야 한다. 청중이 스피치 내용에 관심을 갖고 집중해서 들도록 호기심을 불러일으켜야 한다. 서론에서 흥미 유발은 스피치의 성패를 좌우하는 일이다. 아무리 좋은 메시지로 스피치를 준비했어도 청중이 관심과 흥미를 갖지 않으면 끝까지 경청할 가능성이 낮다. 따라서 서론의 기법 활용, 스피치에서 얻게 되는 이점, 청중의 존중감 표현 등의 다양한 방법을 동원하여 흥미를 갖게 해야 한다.

셋째, 연사의 공신력을 설정해야 한다. 청중은 연사가 전문가답고 열정적이며 믿을 만한 사람이라고 생각할 때 스피치에 관심을 갖고 집중한다. 아무리 좋은 주제로 스피치를 하더라도 연사의 공신력을 인정받지 못하면 좋은 결과를 얻기 어렵다. 따라서 서론에서 자신이 얼마나 전문가인지, 스피치 주제에 대해 얼마나 많은 지식과 열정과 확신을 갖고 있는지, 스피치를 위해 얼마나 성실하게 준비했는지 등을 이야기하며 공신력을 설정해야 한다.

스피치 연구자들은 효과적, 인상적으로 서론을 구성하는 데 필요한 여러 가지 서론 기법을 제시하고 있다. 인용 기법, 질문 기법, 주변 상황 제시 기법, 관심끌기 기법, 신변잡담 기법 등이다. 여기에서는 짧은 스피치에서 적절하게 사용할 수 있는 두 가지 서론 기법에 대해 살펴볼 것이다.

첫째, 인용 기법이다. 속담, 격언, 고사성어, 유머, 명언, 일화, 통계 수치, 언론 기사, 과학적 증거, 법률, 직간접적 경험 등을 인용하는 기법이다. 인용 기법을 사용하여 청중의 흥미를 유발하고 말하고자 하는 핵심 주제를 간결하게 표현할 수 있다. 다만 인용을 할 때는 스피치 주제와 연관성이 있어야 하며 가능하면 참신한 내용이어야 한다. 예를 들면 칭찬을 주제로 스피치를 할 때 책을 인용하여 "칭찬은 고래도 춤추게 한다", 말의 중요성에 대한 스피치를 할 때 속담을 인용하여 "발 없는 말이 천리를 간다", "낮말은 새가 듣고 밤말은 쥐가 듣는다", 미래를 준비하는 청년들에게 동기부여하는 스피치를 할 때 옥스퍼드 대학 졸업식 축사에서 했던 처칠의 명언을 인용하여 "포기하지 말라. 절대로, 절대로, 절대로 포기하지 말라"라고 말하는 형태이다.

둘째, 질문 기법이다. 청중의 참여를 유도하고 공감대를 형성하기 위해 질문을 하는 기법이다. 질문은 항상 청중의 답변을 듣기 위한 것만은 아니다. 청중의 흥미와 호기심을 자극하고 생각하게 만들고 긍정적인 반응을 이끌어내는 것이 목적이기도 하다. 질문의 형태는 참여식 질문, 수사학적 질문 등이 있다. 질문을 할 때도 스피치 주제와 직접적으로 관련이 있어야 한다. 참여식 질문은 청중이 대답이나 의견 개진을 하도록 이끄는 질문이다. 퀴즈식으로 질문하여 청중이 손을 들어 대답할

수 있게 하는 방법도 있다. 예를 들면 스피치 불안감이 주제일 때 "여러분 스피치 불안감 모두 경험하셨죠? 스피치 불안감은 왜 생길까요"의 형태이다. 수사학적 질문은 청중에게 직접 답변을 요구하지 않는 질문이다. 자신의 주장을 질문의 형식으로 바꾸어 표현하는 방법이다. 수사학적 질문은 청중이 질문에 포함된 내용을 마음속으로 당연히 동의하게 만드는 효과적인 기술이다. 예를 들면 스피치 불안감이 주제일 때 "사람들이 가장 두려워하는 것이 무엇일까요? 죽음? 불치병? 가난? 아닙니다. 바로 스피치입니다"의 형태이다.

또한 서론에서 반드시 피해야 할 사항들이 있다. 청중의 흥미와 관심을 떨어뜨리고 연사의 공신력을 저해하는 요소들이다. 첫째, 스피치 준비 부족에 대한 사과나 변명이다. 서론에서 준비 부족에 대한 사과나 변명을 하는 것은 연사의 공신력을 떨어뜨리는 가장 좋지 않은 방법이다. 또한 준비가 부족하다고 이야기하면 청중은 스피치를 들어도 별로 얻어갈 것이 없다고 생각하기 때문에 집중하지 않는다. 설사 준비가 부족하다 하더라도 프로답게 최선을 다해 스피치하면 된다.

둘째, 장황한 서두이다. 서론의 생명은 간결성에 있다. 청중이 순식간에 호기심을 갖고 집중할 수 있도록 간단명료하고 짧게 이야기해야 한다. 장황하게 서론을 시작하면 청중은 지루해한다. 서론에서 지루해하는 청중의 마음을 돌리는 일은 거의 불가능한 일이다. 또한 장황하게 서두를 시작하면 청중은 무슨 말을 하는지 파악할 수 없고 계속해서 횡설수설할 것이라고 예상한다. 횡설수설할 것이 예상되는데 끝까지 집중해서 스피치를 듣는 청중은 없다. 스피치에서 KISS(Keep it short and simple) 원칙은 서론에서도 지켜져야 한다.

셋째, 연사에 대한 장황한 소개이다. 연사를 소개하는 일은 청중에 대한 존중이자 공신력을 형성하는 방법이다. 그래서 간단명료하게 자신을 소개하는 일은 당연히 해야 한다. 하지만 짧은 시간이 주어지는 스피치 상황에서 자신을 장황하게 소개하는 것은 문제가 있다. 잘난 척하는 것처럼 보일 수도 있고 준비가 안 돼서 시간을 때우고 있다고 생각할 수도 있다. '지나침은 모자람만 못하다'는 말이 있듯이 자신을 긍정적으로 소개하되 짧게 해야 한다.

넷째, 어울리지 않은 농담이다. 서론은 스피치의 첫인상이다. 그래서 좋은 분위기를 형성하고 청중과 우호적인 관계를 맺어야 한다. 서론에서 어울리지 않은 농담을 하는 것은 분위기를 어색하게 만드는 일이다. 청중이 연사를 당황스러운 시선으로 바라볼 수도 있다. 그야말로 농담 한마디로 스피치를 하기도 전에 망쳐버릴 수가 있다. 스피치를 할 때 서론에서 어울리지 않는 농담은 금기이다.

💬 본론 구성 방법을 적용해야 논리적, 체계적이다

본론은 얼마나 좋은 메시지를 논리적, 체계적으로 전달하고 있는가를 가늠하는 곳이다. 서론에서 예고했던 자신이 말하고자 하는 내용을 본격적으로 주장하고 데이터를 통해 설명하고 설득하는 단계이다. 본론이 잘 구성되지 않으면 알맹이 없는 스피치가 된다. 그래서 가장 많은 시간을 할애하여 스피치를 해야 한다. 본론에서 논리적, 체계적으로 메시지를 구성하면 성공 가능성이 높다.

논리적, 체계적으로 메시지를 구성하기 위해서는 몇 가지 본론 구성 방법을 적용해야 한다. 스피치를 할 때 한 가지 구성 방법을 적용할 수도 있고 여러 가지 구성 방법을 혼합해서 사용할 수도 있다.

첫째, 시간적 구성 방법이다. 시간의 흐름에 따라 세부 내용을 배열하는 방법이다. 역사적 사건, 인물, 이벤트, 일의 진행 과정과 절차, 개인의 일생 등을 설명할 때 많이 쓰인다. 시간적 구성 방법은 처음에 일어난 일부터 나중에 일어난 일까지 시간 순으로 구성하여 설명한다. 과거, 현재, 미래 순으로 구성하기도 한다. 예를 들면 자기소개를 할 때 어린 시절, 학창 시절, 미래 사회인의 시간순으로 나누어 이야기하는 것이다. 또한 세계 최고의 프레젠터인 스티브 잡스 일생을 주제로 할 때 소년 시절, 청소년 시절, 대학교 시절, CEO 시절의 시간순으로 구분하여 스피치하는 형태이다.

둘째, 공간적 구성 방법이다. 위치와 방향에 따라 배열하는 방법으로 지역별, 분포별, 공간별 구조를 설명할 때 많이 쓰인다. 기후, 스포츠, 풍습, 판매 전망, 건물 등을 지역에 따라, 공간에 따라 범주화하여 정보를 제공하는 방법이다. 예를 들면 저출산 정책을 주제로 할 때 일본의 저출산 정책, 중국의 저출산 정책, 한국의 저출산 정책을 비교하여 스피치하는 형태이다. 기업에서 제품의 판매 전망을 살펴볼 때 미주 지역, 유럽 지역, 아시아 지역 등으로 나누어 제시할 때도 사용된다.

셋째, 인과적 구성 방법이다. 어떤 사건이나 현상의 원인과 결과를 제시하는 방법이다. 주로 사회 문제를 주제로 설정할 때 많이 사용된다. 어떤 사건의 문제의 원인을 2-3개로 구성하고 그 원인으로 파생된 결과를 2-3개로 배열하는 방식이다. 여기에서 문제의 원인은 개인적, 사회적, 정책적 차원으로 범주화하여 정리할 수 있다. 예를 들면 청소년 마약을 주제로 스피치를 할 때 마약 청소년이 증가하는 원인 2-3개, 그로 인한 부정적 결과 2-3개를 제시하는 형태이다.

넷째, 문제 해결식 구성 방법이다. 어떤 사건이나 현상의 문제점과 해결책을 제시하는 방법이다. 인과적 구성 방법과 마찬가지로 사회 문제를 다룰 때 많이 쓰인다. 어떤 사건이나 문제에 대해 문제점을 2-3개로 정리하고 그 문제점에 대한 해결 방안을 2-3개로 제시하는 방식이다. 여기에서 어떤 쟁점이나 사안의 문제점과 해결책을 개인적, 사회적, 정책적 차원으로 범주화하여 정리할 수 있다. 예를 들면 비만을 주제로 할 때 비만으로 발생하는 문제점을 2-3개, 그러한 문제점을 해결하는 방안을 2-3개로 제시하는 형태이다.

다섯째, 소재별, 주제별 구성 방법이다. 주제와 관련된 소재 혹은 주제를 몇 가지 논점으로 나누어 배열하는 방법이다. 제시한 소재 혹은 주제들은 서로 논리적으로 연관성이 있으면서 상호 배타적이어야 한다. 소재별, 주제별 구성 방법은 스피치에서 많이 사용된다. 예를 들면 스피치 불안감 극복 방안을 주제로 할 때 불안감의 긍정적 인식, 합리적 생각으로 전환, 반복적인 연습 등의 소재별로 구분하여 제시하는 것이다. 또한 환경 오염을 주제로 할 때 대기 오염, 수질 오염, 토양 오염으로 나누어 이야기하는 형태이다.

여섯째, 관점별 구성 방법이다. 어떤 사건이나 문제를 다양한 관점에서 조명해보는 방법이다. 어떤 사안에 대해 관련 주체들의 관점을 비교해서 설명하는 방식이다. 예를 들면 의대 정원 확대를 주제로 할 때 의사의 입장, 정부의 입장, 국민의 입장으로 나누어 제시하는 형태이다. 대학에서 발생하는 문제들도 학교 측 입장, 교직원 입장, 학생 입장으로 범주화하여 이야기할 수 있다.

일곱째, 찬반 구성 방법이다. 찬성과 반대가 가능한 주제, 쟁점에 대해 찬반으로 나누어 제시하는 방법이다. 장점과 단점으로 나누어 이야기할 수도 있다. 토론에서 다루는 모든 분야의 논제들이 찬반 구성 방법을 적용한 것이다. 찬반 구성 방법을 적용할 때는 찬성 혹은 반대의 한가지 입장을 선택해서 스피치를 하는 것이 좋다. 예를 들면 의대 정원 확대를 주제로 할 때 찬성 입장, 반대 입장으로 나누어 찬성하는 이유, 반대하는 이유를 제시하는 형태이다. 동물 실험 금지, 적극적 안락사 허용, 피의자 신상 공개 폐지, 선거 연령 하향, 원자력 발전소 폐지, 동성 결혼 합법화 등 다양한 분야의 정책들의 경우 찬반 구성 방법을 사용하는 대표적 주제들이다.

💬 결론에서 요약하고 인상적으로 마무리하라

결론은 스피치의 마지막 인상이다. 마지막을 잘 마무리해야 스피치가 완성된다. '끝이 좋으면 다 좋다'라는 독일 속담처럼 여운과 감동이 남도록 구성해야 한다. 마치 영화의 마지막 장면처럼 인상적이어야 한다. 본론에서 다소 부족한 점이 있더라도 인상적으로 마무리한다면 결과는 달라질 수 있다.

결론을 효과적으로 구성하기 위해서 몇 가지 원칙을 지켜야 한다. 첫째, 요점을 요약해 주어야 한다. 청중이 스피치의 요지를 기억할 수 있도록 핵심 주제와 소주제를 재강조해 주어야 한다. 그러나 똑같은 말을 반복하여 지루해하지 않도록 서론과 본론에서 했던 내용을 비슷한 표현으로 바꾸어 요약해주는 것이 좋다. 때로는 본론에서 사용한 똑같은 언어를 사용하여 청중이 핵심적인 내용을 기억하는 데 도움을 줄 수 있다. 요약은 너무 길지 않고 가능한 짧고 핵심적으로 해야 한다. 따라서 부연 설명은 하지 말고 꼭 강조하고 싶은 핵심 내용만 다시 언급하면 된다.

둘째, 연사의 이미지를 제고하고 갑자기 끝나는 느낌이 들지 않도록 인상적인 마무리를 해야 한다. 결론에서 가장 중요한 것은 인상적인 마무리이다. 마지막 순간까지 청중이 연사에 대한 긍정적인 이미지를 갖도록 끝맺음을 인상적, 감동적으로 해야 한다. 특히 시간에 쫓겨 갑자기 결론을 끝맺는 상황을 만들지 말아야 한다. 그래서 결론을 어떻게 구성할지, 어떤 타이밍에 들어갈지 미리 준비하고 연습해야 한다. 이 과정에서 결론 기법을 사용해 효과적, 설득적으로 메시지를 구성해야 한다. 청중은 최신효과에 의해 마지막 멋진 연사의 모습을 기억한다는 것을 명심해야 한다.

결론을 인상적으로 마무리하는 데 필요한 결론 기법을 제시하면 다음과 같다. 첫째, 요약법이다. 전체적인 내용을 간략하게 요약함으로써 결론을 맺는 방법이다.

주로 핵심 주제와 소주제를 요약한다. 청중이 스피치 내용을 모두 집중해서 듣거나 기억할 것이라는 보장이 없기 때문에 다시 요약해줌으로써 핵심 내용을 명확하게 인지하도록 해야 한다. 또한 결론에서 요약을 하면서 '결론적으로 말해서', '요약해보면', '정리해보면', '지금까지-'표현을 써서 스피치가 끝난다는 것을 알려주어야 한다.

둘째, 인용 기법이다. 서론과 마찬가지로 격언, 명언, 일화, 통계수치, 고사성어, 속담, 시구 등을 인용하는 기법이다. 인용 기법은 가장 보편적이면서 효과적인 방법이다. 인용을 할 때는 핵심 메시지를 잘 표현해주는 것을 선택해야 한다. 스티브 잡스(Steven Jobs)는 스탠포드대 졸업식 축사에서 스튜어트 브랜드(Stewart Brand)가 저술한 《지구백과 The Whol Earth Catalog》에 나오는 "항상 갈망하고 우직하게 나아가라(Stay hungry, Stay foolish)"라는 글귀를 인용하면서 인상적으로 마무리했다.

셋째, 질문 기법이다. 서론과 마찬가지로 참여식 질문, 수사학적 질문을 통해 인상적인 마무리를 하는 방법이다. 마지막까지 청중을 개입시킴으로써 설득력을 높일 수 있다. 예를 들면 스피치 불안감에 대한 스피치에서 "여러분, 일체유심조라는 말을 들어보셨나요? 모든 일은 마음먹기에 달려있다는 뜻입니다. 그러면 스피치 불안감을 극복하는 일은 무엇에 달려있나요? 그렇습니다. 여러분 마음먹기에 달려있습니다"의 형태이다.

넷째, 행동 촉구 기법이다. 설득을 목적으로 하는 스피치에서 자주 사용된다. 설득 스피치는 메시지를 통해 청중의 생각, 신념, 행동을 변화시키는 것이다. 따라서 청중이 특정한 신념을 갖고 행동을 변화시킬 수 있도록 독려하고 촉구하는 기법이다. 청중에게 바라는 행동을 구체적이고 명확하게 제시하여 행동하게 만드는 것이다. 예를 들면 〈세상을 바꾸는 시간 15분〉에서 공부의 신 강성태는 결론의 마지막 문장에서 "여러분, 여러분은 할 수 있습니다. 자, 며칠이요? 66일입니다"라고 마무리하였다. 좋은 습관을 완성하도록 행동을 촉구하고 있는 것이다.

또한 결론에서 반드시 피해야 할 사항들이 있다. 이것은 인상적인 마무리, 연사의 공신력 제고에 부정적인 영향을 미치는 요소들이다. 구체적으로 시간이 부족하여 결론을 맺지 못하는 마무리, 시간이 없어 성급하게 대충 결론을 끝마치는 마무리, 스피치가 끝나는 상황인지 아닌지 파악하기 어려운 마무리, '한 가지만 더 이야기하면'식의 계속 이어지는 마무리, 새로운 주제를 언급하여 횡설수설하는 마무리, 너무 결론이 간단하여 갑자기 끝나는 느낌이 드는 마무리 등은 피해야 한다.

③ 핵심성 법칙

💬 뇌는 핵심 메시지만 인식하고 기억한다 : 한 단어, 한 문장으로

스피치를 할 때 전문성을 보여주는 두 번째 언어적 스킬은 핵심적으로 이야기하는 것이다. 트위터식의 한줄 정리, 청중이 마음에 담아가거나 기억해주길 바라는 단 하나의 핵심 메시지가 있어야 한다는 말이다. 바로 핵심성의 법칙이다.

핵심 메시지란 스피치에서 전달하고자 하는 단 하나의 중심 내용, 말하고자 하는 의도이자 목표이다. 우리는 스피치를 할 때 핵심 메시지를 명확하게 강조하기보다 많은 내용을 전달하는 데 치중하는 경향이 있다. 많은 이야기를 한다고 해서 설득이 되는 것은 아님에도 백화점식 나열 설명을 한다. 그러면 청중들은 '도대체 말하려는 것이 뭐야', '결론이 뭔데', '핵심만 말해'라는 생각을 하게 된다. 따라서 핵심 메시지를 명확하게 설정하고 일관되고 지속적으로 전달해야 설득이 되는 것이다. 토마스 제퍼슨(Thomas Jefferson)도 설득에 있어 핵심성의 중요성을 강조한 바 있다. 그는 "세일즈에서 중요한 것은 한 단어로 족한 것을 여러 말로 상대를 설득하려 하지 않는 것이다"라고 하였다.

핵심 메시지는 주로 핵심 단어, 핵심 문장으로 표현해야 한다. 우리가 말하고자 하는 요점을 한 단어, 한 문장으로 설명하지 못한다면 뼈대가 없는 이야기가 되고 만다. 뼈대가 없는 이야기는 전체적으로 애매모호하고 초점이 없는 흐리멍텅한 내용이 되어 버리기 때문에 전문성을 감소시킨다. 결국 핵심이 없다는 것은 횡설수설한다는 증거이다.

세계적인 스피킹 전문가이자 TED 명강연자인 나쓰요 립슈츠는 《한 문장으로 말하라》라는 책에서 "비즈니스 커뮤니케이션에서 가장 중요한 것은 핵심을 파악하여 군더더기 없이 깔끔하게 하나의 메시지(One Big Message)로 정리하는 기술"이라고 하면서 핵심 메시지의 영향력을 강조하였다. 또한 말을 잘하는 사람은 어휘력이 좋은 사람이 아니라 불필요한 내용을 잘 덜어내는 사람이라고 하였다. 따라서 핵심을 살리려면 버림의 미학이 필요하다. 이것저것 전달하고 싶어 욕심내지 말고 청중이 가장 중요하게 생각하는 지점을 찾아 그것에 집중해야 한다.

비즈니스 프레젠테이션 달인으로 꼽히는 스티브 잡스는 트위터처럼 짧고 쉬우면서도 강한 핵심 메시지를 발표하였다. 그는 프레젠테이션을 할 때 언론에 보도되었으면 하는 헤드라인을 구상하여 임팩트 있게 제시하였다. 예를 들면 "주머니 속의 1000곡(One thousand song in your pocket)", "세상에서 가장 얇은 노트북(The world's thinnest notebook)", "2배의 속도, 절반의 가격(Twice as fast at half the price)" 등을 이야기해 사람들의 집중시켰다.

이처럼 스피치에서 핵심성이 중요한 이유는 첫째, 청중은 모든 스피치 내용을 빠짐없이 듣는 것이 아니라 핵심 문장, 핵심 단어에 집중해서 듣고 기억하기 때문이다. 우리의 뇌는 핵심만 찾고 핵심만 뇌리에 남는 것이다. 실제로 온라인 소비자의 읽기 행태에 대해 연구하는 한 연구소에서 뇌공명 저장 장치(MRI)를 활용하여 사람들이 어떤 문장에 관심을 두는지를 눈동자의 움직임을 통해 조사하였다. 그 결과 온라인 독자들은 회사가 말하고자 하는 내용의 핵심 단어와 핵심 문장 위주로 읽어나갔다는 사실을 밝혀냈다. 둘째, 전문성과 열정을 보여주는 스킬이기 때문이다. 핵심 단어, 핵심 문장은 자신의 생각을 압축해서 표현한 것이기 때문에 확신을 가지고 진지하게 어필하도록 이끌기 때문에 전문성과 열정적인 이미지를 연출할 수 있다.

또한 핵심 메시지를 효과적으로 전달하기 위해서는 우선 자신이 '무엇'을 이야기할 것인지를 파악하는 것이 중요하다. 이는 자신이 스피치를 통해 달성하려는 목표가 무엇인지를 확실히 알아야 하고, 자신이 말하려는 내용을 핵심적인 한 단어, 핵심적인 한 문장으로 정리, 요약해낼 수 있어야 한다. 광고 문구나 캐치프레이즈처럼 임팩트 있는 표현이면 더 효과적이다. 그리고 스피치 실행 과정에서 핵심 단어와 핵심 문장을 비언어를 통해 강조하여 청중이 주목하고 기억할 수 있게 해야 한다.

대학생의 경우 면접 상황에서 질문을 받았을 때 장황하고 상세하게 설명하려 하지 말고 핵심 단어, 핵심 문장 중심으로 답변해야 한다. 한 단어, 한 문장으로 답변을 정리해내야 한다는 것이다. 그러나 면접에서는 예측 불가능한 질문을 많이 받게 된다. 면접에 들어가기 전에 그 기업에서 원하는 인재상을 표현할 수 있는 핵심 단어, 핵심 문장을 5-10개 정도 준비해 가야 한다. 면접을 보는 이유는 면접자가 자신의 회사에 필요한 인재인가 아닌가를 평가하기 위해서이다. 면접에서의 질문은 그러한 인재를 가려내기 위한 수단에 불과하다. 면접관은 면접자가 어떤 답변을 하더라도 '인재상'에 부합되는가 아닌가를 기준으로 평가한다. 따라서 면접에서 질문 하나하나에 얼마나 답변을 잘했느냐가 중요한 것이 아니다. 어떠한 질문이 주어지든 그 회사에 적합한 인물이라는 것을 보여줄 수 있도록 인재상에 부합되게 답변해야 한다. 인재상을 표현할 수 있는 핵심 단어, 핵심 문장을 미리 준비해 가야 하는 이유이다.

💬 두괄식 표현이 핵심이다

핵심적이고 짜임새 있는 스피치를 위해서는 두괄식 표현이 원칙이다. 두괄식이란 결론, 주장을 먼저 말하고 그 이유나 사례를 들어 설명하는 구조다. 한 문단에서 첫 문장에 핵심 주장을 말하는 것이 두괄식이다. 따라서 두괄식 표현은 핵심 파악이 생명이다.

두괄식으로 표현하는 핵심 주장은 한 문장으로 요약해야 한다. 한 가지 사실만을 담아 한 문장으로 표현하는 것이다. 핵심 주장을 한 문장으로 표현하지 못해 장황하고 횡설수설하는 이유는 세 가지이다. 첫째, 요점이라고 할 만한 것이 없거나 요점이 여러 개 있어서 선택할 수 없어서이다. 둘째, 무엇을 말할 것인지 명확히 정리되지 않아서이다. 셋째, 하고 싶은 이야기가 많아 욕심을 내기 때문이다.

두괄식 표현은 여러 가지 이점을 제공하기 때문에 스피치에서 반드시 지켜야 하는 원칙이다. 첫째, 두괄식은 주의력과 집중력을 높일 수 있다. 심리학자 에빙하우스(Ebbinghaus)의 이론에 따르면 우리의 주의 집중력은 시간이 갈수록 급격히 떨어진다. 처음에 중요한 핵심 주장을 전달함으로써 지각력과 기억도를 높일 수 있는 것이다. 또한 두괄식은 처음부터 흥미와 관심을 유발하기 때문에 끝까지 집중력을 유지하게 해준다.

둘째, 청자가 핵심 주장과 근거를 쉽게 찾아내고 일목요연하게 머릿속에 정리할 수 있게 해준다. 두괄식은 주장+근거의 구조여서 그 자체로 핵심 주장과 근거를 명확히 제시하도록 되어 있다. 두괄식이 아닌 메시지는 어디까지가 주장이고 어디까지가 근거인지 뒤죽박죽이어서 논지가 명확하지 않다. 두괄식의 원칙만 지키면 자동적으로 핵심적, 체계적, 논리적으로 구성할 수 있다.

셋째, 두괄식은 청자를 편안하게 만든다. 연사가 말하고자 하는 바를 처음부터 알 수 있기 때문에 필요 없는 예측을 하지 않아도 된다. 편안하고 집중해서 메시지를 들을 수 있는 것이다.

넷째, 연사의 자신감과 전문성을 보여준다. 연사는 스피치 주제에 대한 지식과 자신감이 있어야 한 문장으로 정리할 수 있다. 두괄식으로 표현하면 청중은 연사가 스피치 주제를 확실히 파악하고 있으며 소신있다고 느낀다.

남충희는 그의 저서 《7가지 보고의 원칙》에서 직장인들에게 두괄식 표현 훈련을 하기 위해 '엘리베이터 보고' 연습을 하라고 권장한다. 엘리베이터 보고는 엘리베이터 문이 닫히고 엘리베이터 문이 다시 열리기까지 약 30초, 그 짧은 시간에 할 말을 다 해보는 연습이다. 30초 내에 말할 수 있을 정도로 짧은 핵심 내용을 뽑아서 두괄식으로 보고하는 습관을 기르라는 것이다. 그는 조직에서 보고는 핵심을 정확하게 파악해서 중요한 것부터 먼저 산뜻하게 보고할 수 있는 능력이 결정적이라고 강조한다.

또한 맥킨지 컨설팅은 직원들에게 엘리베이터 스피치 훈련을 시키고 있는 회사로 유명하다. 주 고객인 CEO나 임원들은 항상 바쁠 수밖에 없기 때문에 맥킨지 직원들은 시간을 효율적으로 활용할 수 있는 엘리베이터 스피치를 하게 된 것이다. 맥킨지 직원들은 CEO를 따라가서 엘리베이터에 동승한 후 핵심적인 내용 중심으로 간략하지만 강렬하게 보고하고 있다.

대학생의 경우 면접에서 질문을 받게 되면 철저하게 두괄식으로 답해야 한다. 이것은 조직에서 회의 시간에 상사의 질문에 답변할 때, 자신의 의견을 개진할 때도 마찬가지이다. 면접 질문에 대한 답변을 빠른 시간 안에 키워드로 정리하여 첫 문장에 제시해야 한다. 한 문장으로 핵심적인 생각을 이야기한 후 그것에 대해 부연 설명을 하거나 데이터를 들어 증명하는 형태로 답변을 해야 한다.

대학생들의 모의 면접을 실시해 보면 대체로 답변을 시작하고 1-3개 문장은 답변의 핵심 내용과는 아무런 상관 없는 이야기를 하는 경우가 많다. 면접관의 질문에 바로 첫 문장부터 단도직입적으로 자신의 주장이나 생각을 핵심적으로 밝히는 것이 익숙하지 않기 때문이다. 그러나 명심해야 한다. 면접은 가장 짧은 시간 안에 효율적으로 자신을 보여주어야 하는 비즈니스적 상황이다. 앞에서도 설명했듯이 사람들은 첫문장에 가장 주목한다. 첫문장이 마음에 들면 계속해서 이야기를 듣지만 그렇지 않으면 건성으로 듣게 된다. 답변의 첫문장이 면접의 승패를 좌우한다는 것을 잊지 말아야 한다. 그 첫문장은 질문에 대한 자기 나름대로의 정답이어야 한다.

4 구체성 법칙

💬 구체적 표현은 이해와 기억을 돕는다

전문성을 보여주는 세 번째 언어적 스킬은 구체적으로 표현하는 것이다. 구체적 표현이 추상적인 표현보다 훨씬 이해하기 쉽다. 이해하기 쉬운 형태로 전달했다는 것은 그만큼 능력있고 지식이 많은 사람으로 평가받을 수 있어 전문성을 확보할 수 있다. 구체적이라는 것은 사전적으로 사물이나 현상이 일정한 모습을 갖추고 있는 것을 의미한다. 반대로 추상적이라는 것은 직접 경험하거나 지각할 수 있는 일정한 형태와 성질을 갖추고 있지 않다는 것을 말한다. 따라서 추상적인 표현, 범위가 넓은 개념, 막연한 설명은 이해하기 어렵게 만든다.

예를 들면 '흰색 그랜저'(구체적)를 표현하려고 하는데 교통수단, 육상 교통수단, 자동차, 승용차와 같이 추상적 개념으로 이야기한다면 이해하기 어려울 것이다. 스피치를 할 때 추상적인 표현은 가능하면 피하고 구체적인 표현을 사용해야 하는 이유이다. 실제로 연구에 따르면 우리의 두뇌는 추상적 개념을 잘 처리하지 못하고 수치, 인용, 비유, 날짜, 이름과 같은 세부 사항이나 깊이있는 정보에 주의를 기울인다고 한다.

또한 추상적인 말들은 실제 존재하는 것에 대해 명확한 모습을 제시하지 않으므로 사람들은 실재에 대해 서로 다른 의미로 해석할 가능성이 있다. 마찬가지로 우리가 추상적인 개념이나 의견을 제시한다면 청자는 여러 가지 의미의 다의적인 해석을 하게 된다. 예를 들면 추상적으로 표현하면 자신은 'A'라는 의미로 이야기를 했는데 다른 사람은 'B'라는 의미로 받아들이고, 또다른 사람은 'C', 'D'라는 의미로 해석할 수 있다. 따라서 추상적이고 모호하게 이야기하지 말고 자신의 주장을 뒷받침할 수 있는 이유와 근거를 구체적으로 설명하는 것이 훨씬 이해하기 쉽다. 업무를 지시하거나 회의 상황에서도 정확하고 의미가 분명한 어휘를 사용해 의견을 개진해야만 오해의 소지를 줄일 수 있다. 면접을 보거나 자기소개서를 작성할 경우 자신의 능력이나 성품을 표현할 때 구체적인 용어나 표현을 사용해야만 정확하게 자신의 이미지를 전달할 수 있다.

구체적인 표현은 기억을 높여주는 역할도 수행한다. 실제로 한 연구에 따르면 구체적인 단어나 개념이 오랫동안 기억할 수 있게 하는 데 영향을 미치고 있었다. 또다른 연구에서 청자들은 적절한 세부 사항이나 깊이 있는 정보에 주의를 기울이는 경향을 보였다. 또한 구체적인 표현은 설득 효과가 있고 신뢰감에 영향을 미친다. 하워드 레벤탈(Howard Leventhal) 연구팀은 구체적이고 친절한 설명이 설득 효과가 있다는 것을 밝혀냈다. 그는 파상풍 예방주사 접종 캠페인 효과를 측정했는데 예방주사 접종 장소, 시간 등 구체적인 정보가 실제로 예방접종을 맞도록 하는데 큰 영향력을 미치는 것으로 나타났다.

심리학자 브래드 벨(Brad Bell)과 엘리자베스 로프터(Elizabeth Loftus) 역시 상세한 설명이 신뢰감에 영향을 미친다는 것을 발견하였다. 배심원들은 사건과 전혀 관계 없는 내용이라서 그 정보를 알아도 사건을 이해하는데 아무 도움이 되지 않는다는 것을 알면서도 자세하게 이야기하는 목격자를 더 많이 신뢰하였다. 따라서 스피치를 할 때 핵심 메시지를 청중에게 각인시키고 오래 기억하고 설득하고 싶다면 가장 구체적인 표현을 사용해야 한다.

💬 주장은 반드시 구체적이어야 한다

주장은 반드시 구체적인 단어로 표현해야 설득적으로 전달할 수 있다. 구체적인 단어는 사람, 장소, 사물 등 실체가 있는 대상을 지칭하는 반면 추상적인 단어는 일반적인 개념, 특징, 속성을 지칭한다. 스피치를 할 때 구체적인 표현을 하는 데도 몇 가지 원칙이 있다.

첫째, 주장은 반드시 구체적이어야 한다. 주장이란 핵심 주제와 소주제를 한 문장으로 정리한 것을 말한다. 주장이 구체적이어야 하는 이유는 청중에게 명확하게 전달되어야 하는 핵심 내용이기 때문이다. 주장을 추상적으로 표현하면 애매모호하고 포괄적이어서 무엇을 전달하려고 하는지 파악할 수 없고 이해하기도 어렵다. 자신이 원하는 주장을 최대한 상세하고 구체적으로 알려주어야 원하는 결과를 얻을 수 있는 것이다.

둘째, 추상적 용어는 개념 설명을 해주어야 한다. 핵심 단어, 핵심 문장은 가능하면 구체적인 표현을 사용해야 하지만 불가피하게 추상적 용어를 사용해야 할 경우 그 다음 문장에서 개념 정의를 해줘야 한다. 그래야만 청중이 다른 의미로 해석하지 않고 말하는 사람이 의도한 뜻대로 받아들일 수 있다.

셋째, 주장은 뒷받침할 수 있는 데이타와 근거를 들어 구체적으로 설명해야 한다. 데이터를 통해 주장을 입증하고 자세히 설명해 주면 이해하기 쉬워 머릿속에 잘 들어온다. 데이터는 공신력 있는 기관이나 연구자의 실험 및 연구 결과, 공신력

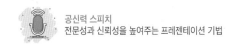
있는 저널이나 책의 내용, 전문가의 말, 공신력 있는 기관의 통계 자료, 법률, 매스컴의 보도, 다른 사람의 평가나 경험, 일화, 자신의 경험, 상식 등을 포함한다. 통계를 인용할 때는 정확한 자료를 써야 하며 출처를 명확하게 밝혀야 신뢰성을 확보할 수 있다. 전문가의 증언이나 매체의 보도 내용은 공신력이 높은 사람이나 기관을 인용하면 설득력이 높아진다.

숫자는 몸으로 느끼게 하라

숫자는 정확하고 구체적이기 때문에 메시지를 훨씬 힘 있고 명확하게 전달할 수 있다. 예를 들어 '비가 올 것 같으니 우산 가져가라'는 표현보다 '비가 내릴 확률이 90%니까 우산 가져가라'는 구체적 메시지가 훨씬 강력하고 설득적이다. 실제로 한 연구에서 숫자 제시의 구체성이 소비자가 의사결정을 하는 데 긍정적인 영향을 미치는 것으로 나타났다. 이처럼 숫자는 구체성을 표현하는 핵심 요인이자 설득에 지대한 영향을 미친다.

스피치에서 숫자를 사용할 때 구체적인 의미를 부여하면 청중이 더 쉽고 빠르게 이해할 수 있다. 숫자는 그 자체로는 현실적으로 와닿지 않는 경우가 많다. 숫자를 사용했기 때문에 구체성을 띠고 있지만 실감이 오지 않아 설득력이 떨어질 수가 있다. 그래서 숫자를 우리의 생활과 상황에 맞게 의미를 부여하고 친숙한 대상과 연결시키면 한층 설득력을 높일 수 있다. 이 같은 방법을 가장 잘 활용하는 연사 중 한명이 바로 스티브 잡스(Steve Jobs)이다.

스티브 잡스(Steve Jobs)는 신형 아이팟 30GB라는 숫자를 노래 7,500곡, 사진 2만 5,000장, 동영상 75시간을 저장할 수 있는 용량이라고 말함으로써 청중이 이해하고 공감할 수 있는 숫자로 바꾸어 놓았다. 마찬가지로 아이팟 5GB의 저장량을 '호주머니에 들어가는 1,000곡'이란 내용으로 친숙한 대상과 연결시켰다. 아이폰 출시 200일을 기념한 기조 연설에서도 스티브 잡스(Steve Jobs)는 "지금까지 아이폰 400만 개가 판매됐다. 하루 평균 2만개 꼴이죠"라고 말함으로써 청중들이 실감할 수 있게 만들었다. 또한 하루에 판매하는 음악 곡 수를 설명할 때 "우리는 하루에 500만 곡을 판매합니다"라고 단순하게 말하지 않고 "하루 24시간 중 1시간의 1/60, 1분의 1/60, 즉 1초에 58곡을 판매합니다"라고 숫자를 쉽게 풀어 설명하여 판매하는 곡이 매우 많다는 것을 강조하였다.

말콤 그레드웰(Malcolm Gladwell)은 저서 《아웃라이어》에서 어느 한 분야의 진정한 전문가가 되기 위해 필요한 노력을 시간으로 계산하였다. 그것은 바로 '1만 시간이다'라고 적고 있다. 여기에서 1만 시간이라고 하면 전문가가 되기 위해 얼마만큼 노력해야 하는지, 1만 시간이 어느 정도의 무게와 의미를 지니고 있는지 선뜻 와 닿지 않는다. 그런데 '1만 시간은 하루 세 시간, 일주일에 스무 시간씩, 10년간 연습한 것과 같다'라고 하면 쉽게 의미를 이해하고 기억할 수 있게 된다. 숫자는 청중이 몸으로 느낄 수 있는 형태로 옷을 입혀야 한다.

5 간결성 법칙

청중은 간결한 메시지를 선호한다

간결성은 전문성을 보여주는 네번째 언어적 스킬이다. 간결하게 이야기한다는 것은 간단하게 요약하라는 의미이지 간단하고 짧게 표현하라는 것은 아니다. 포인트는 '요약된 표현'에 있다. '필요한 것은 빠짐없이 챙기고, 필요 없는 것은 과감하게 생략', 이것이 간결성의 핵심이다. 간결하게 요약한 표현은 그 어떤 말보다도 설득력이 있고 힘이 있다. 생텍쥐베리(Saint-Exupéry)는 완벽함이 더 더할 것이 없을 때가 아니라 더 이상 뺄 것이 없을 때 완성된다고 하였다. 톨스토이(Tolstoy)도 사람의 지혜가 깊으면 깊을수록 생각을 나타내는 말은 단순해진다고 하였다.

스피치도 마찬가지이다. 말이 너무 많고 곁가지가 많으면 핵심이 흐려진다. 아무리 아름답고 멋진 말일지라도 쓸데없는 군더더기라면 단호히 버려야 한다. 미국의 소설가 마크 트웨인(Mark Twain)은 간결한 언어의 중요성을 한마디로 표현했다. "50센트짜리 단어로 충분한 것을 5달러짜리 단어로 설명하지 말라." 따라서 스피치를 할 때 KISS법(Keep It Short and Simple)을 지키면 전문성과 설득력을 높일 수 있다.

이처럼 간결함이 중요한 이유는 첫째, 우리는 단기 기억 안에 담을 수 있는 정보가 7비트 정도에 불과하다고 한다. 많은 것을 기억 장치 안에 담을 수 없기 때문에 짧고 강렬한 메시지만 살아남을 수 있다. 둘째, 조직의 효율성에 영향을 미친다. 미국에서 조사한 결과에 따르면 고위 경영진이 조직원들에게 바라는 것은 쓸데없는 단어들 빼기, 훨씬 더 직접적으로 표현하기, 복잡한 생각을 단순화하는 능력이었다고 한다. 간결하고 단순하게 생각을 정리해서 말하는 기술, 조직원이 갖추어야 할 능력인 것이다. 셋째, 간결성은 정보를 이해하고 집중하게 하는 데 도움을 준다. 실제로 청중이 정보 과부하 상태에 빠지면 집중력, 기억력을 높여주는 DHEA 호르몬이 줄어들고 스트레스 호르몬인 코티솔이 증가하여 두뇌는 합리적인 판단을 못하게 된다고 한다.

💬 단문이 잘 들린다

간결한 스피치를 하기 위해 문장은 단문으로 구성해야 한다. 단문은 하나의 절로 이루어진 문장으로 주어와 동사가 하나씩만 존재한다. 중문은 두 개 이상의 독립적인 단문이 연결된 문장, 접속 어미를 사용해 연결한다. 복문은 두 개 이상의 절로 된 문장, 즉 종속절이 포함되어 여러 겹으로 된 문장이다. 스피치를 할 때 복문, 중문으로 구성된 긴 문장은 여러 개의 단문으로 만들어야 한다. -는데, -니까, -지만과 같은 연결어미를 붙이고 말을 계속 이어가지 말고 '-이다'로 단문으로 끊고 다음 문장을 써야 내용이 명확해진다. 설득력도 높아진다. 중문, 복문으로 이야기하면 장황하고 중언부언할 수 있다. 예를 들면 "이번 사안의 핵심은 ○○○입니다." 로 단문으로 명확히 결론부터 시작하면 강한 인상을 남길 수 있다. 혹은 "인내는 쓰다. 그러나 그 열매는 달다."와 같은 속담이나 격언처럼 단문을 써야 핵심을 잘 전달할 수 있다. 이처럼 단문은 많은 생각을 압축하여 표현함으로써 의미 전달의 효과를 극대화할 수 있다.

우리가 스피치를 할 때 단문을 사용해야 하는 이유는 이해하기 쉽기 때문이다. 우리는 다른 사람의 이야기를 들을 때 문장 단위로 인식하고 이해하기 때문에 문장이 길면 알아듣기 어렵다. 문장을 짧게 하면 같은 내용이라도 훨씬 듣기가 쉽고 편하다. 듣기 쉬우면 이해력이나 기억력도 높아진다. 또한 단문은 리듬감이 있고 활기차다. 깔끔하고 정제된 느낌을 주기 때문에 설득력을 향상시키기도 한다. 반면 중문, 복문과 같이 긴 문장은 이해하기 어렵다. 그 이유는 우리의 뇌가 그 문장을 모두 인식하지 못하기 때문만은 아니다. 여러 어구들이 복잡하게 얽혀 명료한 이해를 막기 때문이다.

그렇다면 단문을 구성하기 위해 어떻게 해야 하는가. 우선 간결함은 요약된 표현에 있기 때문에 자신이 전달하고자 하는 요점을 하나의 핵심 단어로 찾아내야 한다. 둘째, 한 문장이 가능한 한 두 줄을 벗어나지 않도록 해야 한다. 셋째, 한 문장에는 하나의 이야기 혹은 하나의 아이디어만 넣어야 한다. 넷째, 문장이 길면 여러 개의 단문으로 만들어야 한다.

💬 간결하게 말하는 5가지 원칙

그렇다면 어떻게 해야 간결한 스피치를 할 수 있는가. 간결하게 말하는 5가지 원칙을 지키면 된다. 첫째, 쓸모없는 것은 과감히 생략해야 한다. 중복된 표현, 반복되는 말, 문장마다 등장하는 주어, 과장된 표현, 화려한 수사 등은 생략해야 한다. 또한 청중이 이미 알고 있는 사실, 불필요한 정보, 자신에게 설령 중요한 것이라도 청중의 입장에서 중요치 않은 것 등은 다 빼야 한다.

둘째, 서론과 결론은 짧아야 한다. 서론과 결론은 여러 가지 기법 등을 사용하여

인상적으로 표현하되 간결해야 한다. 짧으면서도 기억하기 쉬운 메시지 구성이 필요하다. 이때 속담, 격언, 명언, 유명한 사람의 말 등을 인용하면 효과적이다.

셋째, 접속사는 되도록 쓰지 않아야 한다. 말은 글과 달리 접속사가 없어도 문장을 연결할 수 있다. 실제로 우리는 말을 할 때 '하지만, 그리고, 즉, 그러니까' 등의 접속사를 사용하지 않는다. 이러한 접속사는 준비 부족으로 내용을 제대로 소화하지 못했을 때 사용하게 된다. 접속사는 불필요한 군말이다.

넷째, 주어 앞에 꾸며주는 말을 넣지 말아야 한다. 주어 앞에 꾸며주는 말을 넣게 되면 문장이 길어져 간결하지 않다. 대체로 꾸며주는 말은 말 그대로 꾸며주는 말이기 때문에 중요하지 않거나 불필요한 내용일 수 있다. 중요하지 않은 내용은 과감하게 생략해야 한다. 꾸며주는 말이 꼭 필요한 내용이라면 다음 문장으로 완성하면 된다.

다섯째, 술어는 한 단어로 만들어야 한다. 애매모호하고 간접적으로 술어를 표현하게 되면 여러 단어로 연결된 술어가 만들어진다. 예컨대 술어는 '-이다', '-한다' 등으로 간결하게 끝나야 한다. 또 '-할 수 있다'는 '-한다'로, '-라고 생각할 수 있다'는 '-생각한다' 등의 형태로 술어를 한 단어로 표현하는 것이 좋다.

6 평이성 법칙

아는 만큼 설명하면 쉬워진다

쉽게 이야기하는 것은 전문성을 보여주는 다섯번째 언어적 스킬이다. 어렵게 이야기를 하면 청중은 무슨 말을 하는지 이해할 수 없어 머릿속에 들어오지 않는다. 스피치를 했으나 청중이 알아듣지 못한다면 그것은 스피치를 하지 않은 것과 다를 바 없다. 쉽게 이야기해야 하는 이유이다. 우리가 어렵게 이야기를 하는 이유는 그 내용을 자기 자신이 완벽하게 이해하지 못했기 때문이다. 자신이 이해하지 못한 내용은 절대로 다른 사람을 이해시킬 수 없다. 따라서 쉽게 스피치할 수 있는 첫 번째 방법은 자신이 아는 만큼, 이해한 만큼 자신의 언어로 설명하는 것이다. 또한 스피치를 할 때 외우는 것으론 부족하다. 완벽히 이해하지 않고 외우기만 하면 안 된다. 아무리 외웠어도 이해하지 못한 정보는 체화되지 않는다. 체화되지 않은 정보를 다른 사람에게 설득적으로 말하는 것은 불가능하다. 스피치 내용을 제대로 이해하고 외우는 것, 반복 연습을 통해 외운 내용을 내면화시켜 전문성과 신뢰성을 확보하는 것이 중요하다.

대학생들의 경우 면접에서 예상 질문을 뽑아 미리 답변을 준비하여 외워서 대답을 하는 경우가 많다. 면접은 매우 긴장되는 상황이기 때문에 외워서 면접 답변을 준비하는 것도 필요하다. 외우지 않고 면접에 가도 핵심적, 논리적으로 답변을 할 수 있을 만큼 능력이 쌓일 때까지는 외우는 형태로 면접을 준비하는 것이 효과적이다. 그러나 완벽히 이해하고 외워야 한다는 것, 외운 것을 반복적인 모의 면접 훈련으로 체화, 내면화시켜야 한다는 것을 유념해야 한다. 면접은 자신이 어떻게 살아왔고, 어떻게 살고 있고, 어떻게 살아갈 것인가를 보여주는 커뮤니케이션 현장이다. 자신의 능력과 성품을 진솔하게 진술하고 확신있게 어필하는 소중한 시간이기 때문에 완벽하게 준비해야 한다. 면접은 지원한 기업과 인재상 분석 → 예상 면접 문제 추출 → 체계적, 논리적으로 면접 답변 작성 → 작성된 면접 답변을 완벽히 이해하고 외우기 → 수십 번의 모의 면접을 통한 외운 면접 답변의 내면화 등의 과정으로 철저하게 준비하면 성공할 수 있다.

💬 일상적 용어가 뇌리에 박힌다

전문가답게 보이기 위해서는 쉽게 이야기해야 한다. 쉽게 이야기하려면 전문 용어를 사용하지 말고 청중의 이해 정도에 맞춰 알기 쉬운 일상 언어로 말해야 한다. 우리는 대체로 전문적으로 보이기 위해서 좀 더 어려운 단어나 문장, 전문 용어를 써야 한다고 생각한다. 특히 전문직 종사자나 지식이 많은 사람들이 그런 경향이 있다. 그러나 스피치에서 기본적인 전제는 청중이 두뇌 활동을 활발히 하지 않고도 연사의 말을 쉽게 인식하고 이해할 수 있어야 한다는 것이다. 연사가 무슨 말을 하는지 알아들어야 설득도 가능하다는 이야기이다. 쉬운 단어, 쉬운 문장, 쉬운 표현을 써야 하는 이유이다.

또한 청중은 전문 용어나 익숙하지 않은 단어가 머릿속에 들어오면 빨리 인식하고 이해할 수가 없어 전체적인 내용 파악에 어려움을 느낀다. 때로는 어려운 단어를 이해하느라 다음 문장을 놓치기도 한다. 스티브 잡스(Steve Jobs)는 프레젠테이션을 할 때 중학교 수준의 단어를 이용해 외국인들도 알아듣기 쉽게 이야기를 했다고 한다. 만약 전문 용어를 불가피하게 사용해야 한다면 다음 문장에서 그 용어에 대한 부연 설명을 해주는 것이 좋다. 전문 용어, 어려운 말은 천천히 말하거나 반복해서 말함으로써 뇌가 인식하고 이해할 시간을 주는 것도 방법이다.

7 확신성 법칙

💬 단정적 표현, '-다'로 끝내야 전문가답다

전문성을 높이는 여섯 번째 언어적 스킬은 예의 바르면서도 단호한 표현을 사용하는 것이다. 확신있는 단어나 표현을 사용하면 청중은 진실하다고 생각하고 진지하게 받아들인다. 따라서 우리가 사용하는 단어나 표현들은 확신과 자신감을 전달하는 데 중요한 요소이다.

우리가 사용하는 언어적 표현에는 힘이 있는 표현이 있고 그렇지 않은 표현이 있다. 대체로 자신감 있게 자신의 주장이 들어간 단정적, 정확한 표현은 파워가 있어 보이지만 애매모호하고 우유부단한 표현은 힘이 없는 주장으로 여겨진다. 따라서 자신의 가치를 낮추는 말을 쓰지 않아야 한다.

실제로 윌리엄 맥퀸(William McQueen)과 브레드레이 그린버그(Breadray Greenberg)는 메시지에 내포된 강조 표현이 얼마만큼 영향을 미치는가를 연구하였다. 그들은 강한 표현으로 '대단히', '매우', '확실히' 등 15가지의 부사를 사용하여 문장을 만들었고, 약한 표현으로는 '필시', '다소', '가능한'이라는 표현으로 문장을 만들어 대학생들에게 질문하였다. 그 결과 실험 대상자들은 강한 표현을 사용한 문장을 읽은 사람을 더욱 파워가 있는 사람으로 인식하였다.

펜실베이니아대 와튼스쿨 교수인 조나 버거(Jonah Berger)는 《Magic Words》라는 책에서 상대방으로부터 원하는 것을 얻게 만드는 6가지 마법의 단어를 제시했다. 그중에서 자신감을 드러내는 단어인 '분명히', '틀림없이', '확실히', '보증된', '누구나', '필수적인' 등과 같은 단어를 사용하면 타인에게 더 영향을 미치고 설득할 수 있다고 하였다.

또한 자신의 이야기에 확신이 있다는 것을 보여줄 때 '-다'로 끝나도록 문장을 구성하는 것이 좋다. '-요', '-죠'로 끝나는 말은 전통적으로 힘이 약한 어투에 해당된다. 부드럽고 친절하게 보이기는 하지만 파워 있고 자신감 있는 이미지를 연출할 수는 없다.

따라서 전문가다운 이미지를 보여주기 위해서는 '-다'로 끝나도록 말을 해야 한다. 예를 들어 "-했어요", "-했는데요", "-했구요", "-했거든요"와 같은 표현보다는 "-했습니다"라는 표현을 사용하는 것이 좋다. 특히 남성들의 경우에는 '-요', '-죠'를 사용하면 전문성을 약화시키기 때문에 '-다'로 끝나는 말을 사용하는 것이 바람직하다. 그러나 일상적인 대화에서 친밀감이나 호감도를 형성하고 싶을 때는 '-요', '-죠'를 적절히 사용하는 것이 좋다.

🗨 애매모호하고 우유부단한 표현을 삼가라

자신의 가치나 전문성을 낮추는 우유부단한 표현, 애매모호한 표현들이 있다. 스피치를 할 때 이러한 표현들은 사용하지 않는 것이 좋다. 스피치는 설득이다. 설득이란 자신의 주장을 다른 사람이 이해하고, 믿고 따라주길 바라는 것이다. 그런데 우유부단하고 애매모호한 표현들은 우리의 주장을 설득하는 데 걸림돌이 된다. '그런 것 같아요', '그랬으면 좋겠어요', '-인 것 같은데요' 등의 표현은 우리가 주장하는 내용에 대해 확신과 믿음이 없다는 것을 드러내준다. 자신도 확신하지 못한 이야기를 청중은 믿고 따라주겠는가.

다음은 우유부단하고 애매모호한 표현을 제시한 것이다.

- 일종의, 아마도, 어쩌면, 보통, 대개, 일반적으로, 약간, 다소, 있을 법한
- 그런 것 같아요, 그랬으면 좋겠어요, 그럴 수도 있죠, -인 것 같은데요
- -라고 생각하는데요, 아마, 이렇지 않을까 생각됩니다만, -일 수도 있다
- -인 듯하다, -일지도 모른다, -일 가능성이 있다
- 느끼고 있다, 추정한다, 알다시피, -처럼 보인다

또한 확신없는 표현을 확신에 찬 표현으로 바꾸어보면 다음과 같다.

- 이 책이 좋을 것 같습니다 → 이 책이 최고의 선택입니다
- 이 노트북을 써보시는 게 어떨까요 → 이 노트북을 추천합니다
- 도와주시면 좋겠습니다 → 도와주십시오
- 성과가 두 배로 늘어날 것 같습니다 → 성과가 두 배로 늘어날 것이 확실합니다
- 어쩌면 이 기획안이 채택될지도 모르겠습니다 → 분명히 이 안건이 채택됩니다.

우리는 일상에서 우유부단하고 애매모호한 단어나 표현들을 자주 사용한다. 그러나 스피치를 할 때는 쓰지 않아야 한다. 이러한 표현들은 전문성을 떨어뜨리는 결정적인 말이다. 확신에 찬, 자신감 있는 단어나 표현들을 적극적으로 활용하여 전문가다운 면모를 보이자.

스피치 실행 순서도

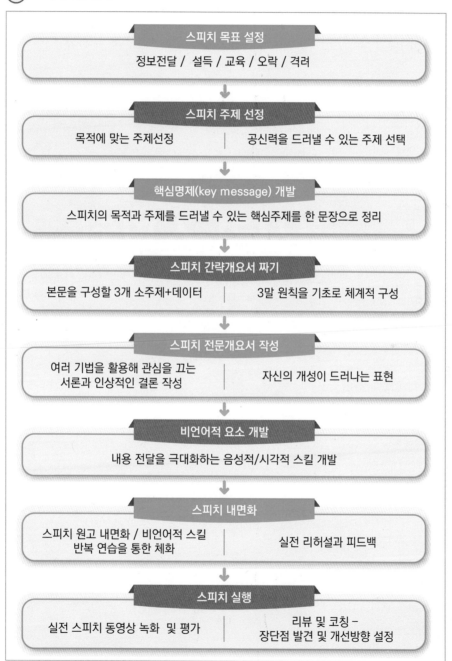

스피치 목표 설정

정보전달 / 설득 / 교육 / 오락 / 격려

스피치 주제 선정

목적에 맞는 주제선정 | 공신력을 드러낼 수 있는 주제 선택

핵심명제(key message) 개발

스피치의 목적과 주제를 드러낼 수 있는 핵심주제를 한 문장으로 정리

스피치 간략개요서 짜기

본문을 구성할 3개 소주제+데이터 | 3말 원칙을 기초로 체계적 구성

스피치 전문개요서 작성

여러 기법을 활용해 관심을 끄는
서론과 인상적인 결론 작성 | 자신의 개성이 드러나는 표현

비언어적 요소 개발

내용 전달을 극대화하는 음성적/시각적 스킬 개발

스피치 내면화

스피치 원고 내면화 / 비언어적 스킬
반복 연습을 통한 체화 | 실전 리허설과 피드백

스피치 실행

실전 스피치 동영상 녹화 및 평가 | 리뷰 및 코칭 –
장단점 발견 및 개선방향 설정

공신력 스피치

전문성과 신뢰성을 높여주는 프레젠테이션 기법

신뢰성을 높이는
언어 스킬

Chapter 05

신뢰성을 높이는 언어 스킬

　신뢰성은 우리의 이미지를 높여주고 스피치 능력을 인정받을 수 있게 도와주는 또 하나의 요인이다. 우리는 자신이 신뢰하는 사람의 말을 더 잘 믿고 설득당하는 경향이 있다. 아리스토텔레스(Aristoteles)도 누군가를 설득하고 싶다면 먼저 상대방의 신뢰를 얻으라고 설파했다. 따라서 우리는 가능하면 빠른 시간 내에 신뢰성을 확보해야 다른 사람과 스피치를 포함한 커뮤니케이션을 더 잘할 수 있다.

　앞에서 설명한 바와 같이 신뢰성은 인격, 성품, 도덕성, 정직성, 진실성 등을 의미한다. 그러나 우리는 다른 사람의 인격, 성품, 도덕성, 정직성을 한 순간에 파악하는 것도 어렵고 자신이 짧은 순간에 그것을 보여주는 것도 어렵다. 그렇다면 우리는 스피치를 포함한 커뮤니케이션을 할 때 신뢰성을 확보할 수 없는 것인가. 그렇지 않다. 우리는 개방성, 친밀감, 유사성, 호감도를 보여줌으로써 신뢰성 있는 이미지

를 창출할 수 있다. 우리는 개방적인 사람일수록, 자신과 친하고 비슷한 특성을 가진 사람일수록, 자신이 좋아하는 사람일수록 신뢰하는 경향이 있기 때문이다.

　신뢰성 역시 전문성과 마찬가지로 언어적, 비언어적 스킬을 통해서만 획득할 수 있다. 스피치를 포함한 커뮤니케이션을 할 때 개방적인 사람, 친밀감을 주는 사람, 유사성이 있는 사람, 호감도를 주는 사람으로 보이도록 언어적, 비언어적 스킬을 사용하지 않으면 신뢰감을 주는 이미지를 얻을 수 없는 것이다. 신뢰성을 보여주는 언어적 스킬에는 개방성 법칙, 친밀감 법칙, 유사성 법칙, 호감도 법칙이 있다. 지금부터 4가지 언어적 스킬이 왜 중요하고 어떻게 하면 향상시켜 신뢰성을 확보할 수 있는지 살펴볼 것이다.

1 개방성 법칙

긍정 언어가 답이다

　신뢰성을 보여주는 첫 번째 언어적 스킬은 개방적으로 이야기하고 수용하라는 것이다. 개방성은 사전적으로 집단이 다른 개인이나 집단과 자유롭게 교류하거나 교감을 나누는 상태나 성질이라는 뜻이다. 또한 개방성은 새로운 생각이나 경험에 대한 접근, 수용성을 의미한다. 따라서 개방성의 핵심은 '수용'에 있다. 우리는 수용의 의미를 상대방의 의견을 무조건 받아들이는 것으로 생각한다. 그렇지 않다. 수용이란 아무 판단이나 평가 없이 자신이 하는 이야기 그 자체로서 인정받고 싶듯이 다른 사람의 이야기도 그 자체로서 인정해 주는 것이다. 예컨대 어떤 논제나 쟁점에 자신은 A라고 생각하지만 다른 사람은 B라고, 또다른 사람은 C라고 생각할 수 있다는 사실을 인정하는 것이다. 결국 수용의 의미는 자신과 다른 사람의 의견이 다를 수 있다는 관점의 차이를 받아들이는 것이다. 더 나아가 어떤 의견에 대해 자신의 관점에서 보면 옳을 수 있지만 다른 사람의 관점에서 보면 옳지 않을 수 있다는 것을 인정하는 것이다. 즉 관점의 차이만 존재할 뿐 옳고 그름이 없다는 것을 받아들이는 것이다. 또다른 측면에서 수용이란 우리가 하나의 인격 그 자체로서 존중받고 싶어하듯이 다른 사람도 자기 자신과 똑같이 존중받아야 할 대상이라는 것을 인정하고 커뮤니케이션하는 것이다.

　따라서 개방성 법칙을 실행하는 첫 번째 방법은 긍정 언어를 사용하는 것이다. 긍정 언어로 스피치, 커뮤니케이션을 해야 관점의 차이, 다른 사람의 존재 자체를 존중하는 수용의 관점을 보여줄 수 있다. 다른 사람의 이야기에 부정적인 언어로 대응하는 것은 그 의견이 잘못되었다고 생각하기 때문에 가능한 것이다. 여기에서 긍정 언어란 바람직한 언어로 개인의 감정과 사고를 긍정적으로 할 수 있게 하는 말을 통칭한다. 친절한 말, 수용의 말, 동의의 말, 격려의 말, 기쁨을 주는 말, 응원의 말, 감사하는 말, 지지의 말, 다정한 말, 존중의 말, 사랑이 담긴 말, 칭찬하는 말, 웃게 만드는 말 등이라고 볼 수 있다.

이와 같은 긍정적인 언어를 쓰면 자신의 의견이나 관점이 수용되고 인정받는다고 느끼게 되어 행복한 감정이 생긴다. 또한 신경과학자 앤드류 뉴버그(Andrew Newberg)는 긍정 언어를 많이 듣고 사용할수록 대뇌의 전두엽이 활발하게 작동해 여러 가지 긍정적인 결과를 얻는다고 밝히고 있다. 반면 버클리 대학 신경심리학 교수인 매리언 다이아몬드(Marian Diamond)의 연구에 따르면 부정적인 말을 들으면 작업 능률이 떨어지고 실수가 많아지고 의사결정 능력이 떨어지는 등 다양한 부정적 결과가 초래된다.

긍정적인 언어로 타인의 관점을 수용해야 하는 이유는 상호성의 법칙 때문이다. 우리는 다른 사람에게 호의를 받게 되면 반드시 그것을 갚아야 한다는 심리가 있다. 이 같은 채무감의 심리, 보은(報恩)의 심리는 인간을 가장 인간답게 만들기 때문에 일상생활에서 자주 경험한다. 예를 들면 일상생활에서 친구나 동료가 점심을 사줬다면 빚을 진 기분이 들게 되어 마음이 불편하고 가능한 한 빨리 그런 상태에서 벗어나고자 한다. 또 '친절은 또다른 친절을 부른다'라는 말이 있듯이 누군가 미소를 지으며 칭찬을 하면 대개 미소나 칭찬을 되돌려 주어야 한다는 부담을 느낀다. 심지어 원하지 않는 호의나 친절에도 채무감을 느낀다.

우리는 이렇게 만들어진 채무감이나 불편한 감정을 상호성의 법칙에 따라 그에 상응하는 보상을 함으로써 벗어날 수 있다. 실제로 한 실험에서 전화번호부에서 무작위로 고른 100명의 사람들에게 크리스마스 카드를 전달한 결과 수신자 중 85%가 답장을 보내야 한다는 의무감을 느끼고 실제로 답신을 보내온 것으로 나타났다. 이런 인간의 심리는 마케팅 전략에도 많이 쓰인다. 무료 샘플, 시식 코너, 일주일 동안 상품을 무료로 써보게 하는 것 등이 대표적인 예이다.

이 상호성의 심리 때문에 다른 사람이 자신의 이야기를 수용해 주면 자신도 다른 사람의 말을 잘 들어주어야겠다는 심리가 작동하게 된다. 반면 의견을 제시했는데 부정적인 피드백을 받게 되면 마음의 문을 닫게 되어 다른 사람의 이야기를 잘 들어주지 않는다는 것이다. 다른 사람이 어떤 말을 하든 부정적 언어가 아닌 긍정적 언어로 커뮤니케이션하면 선심을 베풀게 되는 것이다. '세상에 공짜는 없다'는 말처럼 빚진 자보다 베푸는 자가 되면 스피치를 포함한 커뮤니케이션을 할 때 신뢰성을 얻을 수 있으며 다른 사람의 마음을 움직이는 설득의 달인이 될 수 있다.

긍정적인 말은 설득의 관점에서도 사람의 마음을 열게 하는 원동력이 된다. 커뮤니케이션은 자신의 감정과 욕구를 표현하는 행위이다. 이 말은 감정을 상하게 하고 욕구를 충족시켜 주지 않으면 커뮤니케이션이 잘되지 않는다는 의미이다. 그런데 부정적인 말은 그 내용이 아무리 훌륭하더라도 감정을 상하게 한다. 감정이 상하게 되면 그 누구의 말도 들어주기 싫게 된다. 반면 긍정적인 말은 긍정적인 감정과 태도를 낳고 긍정적인 결과까지 가져온다.

실제로 많은 연구에서 부정적인 말은 대인관계를 악화시키고 스트레스를 유발하는 요인으로 작용한다는 사실이 입증되었다. 심리학자 존 가트맨(John Gottman)은 35년 동안 부부 3,000쌍을 연구한 결과 행복하게 사는 부부와 불행하게 사는 부부는 긍정적인 표현과 부정적인 표현의 비율이 다르다는 것을 밝혀냈다. 행복하게 사는 부부들은 평소에는 긍정적인 표현이 부정적인 표현보다 20배가 많았으며, 의견이 다른 주제에 대해 커뮤니케이션할 때조차도 5배가 더 높은 것으로 나타났다. 그는 부정적인 감정과 긍정적인 감정의 비율이 1:1.25를 분기점으로 이혼으로 간다고 하였다. 가트맨(Gottman)은 관계의 달인(masters of relationship)은 습관적으로 긍정적인 것을 먼저 보고 인식하고 표현한다고 밝히면서 이것은 타고 나는 것이 아니라 배울 수 있는 습관이라고 하였다. 그러면서 '긍정적인 말을 조금씩 자주 하라(Small Things Often)'는 원칙을 제시하였다.

이후 프레드릭슨과 로사다(Fredrickson & Losada)가 기업에 적용시켜 연구한 결과 상사가 부하 직원과 커뮤니케이션을 할 때 긍정적인 말과 부정적인 말의 비율이 2.9:1을 기점으로 업무 능률이 오르는 것으로 나타났다. 업무 성과를 높이기 위해서는 상사가 적어도 부하 직원에게 부정적인 표현보다 긍정적인 표현을 3배 정도 더 많이 해야 한다는 의미이다.

또다른 연구에서는 아이들이 긍정적인 말을 들었을 때 뇌의 전두엽과 측두엽이 활성화되어 기억과 창의력이 향상되는 것으로 밝혀졌다. 하지만 부정적인 말을 들었을 때는 뇌의 활동이 떨어져 학습 능력이 저하되는 것으로 나타났다. 독일의 연구에서도 부정적인 말은 스트레스 호르몬인 코티졸 분비를 늘려 학습능력을 떨어뜨렸다.

에모토 마사루(江本勝)의 '물은 답을 알고 있다' 실험 역시 부정적인 마음, 부정적인 말이 미치는 영향력이 얼마나 지대한지를 보여주고 있다. 그는 두 개의 컵에 물을 담고 하나는 "사랑합니다"라는 글씨를, 다른 컵에는 "바보 같은 놈"이라는 낱말을 비춘 후 급속 냉각시켜 미세 현미경으로 촬영하였다. '사랑합니다'라는 긍정적인 말을 보여준 물은 깨끗한 육각형의 결정체로 아름다운 형태를 보인 반면 '바보같은 놈'이라는 부정적인 말을 보여준 물의 입자는 마치 진흙물처럼 흩어져 찌그러져 있었다. 생명이 없는 물조차도 긍정 언어와 부정 언어를 알아채고 반응한 것이다.

사람의 몸은 70%가 물로 구성되어 있기 때문에 부정적인 말이 우리에게 미치는 영향력은 매우 심각하다. 우리는 모두 70%의 물로 구성되어 있기 때문에 부정적인 말은 청자에게도 심각한 악영향을 미치지만 그 말을 한 사람에게도 똑같이 영향을 미친다. 자신이 표현한 부정적 언어로 혈압이 높아지면서 코티졸 스트레스 호르몬 분비를 촉진시킨다. 다른 사람에게 나쁜 말을 하면서 오히려 자기 자신까지 망가뜨리고 있는 것이다.

의견이 다를 때 개방성 공식을 따르라

우리는 살아가면서 공적인 상황이나 사적인 일에서 다른 사람과 의견 차이를 많이 경험한다. 서로 의견이 달라 때로는 스트레스에 시달리기도 하고 심각한 갈등을 겪기도 한다. 의견 차이가 생기면 자신의 관점이 옳다고 생각하여 "그건 아니야", "네 생각이 틀렸어", "다시 생각해 봐" 등 부정적인 표현을 사용한다. 그러나 모든 갈등은 문제 그 자체 때문이 아니라 표현 방식 때문에 발생한다. 의견이 충돌했어도 표현 방식인 커뮤니케이션을 잘하

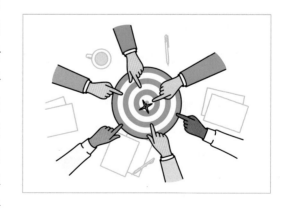

면 갈등이 생기지 않는다. 바로 긍정적인 언어를 써서 자신의 의견을 표현하면 된

다. 즉 의견 충돌이 생겼을 때 '개방성 공식'에 맞춰 이야기하면 되는 것이다.

개방성 공식이란 〈상대방의 의견을 인정하는 관용어 + "내 생각에는" + 자신의 의견을 긍정적으로 표현〉을 말한다. 예컨대 "일리 있는 생각이야", "그렇게 생각할 수 있겠네", "참신하군, 좋은데", "좋은 생각이야" 등과 같은 표현을 사용하여 다른 사람의 의견을 먼저 수용한 다음, "내 생각에는 …"을 말한 후에 자신의 의견을 긍정적인 표현으로 개진하면 된다. 이 공식을 따르면 다른 사람의 의견을 존중하는 개방적인 이미지를 보여줄 수 있다. 개방적으로 보이면 신뢰성이 저절로 높아진다. 우리는 신뢰하는 사람의 말을 더 믿고 따르고, 신뢰성이 높은 사람이 이야기를 하면 더 커뮤니케이션 능력이 있다고 생각한다.

📢 개방성 공식

• 1단계 : 상대방의 의견을 인정하는 관용어

(좋은 생각이야, 일리있는 생각이야 등)

• 2단계 : "내 생각에는"

• 3단계 : 자신의 의견을 긍정적인 언어로 표현

이 개방성 공식은 일명 'Yes, But 화법'으로 서비스직에서 고객과 커뮤니케이션을 할 때 널리 활용되고 있다. 최근에는 면접에서 자신의 단점이나 곤란한 질문을 받았을 때 대처하는 유용한 방법으로 쓰이고 있다. 일단 자신의 단점을 인정한 후 (Yes) 어떻게 그 단점을 극복하려고 노력했는지를 이야기(But)하면 좋은 이미지를 보여줄 수 있다. 'Yes, But 화법'을 평생 실천하여 많은 효과를 거둔 벤저민 플랭크린 (Benjamin Franklin)은 이렇게 말했다.

"나는 남의 의견에 정면으로 반대한다든지 내 의견을 단정적으로 표현하는 일은 삼가기로 했다. 예컨대 '확실히', '의심할 바 없이'와 같은 결정적인 말을 사용하는 대신에 '제 생각은 이렇습니다만 그러나' 하는 식이다. 상대의 잘못이 분명한 때에도 곧바로 반대하거나 잘못을 지적하지 않고 '그런 경우도 있겠군요. 그렇지만 제 생각은 -'하는 식으로 말머리를 돌리는 것이다. 처음에는 성질을 억누르기가 어려웠지만 이제는 아주 쉽게 습관이 되어버렸다. 50여년 동안 나에게서 독단적인 말을 들은 사람은 거의 없을 것이다. Yes, But 화법은 나의 제2의 천성이 되어 많은 일을 성취할 수 있었다."

💬 의견을 구하는 열린 질문은 존중을 표현한다

개방적으로 보이기 위해서는 열린 질문을 많이 해야 한다. 열린 질문은 사실보다 의견에 기반을 둔 대답을 요구하므로 넓고 확장된 커뮤니케이션을 유도한다. 이것은 답이나 결론을 제시하지 않고 다른 사람에게 의견을 구하는 것이기 때문에 개방성을 보여준다 . 열린 질문은 '네' 또는 '아니오'로만 대답할 수 있는 폐쇄형이 아닌 다른 사람의 관점, 의견, 감정, 관심사까지 이끌어낼 수 있는 개방형으로 해야 한다. 개방형 질문은 소위 육하원칙의 '누가, 언제, 어디서, 무엇을, 왜, 어떻게'가 들어가는 질문 형태를 말한다. 다른 사람에게 답변의 여지를 열어주며 최대한 많은 정보를 얻을 수 있는 방식이기도 하다. 결과적으로 폐쇄적 질문은 신뢰, 친화, 촉진적 관계를 닫는 경향이 있지만 개방적 질문은 이러한 관계를 열어 놓는 경향이 있다.

의견을 구하는 질문은 비록 원하는 답을 얻지 못했다 하더라도 의견을 구했다는 사실 그 자체에 가치가 있다. 그것은 '나는 너의 의견을 존중한다', '나는 너의 의견을 듣고 싶다', '너의 의견이나 생각에 관심이 있다'는 관심과 존중의 표현이기 때문이다. 결국 의견을 구하는 표현은 타인에 대한 최고의 인정이다. 의견을 구하면 자신이 신뢰받고 존중받는 느낌이 들어 자긍심이 높아진다. 관심과 존중을 받고 있다고 느끼면 기꺼이 마음의 문을 연다. 이제부터 진지하게 다른 사람과 눈맞춤을 하면서 "어떻게 생각해?", "어떻게 하면 좋을 것 같아?", "어떤 방식이 가능할까?", "이 문제를 해결하려면 무엇을 해야 할까?"라고 물어보도록 하자. 우리를 믿고 많을 이야기를 풀어낼 것이다.

또한 열린 질문을 하면 질문에 답하면서 스스로 설득이 되는 이점도 있다. 우리는 다른 사람의 말보다 자신의 말을 믿는 경향이 있다. 열린 질문을 받고 자신의 다양한 생각과 의견을 말하는 과정에서 스스로 깨닫게 된다. 상담사, 카운슬러, 코칭 컨설턴트들이 이 방법을 주로 사용하고 있다. 이들은 열린 질문을 효과적으로 하면 사람들이 무엇인가를 말하는 과정에서 그 문제의 해답을 스스로 찾아간다는 것을 알고 있다.

질문을 할 때는 다른 사람에게서 '예스'를 이끌어낼 수 있는 긍정 질문 방식으로 하는 것이 좋다. 긍정 질문은 긍정적 의미를 담고 있으며 밝고 명쾌한 단어로 이루어진 질문이다. 반면에 부정 질문은 습관적인 '아니다'의 의미를 가진 부정 단어로 이루어진 질문이다. 예를 들어 "어째서 이런 문제가 생긴 것이죠?", "왜 아직도 이것을 해놓지 않았죠?" 등이다. 부정 질문을 하면 부정적으로 질문한 내용에만 집중하기 때문에 피하는 것이 좋다. 긍정적인 열린 질문이 긍정적인 대답을 이끌어내는 방법이다.

특히 갈등 상황에서도 추궁하는 것 같은 폐쇄형보다는 개방형의 열린 질문을 하는 것이 좋다. 머리가 아니라 마음으로 답할 수 있는 열린 질문을 하는 것이 갈등을 효과적으로 관리하는 방법이라고 한다. 분석을 요구하는 '왜' 혹은 '어째서' 같은 질문이 아니라 자신의 감정이나 의견 등을 편안하게 이야기할 수 있는 개방형의 질문이 필요하다. 예를 들면 "왜 기분이 상했어?", "어째서 화를 내?"가 아닌 "지금 기분이 어때?"라고 질문하는 것이다. 개방형 질문이 다른 사람의 감정을 상하지 않게 하면서 의견을 최대한 표현하게 하는 묘안이다.

2 친밀감 법칙

신뢰성을 보여주는 두 번째 언어적 스킬은 친밀감을 형성하는 것이다. 친밀감은 사전적으로 지내는 사이가 아주 친하고 가깝게 여겨지는 느낌이다. 친밀감은 혼자서 형성할 수 없으며 함께 만들어 가는 것이다. 따라서 친밀감은 정직한 관계를 의미하며 유대감, 연대감과 관련이 깊다. 대개 많은 시간을 함께 보내면 친밀감이 더욱 깊어진다. 우리는 누구나 다른 사람에게 친밀감을 느낄 때 편안해지고 마음을

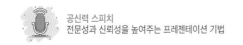
열게 된다. 마음을 열고 친해질수록 서로 믿고 의지하게 된다.

스피치를 포함한 커뮤니케이션을 할 때 가능한 한 신속하게 다른 사람과 친밀감을 형성하면 우리를 신뢰하게 된다. 신뢰성만 확보하면 우리가 하는 이야기를 잘 들어주고 설득하기도 쉬워진다. 지금부터 어떻게 하면 다른 사람과 빠른 시간 내에 친해질 수 있는지 그 방법을 구체적으로 살펴볼 것이다.

자신을 보여주라

친밀(intimacy)이란 단어의 어원은 라틴어 'intimus'로서 가장 안쪽에 있는 것을 뜻한다. 즉 친밀감은 사람의 정신적 공간 중에 가장 깊숙한 곳에 위치해 있는 것이다. 그래서 서로의 내면까지 솔직하게 표현하면 친밀감이 깊어진다. 친밀감을 형성하는 첫 번째 방법이 '자아노출'인 이유이다. 자신이 누구인지, 어떻게 살고 있는지 등 자기 자신에 대해 알리고 표현해야만 심적으로 가깝고 친하다고 느끼는 것이다.

자아노출이란 솔직하게 자신의 느낌, 의견, 욕구, 가치관, 경험했던 것 등을 다른 사람에게 말하는 것이다. 바로 자신의 삶을 표현하는 것이 곧 자아노출이다. 콜린스와 밀러(Collins & Miller)는 자아노출이 중요한 이유는 다른 사람이 우리를 보는 시각을 바꾸고, 우리가 다른 사람을  대하는 태도를 바꿔 놓기 때문이라고 하였다. 자아노출을 통해서 우리는 서로 관계를 형성하고 더 깊이 이해하고 호의적인 감정을 형성해 가는 것이다.

솔직한 자아노출은 다른 사람과 커뮤니케이션을 원활하게 하고 친밀감을 형성하는 데 결정적인 요소이다. 우리가 친하지 않은 사람보다 친한 사람과 커뮤니케이션이 잘되는 이유는 친한 사람의 삶을 많이 알고 있기 때문이다. 실제로 몇몇 연구에서 자신에 대한 정보를 다른 사람에게 많이 이야기할수록 친밀감이 높아졌다. 또한 부정적으로 자기를 노출하는 사람보다는 긍정적으로 자기를 노출하는 사람의 호감도와 신뢰도를 높게 평가하였다.

하버드대 문영미 교수는 컴퓨터가 아주 사소한 일을 고백할 때도 사람들이 컴퓨터에 설득을 당해서 개인사를 털어놓는지 실험하였다. 그 결과 자기 이야기를 하는 컴퓨터에서 실험 참가자들은 자신에 대한 이야기를 많이 털어놓았고 답변도 길게 했다. 또한 컴퓨터에 대해서 더 많은 호감을 보였다.

또한 관계발전이론에 따르면 우리는 친밀감이 깊어질수록 다른 사람에게 자신에 대해 더 많은 정보를 말해야 하고 더 사적인 내용을 이야기해야 한다. 그렇지 않으면 다른 사람은 우리가 자신을 친한 사람으로 생각하지 않고 신뢰하지도 않는다고 판단할 것이다. 우리는 점점 친한 사이가 될수록 서로 더 많은 진솔한 이야기를 나누고 싶어하기 때문이다.

그렇다면 다른 사람과 친밀감과 신뢰를 쌓아가기 위해 자아노출을 어떻게 해야 효과적인가. 조셉 러프(Josepb Luft)와 헤리 잉거햄(Harry Ingham)의 '조하리의 창(Johari Window)'이 바로 그 해답이다. 이들에 따르면 우리의 자아는 자신이 알고 있는 자아와 자신이 모르는 자아가 있다. 또 다른 사람이 알고 있는 자아와 다른 사람이 모르는 자아가 있다. 이것을 교차시키면 네 가지 자아 영역을 만들 수 있다. 열린 자아, 눈먼 자아, 숨겨진 자아, 미지의 자아이다.

열린 자아란 자신도 알고 있고 다른 사람도 알고 있는 정보이다. 자신에 대해 이미 공개된 정보들이 여기에 해당한다. 성별, 나이, 키, 외양, 출신 학교, 가족 사항 등은 처음 만난 사람에게서도 알 수 있는 열린 자아다. 만약 다른 사람에게 자신의 비밀스런 부분까지 이야기했다면 그것은 열린 자아가 된다. 열린 자아가 많을수록 서로 잘 이해할 수 있어 커뮤니케이션이 잘되고 친밀감도 깊어진다. 친밀감이 깊어지면 신뢰감도 커진다.

눈먼 자아는 자신은 모르고 있는데 다른 사람은 알고 있는 정보이다. 다른 사람은 알지만 자신이 모르는 언어적 습관이나 행동을 말한다. 예컨대 자신은 배려심이 많다고 생각하는데 다른 사람은 그렇게 평가하지 않는다든가, 자신은 말을 조리 있게 잘한다고 생각하는데 다른 사람은 그렇게 평가하지 않는다든가 하는 것을 말한다. 눈먼 자아가 많으면 커뮤니케이션이 잘 안 되고 갈등이 생길 수 있다. 따라서 커뮤니케이션을 잘하기 위해서는 눈먼 자아를 줄여야 한다. 항상 다른 사람이 자신을 어떻게 평가하고 있는가를 모니터링 하면 된다.

숨겨진 자아는 자신은 알고 있는데 다른 사람은 모르고 있는 나만의 비밀 또는 비공개 정보이다. 이것은 아주 단순한 정보부터 다른 사람이 알 경우 자신의 치부가 드러날 행동, 사회적인 책임을 져야 하는 사항까지 다양하다. 숨겨진 자아가 많으면 다른 사람과 친해지기 어렵고 신뢰성도 형성하지 못한다. 따라서 숨겨진 자아는 점차 줄여나가야 한다. 관계가 친밀해질수록 자신에 대한 이야기를 더 솔직하고 더 많이 하면 숨겨진 자아가 줄어든다.

미지의 자아는 다른 사람도 모르고 자신도 알지 못하는 영역이다. 미지의 자아는 주로 내적 동기, 잠재적 욕구, 불안, 잠재능력 등을 포함한다. 이 자아는 우리가 다른 자아를 확대시킴으로써 크기가 줄어들 수는 있지만 완전히 제거할 수 없는 자아이다.

그렇다면 우리는 어떻게 해야 다른 사람과 친해지고 신뢰도 얻을 수 있는가. 방법은 간단하다. 열린 자아를 넓히는 것이다. 대신에 눈먼 자아, 숨겨진 자아, 미지의 자아는 최대한 줄여야 한다. 열린 자아를 넓히기 위해 자신의 소소한 이야기들을 시의적절하게 이야기하자. 다른 사람의 삶에 대해서도 관심을 갖고 들어주자. 거기

👆 조하리의 창(Johari Window)

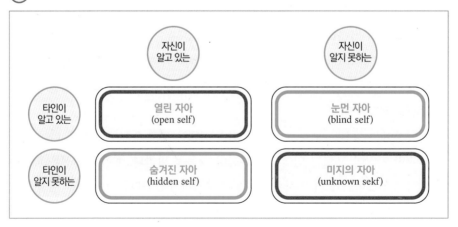

에 다른 사람이 자신을 어떻게 생각하는지 눈치를 살펴 적극적으로 수용하자. 그러면 자연히 친해진다. 아는 만큼 이해하고, 이해한 만큼 친해지고, 친한 만큼 좋아하고 믿게 된다.

💬 인사는 친밀감을 부르는 첫 신호다

'능력 있는 사람보다 인사 잘하는 사람이 성공한다'라는 말이 있듯이 인사는 친절하고 따뜻한 말의 대명사이다. 인사는 눈의 접촉이다. 누군가에게 인사를 받았는데 기분이 별로 좋지 않았던 경험이 한번쯤은 있을 것이다. 눈을 맞추지 않고 건성으로 인사를 했기 때문이다. 인사는 단순히 말로 건네는 예의가 아니다. 눈의 접촉이고 미소의 접촉이고 관계의 접촉이다. 이렇듯 인사는 친밀감을 부르는 첫 신호이다.

인사하기의 강력한 힘은 우리 사회 곳곳에서 확인되고 있다. 몇 년 전부터 학교, 조직, 지역사회에서 인사의 힘을 활용하여 공동체 회복과 서로 간의 갈등과 분쟁을 해결하고 있다. 너무도 평범하지만 당연한 '인사하기 운동'이 사람들 간의 마음의 벽을 허물게 하고 존중감을 심어주고 있는 것이다.

울산의 한 아파트는 주민들의 층간 소음 분쟁이 심해지자 '인사하기 운동' 실시했다. 인사를 통해 주민끼리 얼굴을 익히며 마음의 벽을 허물다 보니 실제로 층간 소음 분쟁이 줄었다고 한다. 광주 북구도 층간 소음 문제 같은 이웃 간의 갈등이 심화되자 '먼저 인사하기 생활화' 캠페인을 벌여 화기애애한 분위기를 만들었다고 한다.

조직에서도 인사 실천 운동을 펼쳐 효과를 얻었다고 한다. 인사가 기본적인 예의지만 사무실이나 복도에서 직원끼리 마주쳐도 어색하다는 이유로 그냥 지나치는 경우가 많아 이 운동을 실시했다고 한다. 서울 송파구는 직원들 간의 정서적 소통을 높이고 관심과 배려를 표현하는 실천 운동으로 '3m 눈으로, 1m 입으로 나 먼저 인사하기'를 적극적으로 펼쳤다. 동료가 3m 안에 들어오면 눈을 맞추며 웃어주고, 약 1m 안에 들어오면 "안녕하세요?"라는 말과 함께 반갑게 인사를 건네는 운동이라고 한다.

학교 현장에서도 인사하기 운동을 펼쳐 왕따 문제나 학교 폭력 문제를 해결하는데 도움을 받았다고 한다. 논산의 건양 중학교는 '등교 시간에 웃으며 인사하기' 활동을 벌여 학생들의 표정이 밝아지고 서로에 대해 존중하는 마음이 향상되었다고 한다. 대구의 태전 초등학교는 전교생과 교직원이 '나부터 웃으며 인사해요' 볼로타이(목걸이)를 착용해 하나의 학교 문화로 확산시켰다. 대구 월서 중학교도 '나부터 인사하기 운동'을 매일 실천해 학생 간, 사제 간에 더 가까워졌다고 한다. 이렇듯 인사는 단순한 말 한마디이지만 친밀감을 불러오는 첫 신호이자 강력한 존중의 표현이다.

그렇다면 인사는 어떻게 해야 더 효과적일까? 먼저 인사는 누구하고든 해야 한다. 흔히 인사는 아는 사람에게만 하는 것이라고 생각한다. 그러나 아는 사람과 인사를 나누는 것은 너무나 당연하다. 모르는 사람에게도 인사를 하는 것이 중요하다. 모르는 사람과 인사를 나누는 것은 어색한 일이나 친해질 수 있는 첫 번째 커뮤니케이션 노력이다. 특히 자신이 속한 집단이나 조직에서는 누구하고든 인사를 나누어야 한다. 처음 만나는 사람일지라도 인사를 하면 반갑고 기분이 좋아진다. 몇 번 그렇게 인사를 하다 보면 친해지는 느낌이 든다.

예를 들어 보자. A씨는 열심히 공부해서 좋은 직장에 취직을 했다. 신규 직원인 A씨는 자신의 부서에 근무하는 사람을 만날 때 인사를 했다. 또 A씨는 자신의 회사 건물에서 마주치는 모든 사람들에게도 반갑게 인사를 했다. 다른 부서 팀장으로 있는 B씨에게도 만날 때마다 인사를 했다. B팀장은 처음에는 잘 모르는 사람이 인사를 하니 어색해 했을 것이다. 그러나 A씨가 몇번 반복해서 B팀장에게 인사를 하면 곧 이름과 소속 부서 등을 알게 되는 관계로 발전할 가능성이 크다. 1년 후 A씨가 B팀장이 있는 부서로 발령이 났다고 생각해 보자. B팀장은 자신의 부서로 온 A씨를 어떻게 생각하겠는가. 인사성이 밝은 A씨에게 친밀감도 느끼고 어느 정도 신뢰성도 형성되었기 때문에 A씨가 하는 모든 일을 긍정적으로 평가할 것이다. 모르는 사람과 나눈 인사가 가져온 놀라운 효과이다. "안녕하세요" 한마디면 충분하다.

둘째, 인사의 으뜸은 아침 인사다. 하루에도 수없이 인사를 나누지만 아침 인사는 특히 중요하다. 아침 인사는 하루를 밝고 기분 좋게 시작할 수 있는 토대가 된다. 인사란 누군가가 자신을 먼저 아는 척을 해주고 관심을 보여준 행동이다. 그래서 아침 인사는 존중받는 느낌으로 하루를 출발하게 해준다. 특히 리더의 아침 인사는 구성원들과 연결되는 첫 멘트이기 때문에 적극적으로 하는 것이 좋다. 아침 인사는 친밀감과 호감도를 높이는 데도 기여하지만 요사이 코칭에서 중요한 요소로 생각하는 조직원들을 인정해 주는 것(acknowledgement)의 출발이 된다. 리더가 아침 인사를 하게 되면 조직원들은 오늘도 자신과 함께 일하는 존재라는 것을 리더가 인정해준 기분이 든다고 한다. 이제부터 학교에 등교하거나 회사에 출근하면 주변 사람들에게 "안녕하세요. 좋은 아침입니다", "반갑습니다", "일찍 나왔네요", "주말에 뭐하셨나요?" 등 적극적으로 아침 인사를 나눠보자. 그리고 습관화시켜 보자. 친한 사람이 늘어나 관계의 달인이 될 것이다.

셋째, 인사는 자신이 먼저 해야 한다. 흔히 인사는 후배가 선배에게, 학생이 교수에게, 부하 직원이 상사에게, 젊은 사람이 나이 많은 사람에게, 자식이 부모에게 하는 것으로 생각한다. 우리의 예법이기도 하다. 그러나 인사는 선배가 후배에게, 교수가 학생에게, 상사가 부하 직원에게, 부모가 자녀에게 먼저 하는 것이 더 좋다. 우리는 체면 욕구를 가지고 태어난다. 체면은 다른 사람에게 잘 보이고 싶고 인정받고 싶은 마음이다. 교수가 학생에게 먼저 인사를 한다면 학생들은 교수가 자신을 인정해줬다고 생각해 기분이 좋아질 것이다. 체면 욕구가 채워지는 것이다. 물론 학생들은 먼저 인사한 교수에 대해 친절하고 따뜻한 분이라고 느낄 것이다. 상사가 먼저 인사한다면 조직 구성원들은 항상 존중받고 인정받는 기분이 든다. 부하 직원을 먼저 챙겨주고 배려해 주는 리더로 인정받는 가장 손쉽고 빠른 방법이다.

💬 이름 부르기는 마음의 벽을 허무는 주문이다

우리는 자신을 존중해 주고 인정해 주는 사람을 좋아한다. 심리학자 타고 아키라(Tago Akira)는 다른 사람을 인정해주는 첫걸음이 바로 이름을 기억하고 불러주는 것이라고 하였다. 이름 부르기는 사람들과 즉각적으로 결속력을 형성하는 방법이기도 하다. 자신의 이름이 반복해서 불리면 마음의 벽이 허물어져 버리고 그 사람과 한층 친밀한 관계가 된 것처럼 느끼기도 한다. 이름은 사람의 자존심을 고양시키는 효과가 있는 것이다. 이름은 자신의 정체성을 확인해 주는 상징이기 때문이다. 일본 기업 소니 창시자인 이부카 마사루(井深大)는 이름 부르기 기법을 적극 활용해서 기업을 경영했다고 한다.

누군가 친절한 말을 사용하면 호감을 느끼고 도움을 주고 싶고 마음을 활짝 열고 있다고 생각한다. 가장 친절하게 들리는 말은 바로 자신의 이름이다. 이름을 불러주는 것만으로 친절한 사람이 되는 것이다. 사회심리학자들도 아름다운, 고마운, 멋진, 사랑과 같은 단어들이 긍정적인 느낌을 주듯이 이름을 불러주면 그런 느낌을 받는다고 하였다. 실제 한 연구에서도 문장을 시작하고 끝낼 때 상대방의 이름을 불러주면 그 사람을 설득할 가능성이 증가하였다. 그러나 너무 자주 이름을 부르면, 즉 2-3분에 한번 이상 부르면 너무 잘 보이려고 애쓴다는 인상을 주어 부정적으로 비춰진다고 한다. 우리나라에서도 학교 폭력을 예방하기 위해 '이름을 불러주며 인사하기' 캠페인을 실시했는데 그 효과가 매우 컸다고 한다.

데일 카네기(Dale Carnegie)는 그의 저서 《카네기 인간관계론》에서 이름의 마술적인 힘에 대해서 강조하였다. 그는 이름은 개개인을 차별화시켜 주며 수많은 사람 중에서 독특한 존재로 만들어준다고 하였다. 그러면서 한 일화를 소개하였다. 제너럴 모터스사의 한 직원이 주로 구내식당에서 점심을 먹었다고 한다. 하루는 식당에 가서 주문을 하자 계산대에 근무하는 여자 직원이 햄을 저울에 달아서 상추 한 잎과 포테이토 칩을 몇 개 담아주었다. 다음날 그 남자 직원은 식당에 가서 그녀의 이름표를 주의깊게 보고 웃으며 '안녕, 유니스?' 하면서 주문을 했더니 그 여자가 햄을 저울에 달지도 않고 건네주면서 상추 세 잎, 포테이토 칩도 가득 넘칠 정도로 접시에 담아주었다고 한다. 바로 이름 불러주기가 가져다 준 힘이다. 카네기(Carnegie)는 다른 사람에게 호감을 얻는 여섯 가지 방법 중 세 번째 원칙으로 이렇게 적고 있다. "이름을 잘 기억하라. 사람들에게는 자신의 이름이 그 어떤 것보다도 기분 좋고 중요한 말임을 명심하라."

또한 우리가 특정 단어를 자주 쓰면 그 단어에 친숙함과 좋은 감정을 느낀다고 한다. 바로 단순하게 접촉만 많이 해도 친해진다는 단순 노출 효과의 영향 때문이다. 앤더슨(Anderson)은 의미와 관계없이 자주 쓰인 단어일수록 더 좋게 생각하고 자주 쓰이지 않은 단어들은 덜 좋게 생각한다는 것을 발견하였다.

'나'라는 단어보다는 '우리'라는 단어를 많이 사용해도 연대감과 친밀감을 느낀다고 한다. 미국의 링컨(Lincoln) 대통령은 남북전쟁 중 케네스버그 연설에서 2천 단어 정도의 짧은 연설 중에 200-300회나 '우리들(we)'이라는 주어를 사용했다고 한다. 군인들에게 연대 의식을 고무하고 전의를 고양시키기 위해 고른 단어라고 한다. 버락 오바마(Barack Obama) 대통령도 취임 연설에서 '하나의 국가, 하나의 국민(one nation, one people)'을 주제로 국민 통합 메시지를 전할 때 2000개의 단어 중 '우리'라는 단어를 60번도 넘게 사용하며 공동체성을 강조했다고 한다. 또한 오바마(Obama)의 대통령 선거 연설문을 살펴보면 말머리에 '우리'라는 말을 썼다. 프리랜스 리자 리빙스톤이 조사한 데이터에 따르면 맥케인(McCain)의 연설문 총 2,685 단어 중 우리라는 단어를 48번 사용하고 있지만 오바마는 2,632 단어 중 76번이나 등장해 거의 두 배 가량 차이를 보였다. 이처럼 유권자의 눈높이에 맞춘 커뮤니케이션 전략을 활용해 더 서민적이고 솔직하다라는 평가를 받았다고 한다.

스티브 카터(Steve Cotter)도 《사랑을 움직이는 9가지 사소한 습관》이라는 책에서 사랑의 관계를 위해 '우리'를 매일의 단어로 만들 것을 제안하고 있다. 우리라는 단어는 사람과 사람을 연결해 주는 다리이다. 한번에 하나씩의 우리가 쌓여서 파트너십과 유대감이 생겨난다. 매일매일의 커뮤니케이션에 '우리'라는 단어를 주입시켜야 하는 이유이다. 부부 갈등을 연구한 심리학자 가트맨(Gottman)도 강한 유대감을 지닌 부부 관계를 만들기 위해서는 '나'로부터 '우리'로 관점을 변화시키고 언행을 바꿔야 한다고 강조하였다. 이름 부르기와 우리라는 단어 사용을 사소한 스킬로 과소평가하지 말자. 사소한 한마디의 말이 쌓여 친밀감과 유대감을 불러온다. 우리는 따뜻한 말 한마디에 기뻐하고 감동하지 아니하는가.

💬 잡담을 생활화하라

쓸데없이 지껄이는 말, 시간 낭비, 업무 효율성 저하, 잡담에 대한 우리의 단상이다. 이런 인식 때문에 잡담을 하찮게 여기고, 잡담을 즐기는 사람을 능력이 없거나할 일 없는 사람으로 취급하기도 한다. 그러나 잡담은 관계의 시작이자 친밀감과 호감도를 높이는 비타민 역할을 한다. 사이토 다카시(Saito akashi) 교수가 쓴 《잡담이 능력이다〉라는 책이 일본에서 50만부 이상 팔렸다고 한다. 그는 잡담은 30초만에 어색함을 사라지게 하고 다른 사람과의 거리를 단번에 좁히는 능력이라고 하였다. 잡담력을 익히면 인간관계도, 일도 술술 풀리고 다른 사람에게 호감과 신뢰를 얻음으로써 자신감은 물론이고 자신에 대한 평가도 향상되어 비즈니스를 할 때 긍정적인 영향을 미친다고 말한다. 그래서 잡담력은 사회성을 높이기 위한 스킬이라는 것이다.

실제로 단조롭고 지루한 일도 동료들과 가벼운 대화를 하면 즐겁게 일할 수 있다는 연구 결과가 나왔다. 사회학자 로이(Roy) 교수는 실험 참가자들에게 2개월 동안 컨베이어 시스템 작업을 해달라는 부탁을 했다. 그런데 그토록 따분하고 단순한 작업을 하면서도 무척 즐겁게 일하는 사람이 있다는 사실을 알게 되었다. 그 이유를 조사한 결과 그들은 동료들과 잡담을 즐긴다는 사실이 밝혀졌다. 반면 혼자서 묵묵히 작업을 하는 사람은 일에 대한 만족도가 매우 낮았다.

우리는 정보를 전달하기 위해, 설득을 하기 위해, 교육과 학습을 하기 위해, 오락과 사교를 하기 위해 커뮤니케이션을 한다. 커뮤니케이션의 네 가지 목적이다. 대체로 진지하고 논리적인 사람들은 잡담을 아무런 의미가 없고 필요 없는 이야기를 시간 때우기 위해 떠드는 행동이라 생각한다. 그러나 정보, 설득, 교육과 학습 목적의 커뮤니케이션을 할 때 고차원의 인지와 기억을 책임지며 사고하는 뇌, 즉 지적인 뇌라고도 불리는 전두엽이 많이 작동한다. 정보와 설득, 교육과 학습의 커뮤니케이션은 주로 이성적, 논리적인 내용이 많기 때문이다. 사람은 하루 종일 지적인 뇌, 이성적인 뇌만 작동시키면서 살 수 없다. 피곤하고 지치고 스트레스 상태의 연속이다. 쉬는 시간 없이 2~3시간 계속 강의를 듣고 있는 광경을 상상해 보라. 2~3시간 긴장된 상태로 계속 회의하는 모습을 상상해 보라. 아마 숨이 막히고 뒷목이 뻣뻣해지고 머릿속이 멍해질 것이다.

이처럼 우리는 지속적으로 이성적, 논리적인 정보만을 받아들일 수 없다. 우리의 뇌와 마음이 휴식을 취할 수 있는 정보가 순간순간 필요하다. 오락과 사교를 목적으로 하는 잡담이 그 역할을 수행한다. 잡담은 우리의 뇌와 마음을 편안하게 해주고 즐겁게 해주는 것이다. 잡담은 우리에게 휴식을 제공하고 스트레스를 해소하게 해주는 강력한 커뮤니케이션 수단인 것이다.

그렇다면 잡담은 어떻게 해야 잘하는가. 첫째, 잡담은 말걸기에서 시작한다. 언제 어떤 상황에서 누구를 만나든 먼저 적극적, 긍정적으로 말걸기를 시도해야 한다.

인사를 나눈다거나 이름, 고향, 직업, 근황 등을 질문한다거나 옷맵시, 첫눈에 느껴오는 밝은 이미지, 변화된 모습이나 환경 등을 칭찬하는 사교적 언사가 말걸기의 대표적 사례이다. 말걸기는 그 자체로 상대방에 대한 관심을 표현하는 것이기 때문에 대인관계에 도움이 된다. 호감의 상호성

법칙에 따라 사람들은 자신에게 관심을 보이는 사람에게 쉽게 친근감을 느끼고 자기 자신에 대해 훨씬 더 많이 털어놓는다고 한다.

둘째, 잡담은 자신이 떠는 것이 아니라 다른 사람의 잡담을 들어주는 대화이다. 사람은 누구나 수다쟁이다. 그래서 잡담을 듣고 있기보다는 자신이 말하기를 원한다. 연구에 따르면 사람들은 다른 어떤 커뮤니케이션 상황보다도 자신이 말을 많이 하는 상황을 가장 유쾌하고 즐겁게 생각한다. 잡담을 함으로써 자신의 정신적 욕구불만이 해소되어 기분이 상쾌해지는 원리이다. 잡담의 목적은 가치 있는 정보를 얻어가는 데 있지 않다. 그 순간 다른 사람이 유쾌하고 즐겁다고 느끼면 된다. 설득의 연상 법칙에 따르면 다른 사람이 그 상황을 유쾌하게 즐겼다면 그 느낌은 바로 자신의 이미지로 전이된다. 다른 사람이 실컷 잡담을 할 수 있도록 충분히 들어주는 것만으로도 우리의 이미지는 좋아지는 것이다. 간혹 말주변이 없거나 내성적인 사람들은 자신이 주도적으로 잡담하는 것을 꺼려할 수 있다. 이 경우엔 그 사람이 어색하지 않도록 우리가 잡담을 적극적으로 하면 된다.

셋째, 다른 사람이 잡담을 많이 하도록 만들기 위해서는 질문을 해야 한다. 질문은 가벼운 질문에서부터 시작하는 것이 원칙이나 반드시 질문에 포함되어야 할 내용은 '상대방의 관심사'이다. 사람들은 자신의 관심사를 이야기할 때 가장 신이 나고 행복해진다고 한다. 또 누군가 내 관심사를 알아주고 화제의 중심으로 삼아줄

때 얼마나 기분이 좋고 존중받는 느낌이 들겠는가. 예, 아니오로 대답하는 폐쇄형 질문이 아닌 개방형 질문을 5개 이상 준비해 다닌다면 잡담의 달인이 될 수 있을 것이다.

넷째, 다른 사람의 잡담을 들을 때에는 맞장구를 반드시 쳐줘야 한다. 연구 결과에 따르면 맞장구를 쳐주었을 때와 그렇지 않았을 때 말하는 양이 5배의 차이가 있다고 한다. 맞장구를 쳐주면 자신의 이야기를 잘 들어주는 것 같아 신이 나서 더 많은 이야기를 하게 된다는 것이다. "맞아요. 맞아", "아, 그렇군요", "역시", "대단해요", "어떻게 되었는데", "그 말은?" 등의 긍정적 언어를 써서 잡담의 분위기에 활기를 불어넣어야 한다.

다섯째, 잡담에도 스타일이 있다. 커뮤니케이션 적응 이론에 따르면 사람들은 대체로 자신이 갖고 있는 스타일대로 이야기하는 사람에게 설득당한다. 대체로 업무 중심적이고 감정 표출이 적은 사람은 잡담을 즐기는 편이 아니다. 이런 스타일의 사람과는 잡담을 짧게 하고 시사적이고 다소 무거운 주제를 선택해야 한다. 관계 중심적이고 감정 표출이 많은 스타일의 사람과는 실컷 잡담을 해도 괜찮다. 잡담의 내용도 사적인 이야기, 재미있고 가벼운 주제를 선택하는 것이 좋다.

이렇게 잡담에도 몇 가지 원칙과 기법이 있다. 그러나 잡담을 유쾌하게 하기 위해 무엇보다 중요한 것은 함께 즐기면서 진심으로 잡담을 해야 한다는 것이다. 마지막에는 잡담을 하고 난 후의 긍정적인 느낌을 표현하면서 감사의 마음을 전해보자.

❸ 유사성 법칙

신뢰성을 보여주는 세 번째 언어적 스킬은 유사함을 찾으려고 노력하는 것이다. 유유상종(類類相從), 동기상구(同氣相求), 가재는 게 편이다는 모두 유사성과 관련된 말이다. 유사성이란 자신과 얼마나 비슷한가를 말한다. 그 영역은 성별, 나이, 연령, 교육 수준, 종교, 취미, 고향, 거주지, 이름, 성격, 신념, 태도, 가치관 등 다양하다. 우리는 다른 사람과 유사한 점이 많으면 많을수록 친밀감을 느끼고, 친밀감을 느끼면 느낄수록 좋아하게 되고, 좋아하면 좋아할수록 신뢰성이 증가한다. '비슷하면 좋아진다'는 유사성의 원칙 때문이다.

미국의 32대 대통령 플랭클린 루즈벨트(Franklin Roosbelt)와 이야기를 나눈 사람들은 누구나 자신이 존중받았다는 느낌과 그의 박학다식함에 놀랐다고 한다. 그는 누군가와 만나기로 하면 그 사람의 직업이나 취향을 미리 파악하고 그 사람이 관심을 가질 만한 주제에 대해 책이나 자료를 조사했다고 한다. 상대방과의 유사성을 찾아 커뮤니케이션을 했기 때문에 그와 만난 사람들은 친밀감, 존중감, 배려심을 느낄 수 있었던 것이다.

첫사랑과 닮거나 비슷한 타입의 이성을 만나면 가슴이 뛴다. 심리학자 짐 파우스(Jim Faus)는 옥시토신이 상대방이 가진 특정한 면에 특히 매력을 느껴 끌리도록 만든다고 설명한다. 즉 같은 타입의 이성을 계속해서 만나고 싶어하는 이유가 바로 자신이 좋아했던 사람과 비슷한 사람을 만나면 옥시토신이 활성화되기 때문이라는 것이다. 이렇듯 우리는 비슷한 사람을 만나면 끌리게 된다.

그렇다면 우리는 왜 비슷한 사람을 만나면 좋아하는 것일까. 심리학자들에 따르면 첫째, 다른 사람이 우리와 비슷하게 행동하면 우리 자신의 견해나 관점이 옳다는 사실을 확신할 수 있기 때문이다. 둘째, 우리가 옳다는 것을 확인하는 것은 다른 사람에 의해 그 견해와 관점을 인정받는 것이고 기분 좋은 일이기 때문에 직접적인 보상이 된다. 우리는 자신을 인정해 주고 기분 좋게 해주는 사람을 좋아한다. 셋째, 다른 사람과 비슷한 견해, 태도, 취향을 가지고 있어 서로를 쉽게 이해할 수 있으며 자신이 다른 사람을 어떻게 대해야 하는지를 더 쉽게 예측할 수 있기 때문이다. 넷째, 자신과 다른 사람을 모두 만족시킬 수 있는 활동에 참여함으로써 서로 자주 만나 이해의 폭을 넓힐 수 있기 때문이다. 다섯째, 자신과 비슷한 사람을 싫어하는 것은 곧 자기 자신을 싫어하는 것이 되기 때문에 우리는 자신과 비슷한 사람을 좋아하는 것이다.

클로차 레프(Keullocha Lepeu) 박사 연구팀은 자신의 의견이 다른 사람의 의견과 일치했을 때 안심하고 자신의 결정을 즐긴다는 것을 발견했다. 이들은 낯선 사람의 얼굴 사진과 사진 밑에 1점부터 8점까지 매력도를 평가할 수 있도록 눈금을 제시하고 매력 점수를 매기도록 하였다. 제시된 사진 밑의 눈금에는 다른 사람들이 미리 평가한 매력도가 표시되어 있었다. 연구 결과 실험 참가자의 평가 점수가 다른 사람들의 평가 점수와 일치하는 경우에는 뇌의 쾌감 보상 회로 핵심인 측핵이 활성화되었다. 자신의 의견이 보편타당하다고 느낄 때 우리는 쾌감과 보상을 느끼기 때문에 비슷한 사람을 좋아한다는 것이다.

또한 우리는 자신과 유사한 사람에게 정보를 전달받을 때 더욱 신뢰하며 설득력 있게 받아들인다. 브록(Broack)은 한 페인트 소매점에서 유사성이 설득에 미치는 영향을 조사한 결과 고객과 실험 대상자가 유사한 경우 64%가 실험 대상자의 제안을 따라 추천 브랜드의 페인트를 구매한 반면 유사하지 않은 경우에는 39%만이 실험 대상자의 제안을 받아들었다. 실험 대상자가 고객에게 원래 구매하려던 것보다 더 비싼 브랜드를 구입하도록 권유했을 때에도 고객들은 유사한 경우에는 유사하지 않은 경우보다 더 많이 실험 대상자의 제안을 따랐다.

맥크로스키, 리치먼드, 달리(McCroskey, Richmond, Daly)는 유사성을 사회적 배경, 외모, 태도, 가치관으로 나누었다. 이 유사성 중에서 태도와 가치관이 중요하다. 태도와 가치관이 유사하면 신뢰성은 지속될 가능성이 있다. 지금부터 사회적 배경, 외모, 태도, 가치관의 유사성을 높여 신뢰성을 쌓을 수 있는 언어적 기법에 대해 살펴볼 것이다.

사회적 배경, 성격, 언어 스타일이 비슷해도 설득된다

사회적 배경은 유사성의 첫 번째 요인이다. 사람들은 성별, 연령, 인종, 출신 지역, 출신 학교가 비슷하면 신뢰감을 느낀다. 심지어 취미, 성격이 비슷해도 긍정적인 감정을 느껴 부탁을 들어줄 가능성이 증가한다. 한 연구를 보면 땅에 디스켓을 떨어뜨리고 줍는 과정에서 떨어뜨린 사람이 백인일 경우에는 백인에게서, 흑인일 경우에는 흑인에게서 더 많은 도움을 받았다.

이름이 유사한 경우에도 사람들은 더 설득당하거나 자발적으로 도움을 주는 경향이 강했다. 통신 판매원이 전화를 걸어 배달하는 사람이 집을 직접 방문해도 좋을지 물어보는 실험에서 통신 판매원이 자신의 이름을 상대방과 동일한 이름으로 소개한 경우 승낙을 얻어낼 확률이 네 배 가까이 높아지는 것으로 밝혀졌다. 또한 랜디 가너(Randy Garner) 연구팀은 전혀 모르는 사람들에게 우편으로 설문지를 보내고 설문지를 다 작성한 다음 우편으로 다시 보내달라는 요청을 덧붙였다. 한 그룹에는 설문지를 받는 사람의 이름과 비슷한 사람을 발신자로 했고, 다른 그룹에는 이름이 비슷하지 않은 사람을 발신자로 했다. 이름이 비슷한 사람으로부터 설문지를 받은 그룹의 참가자들은 이름이 비슷하지 않은 그룹의 참가자들보다 설문지를 작성해서 보낸 비율이 거의 두 배 더 높았다. 로버트 치알디니(Robert Cialdini)의 연구에서

도 사람들이 지갑을 주웠을 때 지갑 주인의 이름이 자기 자신과 비슷한 경우에 그렇지 않은 경우보다 지갑을 분실물 보관소에 맡길 확률이 높았다.

비슷한 취향을 가진 사람에 대해서도 마음의 문을 열고 호의적으로 대하는 것으로 밝혀졌다. 심리학자 헨리 타즈펠(Henri Tajfel)은 사람들에게 클레(Klee)와 칸딘스키(Kandinsky)의 그림을 보여주고 두 그림 중 어떤 그림을 좋아하는지 선택하게 한 다음 좋아하는 그림에 따라 두 그룹으로 나누었다. 이때 같은 그룹에 속한 사람들은 서로 대화를 나눌 수도 얼굴을 볼 수도 없게 하였다. 그리고는 각 구성원에게 일정액의 보상을 배분하게 하였다. 그 결과 대부분의 실험 참가자들은 자신과 다른 그림을 선택한 참가자보다 같은 그림을 선택한 실험 참가자에게 더 많은 보상을 배분하도록 결정하였다. 같은 그림을 선호한다는 작은 이유로 자신의 편으로 인식하고 신뢰감을 보인 것이다.

클리포드 나스(Clifford Nass)와 코리나 옌(Corina Yen)은 성격이 비슷한 사람에게 긍정적 감정뿐 아니라 유대감을 느낀다는 것을 밝혀냈다. 실험에서 외향형 상품 소개 글과 내향형 상품 소개를 작성하여 사이트에 올린 다음 내성적 실험 참가자들과 외향적 실험 참가자들의 절반은 내향형 상품 소개 글만 보게 했고, 나머지 절반은 외향형 상품 소개 글만 보게 했다. 그 결과 제품 설명에 나온 내용이 모두 같았는데도 사람들은 자신의 성격 유형과 일치하는 제품 설명을 선호하였다. 즉 외향형

실험 참가자들은 내성적으로 소개된 제품보다는 외향적으로 소개된 제품에 더 마음이 끌렸다. 반면에 내성적 실험 참가자들은 내성적으로 소개된 제품을 더 선호하였다. 실험 참가자들은 자신과 성격이 비슷한 판매자를 선호했을 뿐 아니라 그가 경매에 올린 물건도 선호했다. 이처럼 자신과 비슷한 사람들에게 호의적이고 신뢰감을 보내는 이유는 소속감에 대한 욕구 때문이라고 한다. 우리는 어떤 집단에 소속됨을 느낄 때 편안함을 느낀다. 그래서 사소한 어떤 것이라도 비슷한 속성을 찾아 그것에 의미를 부여하는 것이다.

또한 커뮤니케이션 형태가 유사하면 여러 가지 측면에서 좋은 결과를 얻는다. 펜실베이니아대 와튼스쿨 마케팅학 교수인 조나 버거(Jonah Berger)는 《전략적 말하기》라는 책에서 6가지 유형의 매직 워드를 제시하였다. 그중 하나가 유사성과 차별성을 활용하는 단어이다. 그의 연구 결과에 따르면 유사성에 주목해 조직의 언어에 맞춘 사람이 오래 성공적인 직장생활을 했다. 동료와 언어 사용 스타일이 비슷한 직원이 승진할 확률이 세 배나 높았고 업무 평가도 좋고 상여금도 많이 받았다. 반면 동료들과 언어 스타일이 다른 직원은 해고될 확률이 네 배나 높았다. 또한 첫 데이트를 하는 두 사람이 비슷한 방식으로 말하면 두 번째 데이트가 성사될 확률이 높아지고, 비슷한 스타일로 글을 쓰는 학생들은 친구가 될 확률이 높으며, 언어 사용 방식이 비슷한 연인은 계속 연인 관계를 유지할 가능성이 크다고 한다. 비슷한 언어를 사용하면 커뮤니케이션이 활기를 띠고 유대감이 더욱 깊어지며 같은 집단에 속해 있다는 인식도 강해지는 경향을 보였다. 이제부터 스피치와 커뮤니케이션을 할 때 다른 사람의 속성을 파악하고 자신과 비슷한 부분을 적극적으로 표현해보자. 빨리 친해질 수 있고 유대감도 생길 것이다. 그러면 점차 신뢰하게 되어 설득된다.

💬 유사한 거리를 찾아 이야기를 지속시켜라

우리는 어떤 모임에 가거나 새로운 사람을 만나면 말걸기(bid)를 시도한다. 이때 처음 물어보는 말은 "어디 사세요?", "고향이 어디세요?", "무슨 일을 하세요?" 등이다. 사회적 배경에 관심을 갖고 질문을 계속한다. 서로 고향이 같거나 사는 지역이 같아 유사성을 찾게 되면 커뮤니케이션은 지속적으로 이루어지고 빠른 시간에 친밀감을 느끼게 되어 신뢰성을 형성하게 된다. 유사성의 원리가 작동하는 것이다.

우리 사회에서 출신 학교, 출신 지역에 대한 유사성의 힘은 강력하다. 때로는 학연, 지연이 문제가 되기도 한다. 분명 학연, 지연을 자신의 목적을 위해서 지나치게 활용하는 것은 잘못된 일이다. 그러나 설득의 측면에서 사회적 배경의 유사성을 적극적으로 찾아내 긍정적으로 활용하는 것은 필요하다. 그것은 친밀감, 호감, 신뢰성의 토대가 되기 때문이다. 성별, 나이, 출신학교, 종교, 취미, 고향, 거주지, 이름 등은 우리가 쉽게 활용할 수 있는 기본적인 유사성이다. 그래서 언제나, 어디서든 말걸기를 생활화해 적극적으로 유사한 '거리'를 찾아내 커뮤니케이션을 지속시켜야 한다.

만약 성별, 나이, 고향, 취미 등 다른 사람과 유사한 거리가 없어도 포기하지 말고 간접적인 유사성을 시도해야 한다. 예컨대 "저 몇 년 전에 그곳에 여행간 적 있는데요. ○○○가 참 좋던데요"라고 말걸기를 한다. 그러면 상대방은 "아 그러세요. ○○○가 참 좋죠. 다른 곳도 가보셨나요."하면서 커뮤니케이션이 계속 이어지게 된다. 커뮤니케이션을 계속 하다 보면 친해지는 것은 쉬운 일이다. 이처럼 유사한 거리를 찾는 일은 중요하다. 유사한 거리를 화제로 삼아 계속 커뮤니케이션을 이어가는 일은 더 중요하다.

비슷한 경험도 유사성의 한 요소이다. 그 경험이 긍정적인 일이든, 부정적인 일이든 다른 사람과 공유하는 것이 필요하다. 예를 들면 직장에서 신규 직원이 어떤 실수를 했을 때 무조건 그 실수를 질책하기보다는 "나도 신입 시절에 그런 실수 한 적 있다"라고 이야기를 한 후 질책하는 것이 좋다. 신규 직원은 상사이기 이전에 자신과 비슷한 실수를 경험한 사람으로 인식하면서 더욱 친근감과 신뢰감이 생길 것이다. 아이들의 경우에도 자신이 어떤 잘못이나 실수를 저질렀을 때 "아빠도 어렸을 적에 이런 실수 한 적 있어요?"라고 질문하는 경우가 있다. 만약 "아빠도 어렸을 적에 그런 실수를 했어"라고 대답하면 아이의 얼굴은 금세 환해지면서 열린 대화를 시작하려 한다. 같은 실수를 경험한 동질감을 느끼면서 아빠에게 무한한 친근감과 신뢰감을 보내는 것이다. 유사성은 호감도와 신뢰감을 높이는 강력한 무기라는 사실을 명심하고 다른 사람과 공통 분모를 찾아보자. 어떤 사람이든지 성의를 다해 관심을 기울이면 공통점은 분명 있다.

👄 닮아가려는 노력은 신뢰성을 높인다

유사성의 요소 중 태도와 가치관은 내면적인 특성이기 때문에 특히 중요하다. 태도란 사전적으로 어떤 일이나 상황에 직면했을 때 가지는 입장이나 자세이다. 태도는 사람, 대상, 이슈에 대한 일반적이고 지속적인 긍정적, 부정적 평가와 감정으로 좋다, 나쁘다, 싫다 등으로 표현된다. 가치관은 사전적으로 사람이 자기를 포함한 세계나 어떤 대상에 대해 부여하는 가치나 의의에 관한 견해나 입장이다. 가치관은 어떤

대상이 얼마나 바람직한가, 중요한가, 필요한가를 판단하게 하는 비교적 지속적인 내적 체계이다. 가치관은 태도나 신념처럼 단순한 대상이나 주장을 상대로 해서 형성되는 것이 아니라 교육, 국가, 부와 같은 매우 포괄적인 대상을 상대로 하여 형성된다. 예를 들면 "스피치와 커뮤니케이션 교육은 필요하다", "평등은 중요하다" 등이다. 가치관은 태도나 신념의 원천이 된다. 예컨대 교육이 중요하다는 가치관을 가지고 있으면 교육에 투자를 많이 하는 정부를 좋아하게 된다.

우리는 어떤 사람과 태도와 가치관이 유사하면 유대감과 신뢰감을 형성한다. 태도나 가치관은 자신이 추구하는 삶의 방향성과 연관되어 있기 때문이다. 자신과 비슷한 삶의 가치를 추구하는 사람을 만난다면 그것보다 반갑고 행복한 일은 없을 것이다. 그러나 살아가면서 태도와 가치관이 유사한 사람을 만나기는 그리 쉽지 않다. 중요한 건 어떤 사람과 만나더라도 태도와 가치관이 유사하다는 것을 보여주는 커뮤니케이션을 하라는 것이다.

우리는 자신의 성격이나 태도에 맞춰주는 사람을 좋아한다. 누군가 자신과 닮아가려고 노력한다는 것은 기분 좋은 일이다. 그것은 자신에 대한 무언의 칭찬으로 느껴지기 때문이다. 클리포드 나스(Clifford Nass)와 코리나 옌(Corina Yen)은 한 실험에서 처음부터 성격 유형이 비슷한 컴퓨터보다 성격 유형이 바뀐 컴퓨터를 더 선호했

다는 것을 밝혀냈다. 실험 참가자들은 성격 유형이 바뀐 컴퓨터가 처음부터 성격 유형이 비슷했던 컴퓨터보다 성능이 뛰어나고 유용하다고 생각했으며 그 컴퓨터와의 실험을 더 즐거워했다. 이는 서서히 서로 비슷해지면서 상대방이 더 매력적으로 보이기 때문이라고 한다.

이들은 앨리엇 아론슨(Elliot Aronson)과 대럴 린더(Darrell Linder)의 게인효과(gain effect) 때문에 이러한 현상이 나타난 것이라고 설명했다. 게인효과란 사람들이 처음부터 큰 보상을 받는 것보다 처음에는 작은 보상 또는 벌칙 등으로 실망했다가 나중에 큰 보상을 받았을 때 더 큰 만족감을 보이며 보상을 준 상대방을 더 좋아하게 되는 현상을 말한다. 아론슨과 린더(Aronson & Linder)는 실험을 통해 사람은 상대방으로부터 처음부터 끝까지 일관된 칭찬을 듣는 것보다 처음에는 다소 부정적 평가를 듣다가 나중에 칭찬을 받을 때 더 호감을 느끼는 경향이 있다는 것을 밝혀냈다. 처음에 부정적 평가 때문에 불안해하다가 나중에 좋은 평가를 받음으로써 서서히 불안감이 해소되기 때문에 호감도가 급상승한다는 것이다.

심리학자 제럴드 클로(Jerrold Clore)와 연구진은 연구를 통해 태도 변화가 호감도에 영향을 미친다는 것을 밝혀냈다. 이들은 남녀 대학생들에게 5분짜리 비디오를 보여준 후 비디오에 나오는 인물을 평가하도록 했다. 비디오는 남자와 여자가 상대방에 대한 태도를 여러 가지로 바꿔가면서 대화하는 내용이었다. '따뜻하게-따뜻하게, 냉랭하게-냉랭하게, 냉랭하게-따뜻하게, 따뜻하게-냉랭하게' 4가지 경우의 태도 변화 연구에서 처음에 냉랭하게 대했다가 나중에 따뜻하게 대한 사람에 대한 호감도 평가가 가장 높았다. 처음부터 계속해서 나중까지 따뜻하게 대했던 사람에 대한 호감도가 두 번째로 높았다. 이것은 처음에 냉랭한 대접을 받으면 불안감을 느끼다가 사귀면서 점점 따뜻한 태도로 바뀌면 그때까지 가졌던 불안이 해소되면서 기쁨이 배가되기 때문이라고 한다.

반면 따뜻한 태도로 대해주었다가 사귀면서 점점 냉랭해진다는 느낌을 받게 되면 처음부터 계속 냉랭하게 대하던 사람보다 그 냉랭함이 두드러져 호감도가 급격히 떨어지고 부정적인 평가를 받게 된다. 이것을 로스효과(loss effect)라고 한다. 일본의 심리학자 나이토 요시히토(Naito Yoshito)도 《위기를 기회로 바꾸는 협상의 기술》이라는 책에서 협상 초반에는 냉랭하게, 시간이 흐를수록 따뜻한 표정과 어투로 옮아가라고 이야기했다. 이처럼 점점 비슷해진다는 것은 더 많은 호감과 신뢰감을 끌어내는 능력이다. 성격이나 태도가 비슷하지 않은 사람을 만나면 그 사람의 성격이나 태도에 맞춰서 말하고 행동해야 한다. 닮아가려는 노력은 가장 강력한 그러면서도 진심어린 아부다.

💬 맞장구를 쳐라

태도와 가치관이 유사하다는 것을 보여주는 언어적 스킬은 다른 사람이 무슨 이야기를 하든 "좋은 의견입니다", "좋은 생각입니다"라고 말하는 것이다. 이 한마디의 말이 "나는 당신의 말에 동의합니다", "당신의 생각이나 신념과 비슷합니다"라는 의미를 전달해 준다. 이러한 말에 사람들은 신뢰감을 느낄 것이다. 따라서 어떤 상황에서든 다른 사람이 의견을 제시했을 때 적극적으로 "좋은 의견입니다"라는 말을 해주는 것이 신뢰성을 확보하는 좋은 길이다.

맞장구 쳐주기 역시 유대감과 신뢰성을 높여주는 방법이다. 우선 맞장구는 다른 사람의 말에 관심을 가지고 집중해서 잘 듣고 있다는 것을 보여주기 때문에 마음의 문을 여는 열쇠가 된다. 맞장구는 다른 사람과 비슷한 생각을 가지고 있다는 유대감을 느끼게 한다. 한 연구 결과에 따르면 맞장구를 쳐주었을 때에 그렇지 않았을 때보다 상대방이 말하는 양이 4배의 차이를 보였다고 한다. 맞장구를 쳐주면 상대방은 자신의 이야기를 잘 들어주는 것 같아 신이 나서 더 많은 이야기를 하게 된다는 것이다. '맞장구 없는 듣기＝전혀 듣지 않은 것'이라는 공식을 잊지 말자.

또한 맞장구가 실제로 기쁨, 보상과 같은 좋은 감정을 느끼게 해주는 것으로 밝혀졌다. 크리스 프리스(Chris Frith)와 다니엘 캠벨 메이클론(Daniel Campbell-Meiklejohn)의 연구에 따르면 자신의 의견에 다른 사람이 동조해 줄 때 보상을 받은 것처럼 기분이 좋다고 한다. 이들은 다른 사람의 생각이 자신의 생각과 같을 때 뇌가 어떻게 반응하는지 실험하였다. 연구 참여자 28명에게 20곡의 노래를 주고 각자 좋아하는 노래 10곡을 골라내 순위를 매기게 했다. 그런 다음 이들에게 음악 전문가 매긴 순위를 보여주면서 뇌 활동을 기능성 자기 공명 촬영(fMRI)으로 살폈다. 실험 결과 참여자들은 자기가 뽑은 좋은 음악과 전문가가 뽑은 음악이 같을 때 뇌 복측선 조체(ventral striatum) 부위가 활성화되면서 기쁨을 느꼈다. 이 부위는 사회적 보상과 관계되는 부분으로 음식이나 돈 등의 보상을 받으면 활성화된다. 미국의 과학 전문지 사이언스데일리는 이 실험 결과를 소개하면서 "다른 사람이 맞장구를 쳐줄 때 느끼는 만족감은 대단하다. 맞장구는 사회생활에서 아주 중요한 요소"라고 강조하였다. 다른 사람이 맞장구를 쳐주면 돈을 받거나 음식을 먹는 것처럼 뇌에서 보상받는 기분을 느끼게 해주는 것이다.

그린스푼(Greenspoon)의 연구에 따르면 실험 참가자들이 복수를 이야기할 때마다 고개를 끄덕이면서 그것을 긍정하는 맞장구, 즉 "좋아", "그래", "바로 그거야", "음-"과 같은 표현을 해주었더니 실험 참여자들이 제시하는 단어 중에서 복수 형태로 된 단어들이 점점 증가했음을 발견했다. 실험 참여자들이 고개 끄덕임과 긍정의 맞장구를 칭찬으로 받아들여 무의식적으로 행동을 바꾼 것이다.

맞장구 기술을 몇 가지 소개해 보면 다음과 같다.

❶ 이해의 맞장구   '어, 어', '그래요. 그래', '맞아요. 맞아', '아 그렇군요'

❷ 관심의 맞장구   '그래 그래', '으응', '그래서 어떻게 됐어요?'

❸ 동의의 맞장구   '그럼요', '맞아요', '정말 그렇군요'. '동감입니다'.
                         '물론이지요.'

❹ 유도의 맞장구   '그래서요?', '그렇다면', '다음에는'

❺ 격려의 맞장구   '그래서?'

❻ 동감의 맞장구   '과연', '오호', '정말'

❼ 감탄의 맞장구   '역시', '으음~', '굉장해', '대단해요', '와아', '멋지네요'

❽ 놀람의 맞장구   '아, 그래요?', '정말이요?'

❾ 동정의 맞장구   '저런 저런', '그렇지요', '그렇습니까?'

❿ 설명 요구 맞장구   '그 말은?', '어떻게 되었는데?'

💬 말을 따라 하라

말 따라 하기는 다른 사람과 태도와 가치관이 유사하다는 것을 보여주는 언어적 스킬이다. 말 따라 하기란 상대방의 말을 그대로 되받아서 따라 하는 것을 말한다. 즉 상대방이 사용한 단어와 문구, 문맥을 사용하여 따라 하는 것이다. 예컨대 단어 일치, 단어 유형을 맞춰 따라 하는 것이다. 단어 일치란 글자 그대로 정확하게 똑같은 단어나 구절을 쓰는 것이다. 단어유형을 맞춘다는 것은 시각과 관련된 단어, 청각과 관련된 단어, 촉각과 관련된 단어 등 다른 사람과 같은 종류의 단어를 쓰는 것이다. 우리는 커뮤니케이션할 때 자신만의 언어를 주로 사용하는 편이기 때문에 주의깊게 관찰하여 이를 찾아내 따라해 주는 것이 좋다. 이처럼 말 따라 하기는 간단하지만 짧은 기간에 상대방과 유사성, 유대감, 친밀감을 형성하여 신뢰감을 얻을 수 있는 매우 강력한 기법이다.

심리학자 칼 로저스(Karl Rogers)는 이 기법을 활용하여 상담을 진행하였다고 한다. 로저스는 환자가 'my home'이라고 하면 비슷한 단어 'house'가 아닌 'home'이라는 단어를 반드시 써서 답했다고 한다. 그러면 환자는 유사성을 바탕으로 깊은 이해와 공감받는 느낌을 얻었다고 한다.

FBI에서 인간 거짓말 탐지기로 불렸던 비언어 전문가인 조 내버로(Joe Navarro)도 《우리는 어떻게 설득 당하는가》라는 책에서 말 따라 하기의 힘을 이용해 탈주자가 실토를 하는 데 도움을 받은 적이 있다고 적고 있다. 그는 탈주자가 자신의 인생 이야기를 하는 동안 'awkward'(꼴사납다), 'embarrassed'(당혹스럽다), 'worried'(걱정된다), 'a good Chrustian'(선량한 기독교인이다)라는 표현을 쓰는 것을 찾아내 똑같이 사용했더니 그를 신뢰하여 자백을 하였다고 한다. 상대방이 쓰는 말을 똑같이 따라함으로써 순식간에 그와 동조 상태가 된 것이다.

또한 우리는 자신의 말과 행동을 사랑하는 속성이 있어 다른 사람이 자신을 모방하는 것을 좋아한다고 한다. 이것을 카멜레온 효과(Chameleon Effect)라고 한다. 카멜레온 효과란 공감을 잘해주는 사람 앞에서 마음을 열고 자신을 편하게 드러내게 되는 심리적 특성을 말한다. 식당에서의 실험에서 종업원들이 손님이 주문한 내용을 똑같이 반복하여 말해준 경우 더 많은 사람들이 팁을 받았고 팁의 액수도 높은 것으로 나타났다. 커뮤니케이션을 할 때 다른 사람의 말을 따라해보자. 뭔가 통한다는 느낌, 비슷하다는 생각이 들 것이다. 닮았다고 느끼면 좋아지고 좋아지면 믿게 되어 설득된다.

4 호감도 법칙

신뢰성을 보여주는 네 번째 언어적 스킬은 호감도를 높이는 것이다. 호감도는 사전적으로 어떤 대상에 대하여 좋은 감정을 갖는 정도이다. 팀 샌더스(Tim Sanders)는 호감도를 타인의 정서와 신체 모두에 이익을 주는 긍정적인 태도를 갖추는 능력이라고 하였다. 이처럼 호감도는 다른 사람을 좋아하는 감정이기 때문에 신뢰성의 기반이 된다. 우리는 자신이 좋아하고 마음에 드는 사람을 신뢰한다.

호감도가 중요한 이유는 스피치와 커뮤니케이션을 할 때, 대인관계 맺을 때 여러 가지 긍정적인 영향을 미치기 때문이다. 첫째, 호감도는 자발성을 끌어내 여러 가지 친절과 도움을 받게 한다. 우리는 누군가를 좋아하면, 그 사람이 호감도가 높으면 최선을 다하고 싶은 동기가 생긴다. 어려운 일에 봉착했을 때 요청하지

않아도 자발적으로 도와주고 싶어한다. 실제로 켄 도일(Ken Doyle)은 교수와 긍정적인 관계를 맺고 교수에게 호감을 느끼는 학생일수록 학습에 더 큰 흥미를 느낀다는 것을 밝혀냈다. 이것은 교수에게 인정받고 싶고 보답하고 싶은 심리가 작용했기 때문이라고 한다.

이 같은 호감도의 영향력은 의료 분야와 법정에서도 밝혀졌다. 캘리포니아 대학 연구팀이 의사 93명을 대상으로 실험한 결과 의사는 자신이 좋아하는 환자는 오랫동안 진찰해 주고 더 자주 전화를 걸어 다시 진료를 받으러 오라고 요청했으며 건강 상태나 약물 복용법을 더 자세히 설명해 주는 태도를 보였다. 법정에서도 배심

원은 호감도가 높은 사람에게 더 많은 보상금을 받게 해주거나 다른 형태의 도움을 주는 것으로 밝혀졌다.

둘째, 호감도는 조직 생활의 성공과 대인관계에 지대한 영향을 미친다. 미국에서 구조 조정의 1순위는 능력이 없는 사람이 아니라 호감도가 낮은 사람, 인간관계 능력이 떨어지는 사람이라고 한다. 시장 조사 기업인 부스 리서치에서 감원된 수천 명을 대상으로 실시한 조사에 따르면 상사에게 얼마나 호감을 주느냐에 따라 감원 대상으로 결정된다는 사실이 밝혀졌다. 경영학자 아이버슨(Iverson)은 기업들의 흡수 합병으로 정리해고되는 직원들의 성향을 분석한 결과 상사에게 신임받는 사람이나 동료들로부터 인기가 있는 사람일수록 정리해고를 당할 가능성이 낮다는 것을 밝혀내었다. 미국 하버드대학의 직업지도부에서 해고자 수천 명을 조사한 결과에서도 인간관계가 좋지 않아 해고된 사람이 직무상의 책임 때문에 해고된 사람의 두 배에 달했다고 한다. 또한 국내 한 채용전문 기업에서 조사한 결과 인사 담당자들은 호감 가는 지원자일수록 면접을 오래 하는 것으로 나타났다.

셋째, 호감도는 우리의 말을 잘 경청하고 신뢰하게 만드는 힘을 가지고 있다. 심리학자 캐런 가스퍼(Caren Gaspar)는 사람들이 다른 사람에게 긍정적인 감정을 많이 느낄수록 그 사람의 말을 더 경청하고 이해한다는 사실을 발견했다. 심리학자 버코위츠와 모이어(Berkowitz & Moyer)는 의견 차이가 치열한 토론을 관찰한 후 발표자의 호감도가 방청객의 객관식 시험 성적에 끼치는 영향을 분석했다. 연구 결과 방청객은 발표자에게 큰 호감을 느낄수록 그들의 의견을 믿는 경향이 있었다. 또다른 연구에서도 유권자들은 개인적인 호감을 느끼는 후보자의 말을 더 믿는 경향이 있었다. 마이클 델루치(Michael Dellucci) 교수의 연구에서도 교수에게 호감을 많이 느끼는 학생일수록 교수가 전달하는 정보에 더 큰 관심을 기울이고 과제도 더 열심히 하기 때문에 성적이 더 높은 것으로 드러났다.

넷째, 호감도는 결혼생활의 성공과 커뮤니케이션 능력에도 영향을 미친다. 필립 놀(Phillip Knol)은 결혼한 부부와 이혼한 부부 50쌍을 대상으로 설문조사한 결과 결혼의 성공을 좌우하는 근본적인 요소가 호감도라는 사실을 발견하였다. 또한 미시건 대학 연구팀은 친절하고 긍정적인 성격의 직원일수록 커뮤니케이션 능력이 뛰어나므로 생산성이 높다는 사실을 밝혀냈다. 이처럼 호감도는 모든 영역에서 긍정적이고 강력한 힘을 발휘하고 있다.

또한 우리는 자기를 좋아하는 사람을 좋아하는 경향이 있다. 이것은 호감도의 상호성(Reciprocity of liking) 심리 때문이다. 이 상호성의 심리에 따라 자신이 다른 사람을 좋아하면 다른 사람도 자신을 좋아하게 되어 상호 인간관계는 돈독해진다. 켈그리스(Wood & Kallgres)는 환경 보존을 주장하는 대학원생 스피치를 들은 대학생들을 대상으로 호감도의 상호성 효과를 확인했다. 그 대학에 전학을 왔다고 소개하면서 한 집단에게는 이전에 다닌 대학이 좋다고 하면서, 전학 온 대학을 혹평하면서 환경 보존과 관련된 스피치를 하였다. 다른 집단에게는 전학 온 대학이 매우 마음에 든다고 하고 스피치를 하였다. 학생들은 동일한 내용의 스피치를 들었음에도 전학 온 대학이 좋다는 이야기를 들은 집단에서 태도 변화가 더 많이 일어났다. 자신이 다니는 대학에 호감을 표현한 사람의 말을 더 신뢰한 것이다. 심리학자 레베카(Rebecca)의 연구에서도 상대방이 자기를 좋아한다고 믿는 사람들은 자기 자신에 대해 훨씬 더 많은 이야기를 털어놨고 다정하게 대했으며 상대방의 말을 더 잘 들어주고 동조해주었다.

지금까지 살펴보았듯이 호감있는 이미지를 형성하면 스피치와 커뮤니케이션을 할 때 설득하기가 쉬워지며 좋은 대인관계를 형성할 수 있다. 또 호감도의 상호성 원리에 따라 우리가 먼저 다른 사람을 좋아하면 다른 사람도 우리를 좋아하고 신뢰하게 된다. 그렇다면 호감도는 어떻게 하면 높일 수 있는가. 팀 샌더스(Tim Senders)는 호감도의 요소로 친절함, 연관성, 공감, 진실성을 제시하였다. 스피치와 커뮤니케이션을 할 때 친절함, 연관성, 공감, 진실성을 보여주는 스킬을 사용하면 호감도는 저절로 향상된다.

💬 친절하게 말하라

친절함은 호감도의 출발점이자 가장 기본 바탕이 되는 요소이다. 팀 샌더스(Tim Senders)에 따르면 친절함은 '타인에게 호의를 표현하는 것', '환영의 뜻을 전달하는 것' 혹은 '긍정적인 감정을 표현하는 것'이다. 친절함은 '당신과 함께 있어서 좋습니다', '당신을 만나서 기쁩니다', '당신에게 마음을 활짝 열겠습니다' 같은 의미를 전달한다고 한다. 이런 이유로 친절함은 안도감을 주고 좋은 느낌과 긍정적인 기억을 오래 남긴다. 톨스토이(Tolstoy)는 "이 세상을 아름답게 하고 모든 비난을 해결하고 얽힌 것을 풀어헤치며 어려운 일을 수월하게 만들고 암담한 것을 즐거움으로 바꾸는 것이 있다면 그것은 바로 친절이다"고 하였다. 친절함이 얼마나 위대한 힘을 발휘하는가를 보여주는 말이다. 그렇다면 친절한 사람으로 보이기 위해 어떤 언어적 기법을 사용해야 하는지 구체적으로 살펴보자.

친절함의 첫 번째 언어적 스킬은 친절하게 말하는 것이다. 테레사(Teresa) 수녀는 "친절한 한마디는 짧지만 그 울림은 끝이 없다"고 했다. 우리는 친절하게 이야기하는 사람을 만나면 유대감 형성 호르몬인 옥시토신이 분비되고 이로 인해 스트레스 호르몬 지수가 내려간다고 한다. 친절하게 말하는 것은 몇 가지 구체적인 전략으로 나타난다.

친절하게 말하는 첫 번째 방법은 기꺼이 즐거운 마음으로 행동하고 커뮤니케이션하는 것이다. 이것은 어떤 상황에서든 긍정적으로 말하고 아무런 대가를 바라지 말고 기꺼이 무슨 일이든 도와주어야 한다는 의미이다. 잡코리아가 직장인을 대상으로 조사한 결과에 따르면 50% 정도의 응답자들은 호감도가 가장 높은 사람으로 '자신이 어려울 때 자신의 일을 내 일처럼 도와주는 사람'이라고 답해 친절한 사람을 꼽고 있다. 무슨 일을 하든 긍정적인 마인드로 기꺼이 자발적으로 하는 것이 중요하다.

친절하게 말하는 두 번째 방법은 상대방이 원하는 수준에 맞춰 상세히 설명해주는 것이다. 우리는 맞춤식으로 자신이 원하는 것을 알아채서 구체적으로 설명해주는 사람을 좋아한다. 예컨대 조직생활을 6개월 한 사람과 5년을 한 사람이 동일한 질문을 했을 때 우리는 다르게 대답을 해줘야만 친절하게 설명하는 것이다. 6개월 근무한 조직 구성원은 아직 업무나 조직 상황을 상세하게 파악하지 못했기 때문에 5년이 된 조직 구성원보다 더 상세하고 쉽게 설명해야 하는 것이다.

하워드 레벤탈(Howard Leventhal) 연구팀은 구체적이고 친절한 설명이 설득 효과가 있다는 것을 밝혀냈다. 레벤탈(Leventhal)은 학생들에게 파상풍 예방주사 접종 캠페인 효과를 측정했는데 파상풍 메시지 공포 수준이 주사를 맞을 의향을 높이는 데는 기여했지만 실제 주사를 맞게 하는 데는 별다른 효과를 미치지 못했다는 것을 알아냈다. 오히려 파상풍 예방주사 접종 장소와 시간 등 구체적이고 친절한 정보가 실제로 예방접종을 하는 데 큰 영향력을 미치고 있었다. 친절한 정보를 들은 대학생들 중 28%가 실제로 보건소에 가서 주사를 맞은 반면 피상적인 정보를 들은 대학생들은 오직 3%밖에 주사를 맞지 않았다. 심리학자 브래드 벨(Brad Bell)과 엘리자베스 로프터스(Elizabeth Loftus) 역시 상세한 설명이 신뢰감에 영향을 미친다는 것을 발견하였다. 배심원들은 사건과 전혀 관계없는 내용이라 그 정보를 알아도 사건을 이해하는 데 아무런 도움이 안 된다는 것을 알면서도 자세하게 이야기하는 목격자를 더 많이 신뢰하였다.

친절하게 말하는 세 번째 방법은 먼저 말을 거는 것이다. 먼저 말을 건다는 것은 관심과 반가움, 연결되고 싶은 마음 등을 표현하는 것이다. 누군가 먼저 아는 척을 해주면 우리는 자신을 존중해 주는 느낌이 든다. 특히 "오늘은 어땠어?", "요즘은 어때?" 등과 같이 상사나 선배가 먼저 말을 걸어줌으로써 친절함을 표현하는 것은 부하 직원이나 후배를 인정해 주는 또다른 방법이다. 일을 마치고 "고생했어", "수고 많았어. 조심해서 들어가"라고 헤어질 때 건네는 한마디, 이 친근감 있는 한마디는 따뜻한 마음까지 전해지게 한다.

💬 지지적 칭찬을 생활화하라

칭찬해 주면 좋아한다. 존중해 주는 느낌이 들기 때문이다. 존 듀이(John Dewey)는 "인간이 가진 본성 중 가장 깊은 자극은 중요한 사람이라고 느끼고 싶은 욕망이다"라고 했다. 자신이 소중하고 가치있다고 느끼게 해주는 힘, 그것이 칭찬이다. 칭찬이란 상대에게 관심을 갖고 존재를 인정하고 그것을 전하는 모든 행위와 언어를 포함한다. 칭찬은 우리가 매일 섭취해야 하는 물이나 영양소처럼 우리의 삶에 필수적인 요소이다.

뇌 과학자들은 칭찬이나 현금 보상을 받은 사람은 뇌 깊숙한 곳의 줄무늬체가 활성화된다는 사실을 발견했다. 또 칭찬을 들었을 때 분비되는 물질이 두뇌 활동을 활발하게 움직이도록 한다고 밝혔다. 이 두뇌 활동은 인간관계의 개선뿐만 아니라 직장 내 업무활동 등에도 막대한 영향력을 끼쳐 자신의 기존 성과를 100% 이상 뛰어넘을 수 있게 도와준다고 한다. 또한 칭찬은 고래도 춤추게 하듯이 사람들을 긍정적으로 변화시키는 힘을 가지고 있다.

실제로 홀린즈 칼리지에 재학 중인 24명의 심리학과 학생들은 칭찬을 통해 다른 학과 여대생들의 패션을 바꿀 수 있는지 실험해 보았다. 학생들은 실험을 시작한 후 얼마 동안은 푸른색 옷을 입은 여학생을 칭찬했다. 그러자 푸른색 옷을 입는 여대생은 25%에서 38%로 증가했다. 그리고 나서 학생들은 붉은색 옷을 입는 여학생들을 칭찬하기 시작했다. 그러자 붉은색 옷을 입는 여학생은 11%에서 22%로 두 배나 증가했다. 또다른 연구에서 칭찬이 능력을 높이는 데 기여한 것으로 밝혀졌다. 실험 참가자들에게 30초에 걸쳐 특정한 순서에 따라 최대한 빠른 속도로 키보드를 누르는 연습을 시켰다. 요령을 배운 참가자들은 세 집단으로 나뉘어 다시 연습에 들어갔다. 첫 번째 집단에는 평가자가 동참해 개개인을 칭찬해 주었다. 두 번째 집단은 다른 사람이 칭찬을 받는 모습을 보도록 했다. 세 번째 집단에는 평가자가 그래프에 성적을 적어 넣었다. 이들에게 다음날 다시 연습을 시키자 뚜렷한 차이가 나타났다. 칭찬을 받은 첫 번째 집단은 그렇지 않은 두 집단에 비해 성적이 더 우수했다.

더욱이 진심으로 칭찬하지 않고 사교적으로 칭찬하는 말을 해도 그 사람에게 호감도를 느꼈다. 포그와 클리포드 나스(Fogg & Clifford Nass)는 아첨하는 컴퓨터의 효과라는 실험을 진행했다. 참가자들이 컴퓨터에 질문을 던지면 컴퓨터가 첫 번째 집단에게는 칭찬을 하고, 두 번째 집단에게는 사무적인 메시지만을 말하고, 세 번째 집단에게는 질문과 상관없이 컴퓨터가 칭찬하는 말을 할 것이라고 알려주었다. 실험 결과 진심어린 칭찬을 들은 첫 번째 집단의 참가자들이 아무런 칭찬을 듣지 못하고 사무적인 메시지만을 들은 참가자보다 긍정적인 기분을 느꼈으며 컴퓨터를 더욱 친숙하게 느꼈다. 놀라운 사실은 미리 칭찬을 듣게 될 것이라는 사실을 알려준 세 번째 집단 참가자들도 진심어린 칭찬을 들은 첫 번째 집단과 거의 동일한 반응을 보였다. 아부인 줄 알면서도 자신에 대한 칭찬을 호감 표현으로 받아들여 컴퓨터에게 호의를 느낀 것이다.

칭찬 자체가 다른 사람에 대한 호감 표현이기도 하다. 호감 상호성의 원리에 따라 칭찬받은 사람은 우리를 좋아하게 된다. 칭찬을 자주 해야 하는 이유이다. 우리는 칭찬이 무언가를 잘했을 때 해주는 것이라고 생각한다. 잘한 일을 칭찬하는 것은 너무나 당연하다. 오히려 칭찬을 해주지 않는 것이 이상한 일이다. 그러나 칭찬=잘한 일이라고만 생각해서는 안 된다. 칭찬은 일상에서 끊임없이 해야 효과를 볼 수 있다. 바로 '지지적 칭찬의 생활화'이다. 지지적 칭찬이란 일상에서 당연히 해야 할 일이 반복되기를 원할 때 그 행동을 독려하고 강화하는 것을 의미한다.

우리는 흔히 살아가는 데 필요한 일들을 반복적으로 수행했을 때 누구나 당연히 해야 하는 일이라고 생각해 칭찬하지 않는다. 가깝게 지내는 사람들에게 더욱 그렇다. 예컨대 학생이 학교에 가는 것, 학생이 공부하는 것, 직장인이 매일 직장에 출근하는 것, 직장인이 자신이 맡은 업무를 처리하는 것, 학교에서 교수가 강의하는 것, 집에서 가정주부가 식사와 집안 일을 하는 것 등에 대해서 당연하다고 생각한다. 누구나 하는 일이고, 마땅히 해야 하는 일이라고 여기기 때문이다. 그러나 우리는 매일매일 자신이 해야 할 일을 반복적으로 하고 있지만 때로는 힘들기도 하고 지치기도 한다. 때로는 누군가의 지지나 인정도 필요하다. 다만 너무 당연한 일을 하기 때문에 겉으로 표현하지 않을 뿐이다. 너무나 당연한 일을 수행했을 때 확실하게 인정, 승인해 주는 지지적 칭찬이 필요한 이유이다. 그 칭찬으로 우리는 힘을 얻고 동기를 부여받아 지치지 않고 신나게 일상적인 일들을 반복해서 할 수 있는 것이다. 거기에 빠르고 신속하게 감사의 마음까지 전하면 금상첨화다.

학교에서 친구가 아침 일찍 학교 수업에 들어오면 "수업 오느라 고생했어", 직장에서 부하 직원이 서류를 한 장 가져다 주어도 "수고했어. 고마워", 집에서 엄마가 아침식사를 챙겨주면 "챙겨주셔서 감사합니다. 고생하셨어요." 이 짧은 한마디가 지지적 칭찬이다. 매일매일 이 말을 듣는다면 기분이 어떻겠는가. 상상할 수 없는 일이 생길 것이다. 실제로 성공한 사람들은 작은 친절에도 고마워하며 감사의 뜻을 전했다고 한다. 일본의 백만장자를 대상으로 한 설문조사에서 고액 소득자일수록 편지와 이메일의 응답이 빠르고 감사편지를 더 신속하게 보내는 것으로 확인됐다. 지지적 칭찬의 위력은 인생까지 바꾸어 놓을 만큼 강력한 것하다.

여기서 명심해야 할 사항이 있다. 언어로만 칭찬하는 것은 절반의 성공이라는 점이다. 눈빛, 표정, 목소리, 손도 함께 칭찬하자. 얼굴에는 미소를 가득 머금고, 밝고 에너지 있는 목소리로, 손이나 어깨의 신체적 접촉을 시도하고, 상대방의 눈을 따뜻하게 보면서 칭찬하자. 말과 행동과 마음이 완벽한 하모니를 이룬 진심어린 칭찬이 될 것이다.

💬 만나서 밥 먹고 차를 마셔라 : 오찬기법의 위력

연관성은 호감도의 한 요소이다. 연관성은 다른 사람과 시간과 공간적으로 얼마나 많이 연결되어 있는가, 상대방의 관심사와 욕구와 얼마나 관련이 있는가를 뜻한다. 우리는 연관성이 있으면 끈끈한 유대 관계를 맺을 수 있다. 유대감을 느끼면 자연스럽게 친밀감과 호감도가 생겨난다. 그렇다면 연관성을 맺기 위해 어떻게 해야 하는가. 먼저 시간과 공간의 연관성을 갖기 위해 사람들과 자주 만나야 한다. 긍정심리학의 대가 에드 디너(Ed Diene)

와 마틴 셀리그먼(Martin Seligman)의 조사에 따르면 상위 10%에 해당하는 행복한 사람들과 나머지 사람들과의 차이점은 바로 관계, 다른 사람들을 만나고 관계를 유지하는 데 시간을 할애했다는 것이다. 많은 사람들을 만나서 시간과 공간을 공유하는 것은 호감도 형성을 넘어서 행복한 삶의 원천이 되는 것이다.

그런데 우리는 시간상의 문제, 경제적인 이유 등으로 많은 사람들을 만나기가 쉽지 않다. 이 문제의 해결책은 바로 오찬기법(luncheon technique)을 활용하는 것이다. 음식을 대접받거나 함께 먹는 것만으로도 친밀감이 생기고 호감도가 증가되는 현상을 오찬효과라 한다. '밥 같이 먹자.' 참 좋은 말이다. 이 말은 친해지고 싶은 사람에게 다가갈 수 있는 표현이다. 좋아하는 사람이 생겼을 때, 서먹서먹한 관계를 개선하고 싶을 때, 낯선 사람과 친해지고 싶을 때, 누군가를 설득하려고 할 때 가장 쉽게 이용하는 방법이 함께 식사를 하는 것이다. 그래서 우리는 학교나 직장에서 매일 먹는 점심식사를 잘 활용해야 한다. 친한 사람하고만 밥을 먹지 말고 가능하면 많은 사람들과 식사를 해야 한다. 함께 밥을 먹은 사람과는 연관성이 생긴다. 스타벅스 회장인 하워드 슐츠(Howard Schultz)는 자신의 성공 비결로 '매일 다른 사람과 함께 한 점심식사'를 꼽았다고 한다.

　그렇다면 왜 식사를 함께 하면 친해지고 좋아하는 감정이 생기는 것일까. 오찬효과가 발생하는 첫 번째 이유는 상호성 법칙 때문이다. 사람들은 누군가에게 호의를 받으면 빚진 기분이 들고 그것을 갚지 않으면 자신이 보은을 모르는 사람처럼 느껴지기 때문에 어떤 식으로든 호의를 베풀려고 한다. 다른 사람이 식사를 대접하면 그에 대한 답례의 표현으로 좋은 감정을 갖게 되는 것이다.

　두 번째 이유는 연상 법칙 때문이다. 연상 법칙이란 사람을 유쾌하게 만드는 것과 연결하면 그것에 대한 긍정적 반응을 유발할 수 있다는 것이다. 음식은 좋은 기분이라는 심리적인 반응을 유발시키는 데 연상 법칙에 따라 맛있는 음식을 먹으면 긍정적인 감정이 유발되고, 긍정적인 감정은 함께 식사한 사람과 연합되어 함께 식사한 사람에 대해서도 맛있는 음식을 먹으면서 느꼈던 긍정적인 감정을 갖게 되는 것이다. 실제로 심리학자 래즈란(Razran)은 실험을 통해 오찬기법을 증명하였다. 즉 식사 시간 중에 접촉한 사람이나 대상을 더 선호하는 경향을 보인다는 사실을 발견한 것이다.

　또한 식사를 하면서 커뮤니케이션을 하면 다른 사람의 의견을 받아들일 확률이 높아진다고 한다. 자니스(Janis)는 실험을 통해 음식을 먹고 있을 때는 수용도가 높아져 설득당하기 쉽다는 사실을 입증했다. 실험 참가자 중 한 집단은 콜라와 땅콩을 먹으면서 설득 문장을 읽었고, 다른 집단은 다른 행위는 전혀 하지 않고 문장만 읽었다. 실험 참가자들은 문장을 읽기 전에 그에 대한 생각이나 예상 등을 미리 평가받았다. 그리고 문장을 다 읽은 후 다시 생각이나 예상을 평가받았다. 실험 결과 그냥 문장만 읽은 집단보다 콜라와 땅콩을 먹으면서 문장을 읽은 집단이 더 많은 태도 변화를 보였다. 문장을 읽으면서 그 내용에 영향을 받아 의견을 변화시킨 것이다. 자니스(Janis)는 음식을 먹는 행위가 실험 참가자들에게 만족감을 주고 그 만족감이 설득적 논조를 띤 문장을 보다 수용하기 쉽게 하므로 태도가 변한 것으로 설명하고 있다.

만약 밥을 함께 먹는 상황을 만들기가 어렵다면 차 마시는 시간(tea time)이라도 가져야 한다. 차를 마시는 것만으로도 호감도가 높아진다. 특히 조직에서 리더들은 점심식사 후에 조직원들과 개인적으로 5분간의 차 마시는 시간을 갖는 것이 좋다고 한다. 우리 모두에게는 과시 욕구라는 것이 있다. 누군가에게 인정받고 싶고, 누군가에게 잘 보이고 싶은 마음 그것이 과시 욕구이다. 리더가 자신과 개인적으로 차를 마시면서 관심을 보여주었다는 사실은 과시 욕구를 충족시켜 준다. 자신을 인정해준 리더를 좋아하고 따르는 것은 너무나 당연한 일이다. 따라서 리더는 매일 순번을 정해놓고 조직 구성원들과 차 마시는 시간을 가지면 좋다. 조직 구성원들이 자발적으로 최고의 업무능력을 발휘하려고 노력할 것이다. 이것이 밥 한 끼가 차 한 잔이 가져다주는 놀라운 비결이다.

💬 멋진 장소에서 상대방의 관심사를 화제로 삼아야 설득한다

사람들과 연관성을 맺기 위해 시간과 공간을 공유하는 것이 중요하다. 앞에서 그 방법의 하나로 점심식사와 차 마시는 시간을 잘 활용해야 함을 강조하였다. 그렇다면 우리는 어떤 장소에서 식사를 하고 차를 마시는 것이 좋을까. 특히 누군가를 설득하고 싶을 때, 누군가에게 부탁을 할 때, 누군가와 진지하게 이야기를 나누고자 할 때 어떻게 해야 하는가. 가벼운 만남이 아닌 진지하고 중요한 만남일수록 장소를 잘 선택해야 한다. 주변 환경이 메시지 설득에 영향을 미치기 때문이다.

연상 법칙에 따르면 우리는 메시지를 인식할 때 메시지 그 자체만을 받아들이는 것이 아니라 그때의 환경과 연관지어 인식한다. 같은 메시지라 할지라도 좋은 환경에서 전한 메시지와 좋지 않은 환경에서 전한 메시지의 효과가 다르다. 좋은 환경에서 전달한 메시지 효과가 훨씬 크다. 교육학자들이 교육 환경에 관심을 갖는 이유이다. 쾌적하고 좋은 환경에서 교육했을 때 학습 효과가 높아진다. 실제로 한 연구에서 불쾌한 자극이나 주변 환경이 좋지 않은 곳에서 메시지를 전해 들었을 때 그 메시지를 가장 부정적으로 평가하였다. 중요한 이야기는 좋은 음악, 좋은 향기가 나는 멋진 장소에서 식사를 하면서 해야 하는 것이다.

예컨대 부모가 자녀와 진지한 대화를 나누고 싶다면 집이라는 공간을 선택하면 안 된다. 가정이라는 곳은 자녀에게는 잔소리와 꾸지람을 듣는 공간이기도 하다. 연상 법칙에 따라 가정이 아닌 좋은 환경에서 진지하게 대화를 나눠야 한다. 자녀가 좋아하는 멋진 장소에 가서 맛있는 음식을 먹고 이야기하게 되면 부모님의 말씀을 의미있게 새길 것이다. 마찬가지로 가정에서, 학교에서, 직장에서 누군가와 갈등이 생겼을 때 좋은 장소에 가서 식사를 하거나 차를 마신 후 대화를 나눈다면 원만하게 해결할 수 있다. 이제 환경까지 생각하는 스피치와 커뮤니케이션을 하자. 아름다운 환경, 편리한 환경, 쾌적한 환경이 우리의 이미지까지 멋지게 바꿔 놓을 것이다.

또한 식사를 하고 차를 마실 때 가능하면 즐겁게 먹어야 한다. 연상 법칙에 따르면 즐거운 분위기에서 맛있는 음식을 먹으면 긍정적인 감정이 유발되고, 그것은 함께 식사한 사람에게 긍정적인 감정이 연합되어 그 사람에 대해서도 긍정적인 감정을 갖게 된다. 즐거운 분위기 역시 맛있는 식사, 멋진 장소만큼이나 중요한 것이다. 멋진 장소에서 맛있는 식사를 했더라도 즐거운 분위기가 아니었다면 호감을 형성하기 어려울 것이다.

그렇다면 즐겁게 식사를 하기 위해서 어떻게 해야 하는가. 먼저 공통의 관심사를 찾아 이야기를 나누는 것이다. 예컨대 취미가 비슷하거나 정치나 종교 신념이 비슷할수록 연관성이 커지고 호감도가 올라간다. 연구 결과에서도 자신과 관심사가 비슷한 사람에게 더 큰 호감을 느끼는 것으로 나타났다. 특히 관심사가 두 가지 이상 비슷한 사람에게 호감도와 지지도가 훨씬 더 높았다.

다음으로 즐거운 분위기를 만드는 가장 확실한 방법은 상대방의 관심사를 화제로 삼는 것이다. 우리는 자신의 관심사를 이야기할 때 가장 신이 나고 행복하다고 한다. 신이 나고 행복하게 이야기를 하다 보면 분명 우리에게 호감을 느낄 것이다. 국내의 한 컨설팅 회사 대표가 경영인들에게 자녀나 젊은 사원들과 대화할 때 주로 어떤 내용을 주고받느냐고 물었더니 거의 100%가 자신의 관심사나 젊은 사원에게 한 수 가르쳐주고 싶은 얘기를 화제로 삼는다고 답했다. 그러면서 자녀나 직원들과 대화가 잘되지 않고 깊은 대화를 할 수 없다고 토로했다고 한다. 상대방의 관심사가 아닌 자신의 관심사를 화제로 삼은 결과이다.

각 분야에서 세계적으로 성공한 사람들의 공통된 특성 중의 하나는 다른 사람과 이야기할 때 그 사람의 관심사를 미리 파악하여 화제로 삼았다는 것이다. 니콜로 마키아벨리(Niccolo Machiavelli)는 그의 저서 《군주론》에서 "다른 사람에게 좋은 인상을 심어주려면 언제나 그들이 듣고 싶어 하는 말을 하라"고 적고 있다. 여기에서 다른 사람이 듣고 싶어 하는 말을 하라는 것은 아첨이나 아부를 하라는 것이 아니다. 다른 사람이 듣기를 원하는 내용이나 분야에 대해 말하라는 것이다. 강철왕 앤드류 카네기(Andrew Carnegie) 역시 사람을 움직이는 유일한 방법이 '그들이 원하는 것에 대해 이야기하는 것'이라는 깨달음을 실천으로 옮겨 성공했다고 한다.

다른 사람과 깊은 연관성을 맺고 호감을 얻는 또하나의 방법, 다른 사람의 관심사에 커뮤니케이션 채널을 맞추는 것이다. 그 다음은 그 사람이 신나게 이야기할 수 있도록 채널을 고정하면 된다. 우리는 진심으로 맞장구를 치면서 들어주면 된다. 그때의 행복하고 즐거운 기분만큼 우리의 호감지수도 상승한다.

진실성과 언행일치가 호감도를 높인다

호감도를 높이는 가장 결정적이고 근본적인 요인은 진실성이다. 진심으로 사람을 대하는 것만큼 우리를 감동시키는 것은 없다. 다른 사람이 나를 좋아하게 만드는 힘은 결국 진실한 마음에 있는 것이다. 진실성이란 사전적으로 거짓이나 꾸밈이 없는 참된 성품이다. 진실성은 자신의 내면적인 생각, 감정, 의도를 사적으로나 공적으로 거짓이 없이, 꾸밈도 없이 드러내는 인격적 특성이다. 따라서 진실성의 핵심적 요소는 개인의 내면적 심리 상태와 그것의 언어적, 비언어적 표현이 일치하는 것이다. 대인관계에서 진실성은 언행일치이며 신뢰의 바탕이 된다. 미국의 34대 대통령 드와이트 아이젠하워(Dwight Eisenhower)는 "리더에게 가장 필요한 덕목은 다름 아닌 진실성이다. 어느 곳에 있든지 진실성이 없으면 진정한 성공을 거둘 수 없다. 동료에게 진실성을 보이지 못하는 사람은 실패할 수밖에 없다. 그런 사람은 먼저 말과 행동을 일치시켜야 한다. 곧 진실성과 고차원적인 목표가 가장 먼저 필요하다."고 하였다.

예컨대 평소에 진실성이 없이 말과 행동을 다르게 하면서, 자신의 신념이나 원칙과는 다른 언행을 하면서 스피치와 커뮤니케이션을 할 때 자신은 진실한 마음으로 말하는 것이니 믿어달라고 한다면 어떻겠는가. 어느 누구도 마음의 문을 열지 않을 것이다. 우리는 이러한 상황을 많이 경험해왔다. 정치인, 유명인사, 연예인 등이 어떤 잘못을 저질렀을 때 눈물을 흘리면서 진심으로 사죄의 말씀드린다고 이야기하지만 평소 그 사람의 언행이 진실하지 않았다면 아무도 믿어주지 않는다. 그래서 아리스토텔레스(Aristoteles)는 연사의 품성, 즉 진실성을 중요하게 여겼던 것이다.

실제로 클리포드 나스(Clifford Nass)와 캐서린 이스비스터(Katherine Isbister)는 한 실험에서 사람들은 파워포인트 길잡이 캐릭터가 말과 행동에 일관성을 보였을 때가 그렇지 않았을 때보다 정보 처리 능력이 뛰어나고 설득력이 있다고 평가하였다. 제임스 그레이브스(James Graves)와 존 로빈슨(John Robinson)도 실험에서 언어와 비언어인 몸짓이 서로 다른 상담사를 의뢰인들이 별로 신뢰하지 않고 거리를 두려한다는 것을 밝혀냈다. 이에 대해 클리포드 나스(Clifford Nass)는 우리의 뇌가 불일치를 해결하려고 애쓰면서 뇌의 활동량이 늘어나 피곤해지고 일관성이 없는 성격은 믿을 수 없

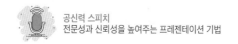

다고 생각하기 때문에 싫어한다고 하였다.

　어떤 목적을 위해 의도된 관계 형성이 아닌 순수한 의도의 관계 형성, 형식적 측면이 아닌 교감 혹은 감정의 자연스러운 연결이 곧 진실성, 진정성이다. 결국 진실성, 진정성은 어떤 특정 형식을 갖춰 표현하지 않더라도 자연스럽게 다른 사람에게 전해지는 느낌인 것이다. 스피치와 커뮤니케이션은 그렇게 해야 한다. 순수하게, 온 마음을 다해, 자연스럽게.

공신력 스피치

전문성과 신뢰감을 높여주는 프레젠테이션 기법

공신력 스피치

전문성과 신뢰성을 높여주는 프레젠테이션 기법

전문성을 높이는
비언어 스킬

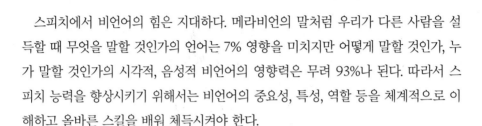

Chapter 06
전문성을 높이는 비언어 스킬

　스피치에서 비언어의 힘은 지대하다. 메라비언의 말처럼 우리가 다른 사람을 설득할 때 무엇을 말할 것인가의 언어는 7% 영향을 미치지만 어떻게 말할 것인가, 누가 말할 것인가의 시각적, 음성적 비언어의 영향력은 무려 93%나 된다. 따라서 스피치 능력을 향상시키기 위해서는 비언어의 중요성, 특성, 역할 등을 체계적으로 이해하고 올바른 스킬을 배워 체득시켜야 한다.

　비언어는 크게 반복 기능, 대체 기능, 보완과 강조 기능, 언어적 메시지를 규제하고 통제하는 규제 기능이 있다. 반복 기능은 언어로 이야기한 것을 반복해서 전달하는 것이다. 예컨대 "3분간 스피치를 하겠습니다"라고 말하면서 3개의 손가락을 펼쳐보이는 행동 등을 의미한다. 대체 기능은 언어적 메시지를 대신하는 것이다. '네'라는 대답 대신에 머리를 끄덕이는 행동, '잘했다. 최고다'라는 말 대신 엄지를 치켜세우는 행동 등을 의미한다. 강조 기능은 언어적 메시지에 의미를 더하거나 강화하는 것이다. "자신 있습니다"라고 말하면서 주먹을 불끈 쥐는 행동을 한다거나 "간절합니다"라고 이야기하면서 두 손을 기도하는 자세를 취하는 행동 등을 의미한다. 조절 기능은 언어적 메시지의 흐름을 조절하는 것이다. 예컨대 상대방을 똑바로 바라보면 커뮤니케이션할 준비가 되어 있다는 신호이다. 반대로 눈맞춤을 하다가 피하면 커뮤니케이션을 중단하겠다는 의미이다.

　이러한 비언어는 스피치와 커뮤니케이션에서 수많은 역할을 담당하고 있다. 대표적으로 전문성, 신뢰성, 역동성 등 우리의 공신력을 보여주는 핵심적인 수단이다. 또한 사람들의 감정과 내면의 상태를 정확하고 곡해없이 전달하기 때문에 진실성과 진솔함을 전달하는 데 유용하다. 언어에 비해 표현 방법이 구체적이고 직접적이어서 전달력도 크다.

　비언어 스킬에는 시각적 요소와 음성적 요소가 있다. 시각적 요소에는 눈맞춤, 자세, 외양, 얼굴 표정, 제스처 등이 해당된다. 음성적 요소에는 목소리 크기, 속도, 발음, 말의 역동성, 잠시 멈추기, 군말 등이 있다. 이러한 구체적인 비언어 스킬들은 스피치를 할 때 전문성, 신뢰성, 역동성의 공신력을 형성하는 자원이기 때문에 이론적으로 배우고 몸에 체화될 때까지 연습하고 훈련할 필요가 있다. 지금부터 전문성과 열정을 높이는 비언어 스킬에 대해 살펴볼 것이다.

1 눈맞춤 : 눈을 맞추면 똑똑하고 열정적으로 보인다

눈맞춤의 역할

눈맞춤의 역할은 다양하다. 첫째, 눈맞춤은 커뮤니케이션의 시작과 끝을 알려준다. 스피치에서 말하기와 듣기는 동전의 양면처럼 분리될 수 없는 것이기 때문에 눈맞춤은 커뮤니케이션을 하는 데 필수적인 요소이다. 우리는 다른 사람과 말을 할 때 가장 먼저 눈을 맞추는 행동을 한다. 다른 사람의 이야기를 들을 때도 눈맞춤에서 시작한다. 실제로 우리는 어떤 사람이나 커뮤니케이션 주제에 대해 별로 관심이 없거나 이야기를 하다가 중단하고 싶을 때 눈맞춤을 회피한다.

둘째, 눈맞춤은 연사의 전문성, 신뢰성, 역동성의 공신력을 높여준다. "사람의 눈은 사람의 혀만큼이나 많은 말을 한다." "눈은 마음의 창이다"라는 말이 상징하듯이 눈맞춤은 전문가답고 신뢰성 있으며 열정적인 이미지를 형성하는 지름길이다. 우리는 스피치를 할 때 눈맞춤을 못하면 자신감이 없고 열의가 부족하며 정직하지 못하다고 평가한다. 실제로 수많은 연구에서 눈맞춤을 잘하는 연사는 자신감, 확신, 능력, 열정, 정직한 사람이라고 평가받았다. 또한 면접에서 눈을 제대로 마주치지 못하는 지원자는 무능력하고 소극적이며 사회생활 능력이 부족하고 호감이 가지 않는 인상을 주는 것으로 밝혀졌다.

셋째, 눈맞춤은 연사에게 관심을 집중시켜 주는 역할을 한다. 연사가 눈맞춤을 하면서 스피치를 할 때와 그렇지 않았을 때 집중도의 차이가 있다. 연사가 청중과 눈맞춤을 하지 않고 스피치를 한다면 청중은 본능적으로 딴 생각을 하게 된다. 심지어는 청중에게 관심이 없거나 무시한다고까지 생각할 수 있다.

넷째, 눈맞춤은 청중의 반응을 살피고 존중을 표현하는 기본적인 태도이다 눈맞춤은 심리적으로 악수하는 것과 같다. 청중에 대한 관심과 연결, 집중을 보여준다. 그런 의미에서 눈맞춤은 청중을 존중하는 첫 번째 표현 방식이다. 또한 연사는 청중과 눈맞춤을 하면서 자신이 전하는 메시지에 공감대를 형성하고 있는지 등 청중의 반응을 살필 수가 있다. 청중의 반응을 보면서 연사는 자신의 스피치를 융통성 있게 변화시켜 성공적인 결과를 얻을 수 있다.

다섯째, 눈맞춤은 감정 표현, 성격 등을 전달하는 역할을 한다. 눈은 신체 중에서 초점이 가장 많이 모아지는 곳이고 가장 정확하게 감정 상태를 표현해 주는 부분이다. 우리는 기쁠 때 눈맞춤을 많이 하고 슬플 때나 당황했을 때 눈맞춤을 적게 하는 경향을 보인다. 또한 자신감이 있고 유능하며 적극적이고 활발한 성격의 사람은 눈맞춤을 많이 한다. 이처럼 눈맞춤은 스피치에서 가장 중요한 비언어이다. 따라서 스피치를 할 때 한 순간도 청중에게서 눈을 떼지 말고 눈맞춤을 해야 한다.

눈맞춤은 전문성의 상징 : 6가지 방법

눈맞춤은 전문성을 향상시키는 핵심 스킬이다. 그렇다면 눈맞춤은 어떻게 하는 것이 효과적인가. 올바른 눈맞춤을 하는 방법은 크게 6가지가 있다.

첫째, 눈-코 삼각형의 위치를 찾아라

눈맞춤을 할 때 상대방의 눈을 정확히 마주치면 좋다. 눈맞춤을 통해 교감하는 것이다. 그러나 상대방의 눈을 직접적으로 바라보기가 어색하거나 상대방이 눈을 마주치는 것을 부담스러워 할 때는 '눈-코 삼각형' 안에서 눈맞춤을 하면 된다. 눈-코 삼각형의 위치, 즉 미간을 바라보면 부담스럽지 않으면서도 눈맞춤을 하는 것과 같은 느낌을 줄 수 있다. 어느 정도 눈맞춤의 훈련이 되고 나면 정확하게 상대방의 눈을 바라봐야 한다. 미간을 계속 바라보면 어느 순간 상대방은 자신과 정확하게 눈맞춤을 하지 않고 있다고 느끼기 때문이다. 눈맞춤 능력을 향상시키기 위해서는 평소 일상에서 상대방의 눈을 보면서 커뮤니케이션하는 연습을 해야 한다.

눈맞춤은 어떤 목적으로 커뮤니케이션을 하는가에 따라 시선의 위치를 달리해야 한다. 대체로 업무나 비즈니스 관계에서 하는 눈맞춤과 사교적 만남에서 하는 눈맞춤의 위치는 다르다. 비언어 연구자에 따르면 눈맞춤의 위치가 높을수록 리더로 평가받으며 공식적인 자리라는 것을 보여준다. 업무상황 혹은 비즈니스 관계에서는 두 눈과 이마 중앙이 꼭짓점인 삼각형 영역에서 눈맞춤을 하는 것이 이상적이다. 상대방 두 눈의 약간 위쪽을 바라보는 것이다. 이 영역에서 눈맞춤을 하면 진지하고 공적으로 대하고 있다는 신호이다. 사교적 만남에서는 두 눈과 입을 연결하는 삼각형 영역에서 눈맞춤을 하면 좋다. 상대방 두 눈의 약간 아래쪽을 바라보는 것이다.

둘째, 2-3개 문장을 말할 동안 한 사람만 보아라

한 사람과 눈을 맞추면서 교감하는 시간, 2-3개 문장을 이야기하는 시간 정도가 적당하다. 우리는 스피치, 프리젠테이션, 회의, 대화, 면접 등 어떠한 상황에서 눈맞춤을 하더라도 순간순간 한 사람과 눈을 마주쳐야 한다. 순간순간 한 사람과 눈맞춤을 하되 그 대상을 바꾸는 것일 뿐이다. 눈맞춤은 상대방에게 집중하고 있고 관심이 있으며 소통하고 싶다는 마음을 표현하는 것이다. 오로지 한 사람에게 안테나를 맞춰 제대로 눈맞춤을 해야 하는 이유이다.

그렇다면 한 사람과 눈맞춤을 할 때 어느 정도 머물러 있는 것이 좋은 것인가. 너무 오래 바라보고 있으면 상대방이 당황스럽고 어색하고 무례하다고 느낄 수 있다. 그렇다고 너무 짧은 시간 동안만 머물러 있으면 상대방과 교감할 수 없고 형식적으로 바라보는 것처럼 느껴진다. 교감을 나누면서도 당황스럽지 않을 정도의 눈맞춤의 시간. 미국에서는 'one sentence-one person법'이라고 해서 한 문장에 한 사람씩 바라보는 것이 이상적이라고 권장한다. 그런데 영어와 우리 말은 서로 다르다. 문장 길이도 다르고 표현 방법도 차이가 난다. 오랫동안 스피치를 코칭해온 저자의 경험에 비추어 보면 한 사람에 2-3개 문장이 끝날 때까지 머물러 있으면 좋다. 상대방과 교감을 나누면서도 오래도록 쳐다보는 느낌을 주지 않을 정도의 시간이다. 물론 문장이 단문으로 구성되어 있어야 한다. 스피치는 수많은 청중을 대상으로 하지만 한순간에 한사람과 눈맞춤을 했다면 열과 성을 다해 자신의 마음을 전하도록 집중해야 한다. 짧은 스피치에서는 그 사람과 다시 눈맞춤할 기회가 오지 않을 수도 있다. 2-3개 문장의 시간 동안 설득할 수 있어야 한다. 2-3개 문장의 시간 안에 통해야 한다.

'토스트마스터스 스피치 세계대회'에서 우승했던 리 글릭스타인(Lee Glickstein)은 영향력 있는 눈맞춤을 하려면 깊이를 더해야 한다고 강조하였다. 그러면서 100% 청중과 관계를 형성하는 것이 아니라 눈을 마주친 사람 개개인에게 100% 집중하는 것이 가장 이상적이라고 하였다. 개개인과 눈맞춤을 하면 할수록 더 가깝게 연결되었다는 느낌을 받는다는 것이다. 그러면서 그는 한사람에서 다른 사람으로 시선을 옮기기 전에 5-10초 정도는 눈맞춤을 유지하는 것이 바람직하다고 하였다.

셋째, Look-Smile-Talk법을 살려라

Look-Smile-Talk법. 먼저 청중을 보고 웃은 다음 이야기하라. 눈맞춤할 때 반드시 따라야 하는 기법이다. 어떤 마음과 어떤 눈빛으로 바라보는가에 따라 상대방이 느끼는 감정은 다르다. 눈맞춤을 했으나 무표정한 얼굴이나 다소 차가운 눈빛으로 바라봤을 경우 상대방은 부정적인 감정을 느낀다. 이것은 눈맞춤을 하지 않은 것보다 비효과적인 결과를 가져올 수 있다. 그래서 비언어학자들은 Look-Smile-Talk법을 권장한다. 여기에서 Smile이 중요하다. 상대방을 바라본 뒤 짧은 시간 미소를 짓고 확신에 찬 목소리로 이야기해야 전문가답게 보인다.

바라보는 눈빛도 중요하다. 눈빛은 항상 따뜻해야 한다. 연사의 이야기를 열심히 들어주는 청중에게 고마운 마음을 담아서 바라봐야 한다. 미국의 철학자이자 시인인 랄프 왈도 에머슨(Ralph Waldo Emerson)은 "눈은 무엇인가를 겨냥하는 장전된 총처럼 상대를 위협할 수도 있고 야유나 비난을 퍼붓는 것처럼 모욕할 수도 있다. 하지만 분위기가 달라져 친절한 눈빛으로 바뀌면 상대방의 마음을 기쁨에 들떠 춤추게 만들 수도 있다"고 하였다. 눈빛이 사람의 마음을 얻는 방법임을 이야기하고 있다. 꽃다발을 선사하는 마음으로 눈맞춤하면 된다.

넷째, 청중을 그룹핑하고 Zig-Zag법을 활용하라

스피치는 많은 청중을 대상으로 한다. 전문성을 높이려면 가능한 한 모든 사람과 눈맞춤을 하면 좋다. 문제는 청중이 많은 경우 누구와 어떻게 눈맞춤을 해야 하는가이다. 누구와 어떻게 눈맞춤을 해야 효과적으로 교감할 수 있는가.

그 해답은 바로 그룹핑을 통한 눈맞춤과 Zig-Zag법을 활용하는 것이다. 그룹핑을 통한 눈맞춤이란 청중의 규모가 클 때 청중석을 4등분, 6등분, 9등분의 형태, 혹은 상중하, 좌우, 앞뒤 방법으로 그룹을 나눈 뒤 한 그룹에 한명씩 선택해서 눈맞춤을 하는 것을 말한다. 이때 가능하면 미소짓는 사람, 적극적으로 반응을 보여주는 사람을 선택해서 눈을 맞추면 긴장감이 줄어들고 더 열정적으로 스피치를 할 수 있다. Zig-Zag법이란 청중을 그룹으로 나눈 뒤 지그재그 형태로 청중과 골고루 눈맞춤을 하는 것을 의미한다.

청중을 그룹핑해서 한 그룹에 한명씩 눈맞춤을 하면 그외 많은 청중을 소외시키는 것은 아닌지 우려할 수 있다. 이러한 우려 때문에 여러 사람과 눈맞춤하느라 한 곳에 집중하지 못하고 시선을 너무 빨리 움직여 허둥대는 모습을 보이기도 한다. 그러나 한 사람과 눈맞춤을 한다고 해서 다른 사람을 배제시키는 것은 아니다. 바로 아우라 효과(aura effect)가 그것을 설명해 주고 있다.

아우라 효과란 연사가 실제 바라보는 사람이 멀리 있을수록 시야가 그 앞뒤 좌우로 넓어지는 현상을 말한다. 연사가 앞에 앉아 있는 청중과 눈을 마주치면 4-6명의 청중들이 연사가 자신을 바라보고 있다고 생각한다. 연사가 중간 정도의 위치에 있는 청중 한사람과 눈맞춤을 하면 대략 8-12명, 가장 뒤쪽에 앉은 청중 한사람과 눈맞춤을 하면 약 15-20명의 사람들이 연사가 자신을 바라보고 있다고 믿게 된다. 청중 전체를 한꺼번에 모두 바라볼 수도 없고 바라보려고 노력하지 않아도 된다. 청중을 모두 바라보지 않더라도 아우라 효과로 전체 청중과 교감하고 커뮤니케이션할 수 있다.

다섯째, Mr. Big을 찾아라

Mr. Big에게 눈을 맞추면 더 많은 효과를 얻을 수 있다. 단순 노출 효과에 따라 진실한 눈맞춤만 성공한다면 전문성, 신뢰성을 확보하는 것은 어렵지 않다. 그래서

Mr. Big을 찾아 더 많은 눈맞춤을 시도하는 것이 중요하다. Mr. Big이란 그 집단에서 영향력 있고 중요한 사람을 의미한다. Mr. Big은 청중의 반응을 주도하고 의사결정에 영향을 미치는 사람이다. Mr. Big만 설득하면 다른 사람을 설득하는 것보다 훨씬 좋은 반응을 이끌어낼 수 있는 것이다. 따라서 다른 사람보다 Mr. Big과 더 많은 눈맞춤을 해야 한다.

특히 면접에서 Mr. Big을 찾아내 더 많이 더 열정적인 눈빛으로 눈맞춤을 해야 한다. 이 사람이 면접의 당락을 결정하는 데 많은 영향력을 행사할 수 있기 때문이다. 눈맞춤을 하되 더 영향력이 있는 사람, 더 많은 반응을 보여주는 사람과 하면 효과적이다. 핵심을 강조할 때, 자신의 전문성과 신뢰성을 보여줄 때 Mr. Big과 더더욱 눈을 맞추어야 한다.

여섯째, 배꼽 위치를 맞춰라

눈맞춤을 할 때 배꼽의 위치를 맞추는 것이 중요하다. 배꼽이 상대방에게 향하지 않고 얼굴만 돌려 눈맞춤을 한다면 진실한 마음을 전할 수 없다. 비언어 학자들은 배꼽의 법칙이 한 사람의 관심과 의도를 측정하는 가장 정확한 방법이라는 사실을 밝혀냈다. 배꼽의 법칙이란 어떤 사람과 이야기를 나누고 싶고 관심이 있다면 배꼽의 방향이 상대방을 향한다는 원리이다. 비록 상대방의 얼굴을 바라보고 있다고 해도 배꼽이 상대방을 향하지 않고 있다면 흥미가 부족하고 의견 차이가 있음을 보여주는 것이다. 반대로 사실을 이야기하거나 의견에 동의할 때, 상대방에게 관심이 있거나 호의적인 감정일 때 배꼽은 상대방을 향하게 된다.

스피치를 할 때 배꼽의 법칙이 지닌 힘을 생각하지 않고 고개만 돌리거나 눈동자만 움직여 상대방을 보는 경우가 많다. 이 경우 연사가 눈맞춤을 시도했으나 상대방은 관심이 부족하거나 집중하지 않고 있다는 느낌을 받는다. 특히 고개만 돌리거나 눈동자만 움직여서 상대방을 바라볼 경우 곁눈질하는 것처럼 보여진다. 연사가 의도한 것은 아니지만 곁눈질은 뭔가 의심을 나타내는 태도이고 상대방을 부정적으로 탐색하는 것처럼 보인다. 때로는 상대방에 대한 적대감을 표시하는 것처럼 느껴진다. 어느 곳에서 눈맞춤을 하더라도 항상 상체를 움직여 상대방 쪽으로 향하게 한 후 배꼽의 레이더를 맞추자. 눈과 배꼽은 같은 곳을 바라봐야 한다. 눈과 배꼽의 방향을 맞추자.

눈맞춤을 할 때 배꼽의 위치를 맞추는 것이 중요하다. 단지 고개만 돌려 바라볼 것이 아니라 상대방과 배꼽의 위치를 맞춰야 친밀감이 더 빨리 형성된다고 한다. 재닌 드라이버(Janine Driver)는 배꼽은 사람의 생각과 느낌, 특히 머물고 싶은 장소와 떠나고 싶은 장소를 굉장히 정확하게 표현해 준다고 하였다. 즉 한 사람의 관심과 의도를 측정하는 가장 정확한 방법이기 때문에 커뮤니케이션을 할 때 '배꼽의 법칙'을 따라야 한다는 것이다. 배꼽의 법칙이란 누군가와 이야기를 나누고 싶고 관심이 있다면 배꼽의 방향이 그 사람을 향한다는 것이다. 비록 얼굴을 마주하고 있다 해도 배꼽이 서로 다른 방향을 향하고 있다면 흥미 부족, 의견 차이 등을 보여주는 것이다. 따라서 눈을 마주칠 때도, 악수를 할 때도 상대방과 배꼽의 위치를 맞추면 친밀감 형성이 속력을 낸다.

지금까지 스피치를 할 때 효과적인 눈맞춤의 방법 6가지를 제시하였다. 이 방법은 일상생활에서 자연스럽게 눈맞춤을 할 수 있는 사람들에게 해당되는 기술이다. 평소 다른 사람과 눈맞춤을 시도하는 것조차 불편하고 쑥스러워하는 사람들이 많다. 청중이 많은 스피치 상황에서는 더더욱 눈맞춤을 할 수 없어 멍한 눈빛으로 정확히 청중을 응시하지 않는다. 먼산 바라보기, 벽면이나 천장 바라보기, 아래 바닥 바라보기 형태로 스피치를 하기도 한다. 이러한 사람들은 어떤 상황에서든 어떤 사람을 만나든 자신 있게 눈맞춤을 할 수 있도록 연습하고 훈련해야 한다. 눈맞춤은 모든 커뮤니케이션에서 가장 필요하고 핵심적인 스킬이기 때문이다. 그 방법은 간단하다. 일상생활에서 다른 사람과 대화할 때 매일매일 눈맞춤을 시도하는 것이다. 눈맞춤이 익숙해질 때까지 꾸준히 연습해야 한다.

마이클 엘스버그(Michael Ellsberg)는 저서 《눈맞춤의 힘》에서 스피치 불안감 극복 방법 중의 하나인 체계적 둔감화 방법을 적용하여 눈맞춤의 두려움을 극복할 수 있는 방법을 제시했다. 그는 단계적으로 눈맞춤을 연습해야 한다고 제안하고 있다. 1단계는 친구나 가족과 의도적으로 오랜 시간 동안 눈맞춤 연습을 하고, 2단계는 거리에서 모르는 사람과 서너 걸음 정도의 시간 동안 눈맞춤을 연습하고, 3단계는 웨이터, 점원, 계산대 직원 등 모르는 사람과 좀 더 긴 시간 동안 눈맞춤을 연습하고, 4단계는 친구나 가족, 동료 및 알고 지내는 사람과 대화를 나누면서 아주 오랫동안 눈맞춤을 연습하고, 5단계는 금방 만난 사람과 대화를 나누면서 아주 오랫동안 눈맞춤을 연습하는 것이다. "마음의 거울은 얼굴이고, 얼굴은 눈을 통해 말을 한다," 로마의 철학자이자 정치인이자 변호사였던 키케로(Cicero)의 말이다. 눈맞춤의 힘은 강력하다. 그래서 반복적인 연습으로 눈맞춤의 달인이 되어야 한다.

눈동자를 크게 하라

스피치를 할 때 눈동자를 크게 하면 더 전문가다운 이미지를 줄 수 있다. 우리는 누군가를 몰입해서 볼 때 생기 있고 활기차 보이며 더 카리스마 있고 매력적으로 보인다고 한다. 사람들은 관심있는 대상을 보거나 집중적으로 사고할 때 동공이 열리게 되는데 우리는 동공이 열린, 큰 눈을 더 좋아한다.

심리학자 에커드 헤스(Eckerd Hess)의 실험 결과에 의하면 동일 인물의 사진을 각각 동공이 열린 상태와 닫힌 상태로 나누어 실험 참가자들에게 보여주었을 때 거의 100%에 가까울 정도로 동공이 열린 사진에 긍정적인 평가를 내렸다고 한다. 사람들은 동공이 큰 사람이 동공이 작은 사람보다 더 능력 있고 매력적이며 열정적이라고 평가하였다. 따라서 스피치를 할 때 상대방을 집중해서 보면 눈동자가 커져 더 전문가처럼 보이는 것이다. 그래서 젊은 여성들은 눈동자가 커 보이게 하기 위해 서클 콘택트 렌즈(circle contact lens)을 착용한다. 이것은 렌즈 테두리 부분에 색깔을 넣어 눈동자가 크게 보이도록 만든 콘택트 렌즈이다.

스피치를 할 때 간혹 미간을 찌푸리면서 눈을 가늘게 뜨는 경우가 있다. 대체로 뭔가에 집중하거나 생각할 때, 불안감이나 혼란을 느꼈을 때, 달갑지 않은 과제를 떠맡았을 때, 유쾌하지 못한 것을 피하고 싶을 때 나타나는 비언어이다. 그런데 이 비언어는 부정적인 이미지를 준다. 눈을 가늘게 떴기 때문에 눈동자가 작아져 전문성, 매력, 호감도에도 좋지 않은 영향을 미친다. 항상 상대방과 눈맞춤을 할 때는 집중하고 몰입해서 눈동자를 크게 해야 한다. 큰 눈을 가진 외모보다 더 중요한 것은 눈동자를 크게 여는 것이다. 확신에 차 있으면, 열정적인 마음을 가지고 있으면, 청중에게 몰입하면 눈동자는 자연히 커진다.

눈깜박임을 줄여라

전문가답게 보이기 위해서는 눈깜박임을 줄여야 한다. 눈을 깜박이는 것은 상황을 잘 판단하려는 노력이며 자연스러운 신체적 반응이다. 대체로 1분에 5-15회 정도 눈을 깜박이는 것은 생리적으로 자연스러운 현상이라고 한다. 눈을 깜박이는 이유는 각막이 건조해지는 것을 막기 위해서이다. 또한 눈깜박임은 뇌가 정보를 처리하는 속도와 관련있다. 불안감이나 긴장감을 느낄 때, 달갑지 않은 정보를 접했을 때, 어떤 정보를 이야기하기 곤란할 때 정보를 처리하는 속도가 빨라져 눈깜박임이 많아진다. 거짓말을 할 때도 뇌는 그럴싸한 이야기를 꾸며내느라 바빠져 눈깜박임이 많아진다. 따라서 눈깜박임은 불안감, 긴장감, 거짓말을 나타내는 하나의 지표이다. 스피치를 할 때 눈깜박임을 줄여야 하는 이유이다.

연사가 눈깜박임이 많으면 긴장하고 있음을 드러내준다. 심지어 거짓말하는 사람처럼 인식될 수 있다. 실제로 심리학자 지니 헐리건(Ginny Hurligan)과 데니스 오코넬(Daniel O'Connell)의 실험에 따르면 불안감을 많이 느낀 학생들이 눈을 자주 깜박이는 것으로 나타났다. 따라서 전문가다운 이미지를 보여주기 위해서는 눈깜박임을 줄여야 한다. 특히 처음 보는 사람과 중요한 이야기를 나눌 때는 가능한 한 그 횟수를 줄이도록 의식적으로 노력해야 한다.

평소 눈깜박임이 많은 사람들은 이것을 단순한 습관으로 가볍게 여겨서는 안된다. 눈깜박임 하나로 부정적인 이미지를 형성할 수 있기 때문이다. 일상생활에서 눈깜박임을 줄이는 연습을 꾸준히 해보자.

💬 시선을 아래로 떨구지 말라

시선을 아래로 떨구는 것 역시 전문성에 부정적인 영향을 미친다. 시선을 아래를 떨구는 행동, 즉 고개를 숙이는 자세는 모든 결정권을 상대에게 완전히 내주는 것과 같다. 복종을 의미하고 나약함, 자신감 결여, 패배, 죄책감, 수치심, 당혹감의 의미를 나타내기도 한다. 상대방과 눈을 맞추기가 너무 힘들다면 시선을 위쪽이나 옆쪽에 두는 것이 낫다.

실제로 심리학자 스트롱만과 찬프네스(Strongman & Champness)의 실험 결과에 따르면 시선을 아래로 떨구거나 상대방에게서 시선을 떼거나 먼저 시선을 피할 경우 복종하는 사람처럼 인식되었다. 스피치를 할 때 불안하다고, 자신감이 없다고, 쑥스럽다고 시선을 떨구지 말고 당당하게 청중을 바라보아야 한다. 자신을 바라보지 않고 바닥만 보고 있는 연사에게 좋은 점수를 매길 청중은 없다.

면접에서 자신은 능력이 있고 자신감과 열정이 넘치는 사람이라고 말은 하지만 눈은 아래로 향하고 있다면 면접관들은 그 말을 믿지 않는다. 오히려 아래를 향한 시선을 중요한 단서로 받아들여 자신감이 없고 나약한 사람으로 생각할 수도 있다. 쑥스러워서, 당황스러워서, 어색해서, 다소 불안해서 시선을 아래로 떨굴 경우 그 행동이 가져올 부정적 영향은 크다. 당당하고 자신감 넘치는 사람으로 인정받고 싶을 때, 전문가답게 평가받고 싶다면 절대로 고개를 숙여 시선을 아래로 향하는 실수는 저지르지 말아야 한다.

② 자세 : 어깨에 자신감과 카리스마를 실어라

💬 자세의 역할

자세는 첫인상 형성을 비롯해 다양한 역할을 수행한다. 첫째, 자세는 당당하고 파워있는 이미지의 상징이다. 자세에서 중요한 것은 어깨를 곧게 펴는 것이다. 실망하다, 낙망하다의 의미에 '어깨를 떨어뜨리다'는 표현도 숨어 있듯이 떨어뜨린 어깨는 곧바로 나약함을 드러낸다. 어깨뿐만이 아니라 머리, 목, 척추 어느 곳 하나 무력하게 쳐져 있지 않도록 곧바로 편 상태에서 반듯한 자세를 취해야 한다. 대체로 지위가 높거나 전문성을 인정받은 사람들이 어깨를 편 당당한 자세를 취한다. 이처럼 스피치에서 올바른 자세를 취하는 것만으로도 자신감 있고 당당한 연사로 보인다.

둘째, 자세는 연사 스스로 자신감을 갖게 한다. 자세는 자신의 생각과 의식에 영향을 미친다고 한다. 비언어 전문가 토니야 레이맨(Tonya Reiman)의 연구에 따르면 똑바로 서 있을 때 사람들은 자신의 생각과 믿음에 더욱 자신감을 갖게 된다. 또다른 연구에서도 사람들은 어떠한 자세를 취했느냐에 따라 자기 스스로에 대한 평가가 달라지는 것으로 밝혀졌다. 연구자들은 가짜 입사 시험에 참여한 실험 참가자들에게 이력서를 작성하면서 똑바로  앉거나 혹은 구부정하게 앉으라고 지시했다. 똑바른 자세로 앉아 이력서를 작성한 실험 참가자들은 구부정하게 앉았던 실험 참가자들보다 자기 자신을 훨씬 더 호의적으로 생각하였다. 스피치를 할 때 당당하고 바른 자세를 취하면 자신감이 생겨 불안감도 감소된다는 이야기이다.

셋째, 자세는 인상 혹은 이미지를 결정짓는다. 성격, 신분, 심리상태, 성장배경, 마음가짐 등을 표현해주기도 한다. 예컨대 신분이 높은 사람일수록 고자세이면서도 편안하게 이완된 자세를 취하는 반면 지위가 낮은 사람들은 안절부절못하는 저자세로 방어적이고 긴장된 모습을 취했다. 또한 적극적인 사람은 진취적인 자세, 소극적인 사람은 불안하고 방어적인 자세를 보였다. 희망에 차 있고 당당한 사람들의 자세는 의기소침하고 수줍어하거나 순종적인 사람들보다 더 꼿꼿하고 당당한 자세를 보였다. 또한 머리와 턱을 들고 어깨를 펴는 자세를 취한 사람은 자신감과 신뢰도에 있어 높은 평가를 받았다. 반면 어깨가 축 늘어진 채 시선을 아래로 향하고 움츠린 사람은 자신감과 신뢰도 측면에서 낮은 평가를 받았다. 자세는 자신감 있고 전문가다운 이미지를 형성하고 자신 스스로 자신감을 갖게 하는 핵심 스킬이다. 스피치를 할 때 어깨를 펴고 당당하게 서라. 자신감이 생겨 스피치 불안감도 줄어들 것이다.

💬 당당하고 정제된 자세를 취하라

자세는 당당함, 자신감의 상징이다. 아무런 말을 하지 않아도 당당하게 걸어 나오는 모습, 당당하게 서 있는 자세만으로 카리스마, 전문성, 자신감을 보여준다. 그렇다면 당당하고 정제된 자세는 어떻게 취해야 하는지 그 방법을 알아보도록 하자.

당당하고 정제된 자세는 청중의 한가운데 서는 것에서 출발한다. 청중의 한 가운데 서는 것은 모든 청중을 포용하는 자신감 넘치는 태도를 보여준다. 청중 한가운데로 가서 등에 힘을 주고 어깨를 펴서 당당히 선 다음 두 발은 자신의 신발 크기의 2/3 정도 벌리고 나란히 11자 모양으로 서서 두 발에 몸의 무게를 똑같이 싣는다. 고개는 좌우, 위아래로 기울어지지 않도록 똑바로 든다. 어깨에 힘을 뺀 상태에서 손은 계란을 쥔 모양으로 만든 후 가만히 내려놓는다. 그것이 당당하고 정제된 자세 방법이다.

특히 주의할 점은 두 발의 간격을 너무 넓게 혹은 너무 적게 벌려서는 안 된다는 것이다. 신발 크기의 2/3를 잊지 말아야 한다. 너무 넓게 벌리면 단정하지 못하고 불손해보이기까지 한다. 너무 적게 벌리면 자신감이 없고 소극적인 사람으로 보인다. 또한 두 발이 11자가 아닌 여덟 팔(八) 자가 되지 않도록 주의해야 한다. 여덟 팔(八) 자로 서면 뒤로 버티는 자세를 취하게 되어 단정치 못한 인상을 준다.

연구에 따르면 다리를 벌리고 서 있는 남자는 자신감 있게 보인다고 한다. 양발에 체중을 고르게 싣는 것은 확고하게 서 있다는 의미이다. 이때 턱은 약간 위로 들되 너무 들어 올리지 않는다. 너무 위로 들어 올리면 거만하고 우월감을 나타내기 때문에 고압적인 이미지를 줄 수 있다. 대체로 당당하고 지위가 높은 사람들은 머리를 똑바로 들고 반듯한 자세를 취한다. 고개를 옆으로 비스듬히 기울이는 자세는 목의 측면을 드러내면서 몸집을 작아 보이고 복종적으로 보이기 때문에 고개를 똑바로 들어야 한다. 그리고 제스처를 해야 할 때가 아니면 손은 가만히 양 옆에 붙인다. 당당하고 정제된 자세 방법을 정리해 보면 다음과 같다.

📢 당당하고 정제된 자세 방법

- 청중의 한가운데 선다.
- 등에 힘을 주고 어깨를 펴서 당당히 선다.
- 두 발은 나란히 신발 크기의 2/3 정도 벌린다.
- 두 발은 11자 모양으로 하고 신발 앞쪽을 동일선상에 놓는다.
- 발바닥에 동시에 힘을 주어 두 발에 몸의 무게를 똑같이 싣는다.
- 무릎을 뻣뻣하게 느낄 정도로 편다.
- 턱은 약간 위로 들되 너무 들어 올리지 않는다.
- 고개는 옆으로 기울어지지 않도록 똑바로 든다.
- 손은 계란을 쥔 모양으로 가만히 양 옆에 붙인다.

💬 피하면 전문성이 높아지는 3가지 자세

당당하고 정제된 자세로 서서 스피치를 하는 것은 전문성을 확보하는 확실한 방법이다. 그런데 이런 자세로 서서 스피치를 하는 것은 쉽지 않다. 스피치 교육을 해보면 대체로 남자들이 당당하고 정제된 자세로 서 있는 것을 힘들어한다. 대신 많은 사람들이 전문성과 자신감을 떨어뜨리는 세 가지 자세를 취할 때가 많다. 바로 무화과 나뭇잎 자세, 뒷짐 자세, 가슴 앞 자세이다. 이 자세들은 전 세계에서 공통적으로 나타나고 있다. 이 자세들은 자신감과 전문성을 약화시키기 때문에 반드시 피해야 한다.

첫째, 무화과 나뭇잎 자세이다.

두 손을 맞잡아 가랑이나 아랫배 앞을 직접 가리는 자세이다. 서구에서는 고장난 지퍼 감추기 자세라고도 하며 주로 남자들이 취하는 자세이다. 손을 배 앞이나 가랑이를 가리기 때문에 어깨가 움츠러들고 두 손을 폐쇄적으로 잡고 있어 자신감과 전문성을 떨어뜨린다. 그래

무화과 나뭇잎 자세

서 이 자세는 힘과 권위, 자신감이 부족한 자세로 인식된다. 불안감, 불편함, 연약함을 보여주는 자세이기도 하다. 스피치를 할 때 손을 어디에 둬야 하는지 잘 몰라서, 스피치를 하는 것이 어색하고 불안감이 들어서 등 여러 가지 이유로 무화과 나뭇잎 자세를 취한다. 그러나 이 자세를 취하는 것만으로도 자신감과 전문성이 상실된다는 사실을 명심하자.

둘째, 뒷짐 자세이다.

서구에서는 왕의 자세, 여왕 자세라고 한다. 우리나라에서는 양반 자세로 부른다. 뒷짐을 지는 것은 높은 지위에 대한 우월감, 자신감, 강인함, 힘 등의 감정을 드러낸다. 그래서 이 자세를 취하면 오만하고 지나치게 보수적인 사람으로 보일 수 있다. 스피치를 할 때 청중은 최

뒷짐 자세

고로 존중해야 할 귀한 존재이다. 그런데 뒷짐 자세를 취하면 자신의 권위와 우월감을 암묵적으로 드러내는 것이기 때문에 청중이 부정적으로 평가한다. 또한 뒷짐 자세는 거리를 두고 싶다는 의미를 나타내기도 한다. 조 내버로는 《FBI 행동의 심리학》이라는 책에서 뒷짐 자세가 '나에게 가까이 오지 마시오. 나한테 손대지 마시오'라는 메시지를 전달한다고 파악했다. 자신이 더 높은 지위에 있기 때문에 함부로 접근하지 말라는 의미이다. 그래서 뒷짐 자세는 그 자체로 커뮤니케이션을 차단

하려는 신호이기 때문에 부정적이고 폐쇄적인 이미지를 준다. 스피치를 할 때 뒷짐을 지는 것만으로도 청중은 왠지 모를 불편함을 느낀다.

셋째, 가슴 앞 자세이다.

두 손을 잡거나 깍지를 끼고 가슴 앞에 두는 자세를 말한다. 손을 가슴 앞으로 모으기 때문에 무화과 나뭇잎 자세처럼 어깨가 움츠러들어 자신감이 없고 나약하게 보인다. 불안감이나 좌절감을 나타내는 자세이며 부정적인 마음 상태에 있다는 것을 보여준다. 여성들이 많

가슴 앞 자세

이 취하는 자세로 여성다운 특성을 드러낼 때 사용하기도 한다. 그러나 당당하고 자신감 있는 모습, 전문가다운 모습을 연출하고 싶을 때는 피해야 한다.

이외에도 한쪽 팔로 반대쪽 팔을 잡거나 살짝 손을 걸쳐 마치 자신을 껴안은 것 같은 자세, 소위 1/2 팔붙잡기는 자신감이 부족하거나 불안할 때 나타나는 자세이다. 이 자세는 우리나라 문화에서 어른 앞에서 행했을 때 예의에 어긋나는 부정적인 행동이기 때문에 피하는 것이 바람직하다.

피해야 할 자세들, 즉 무화과잎 자세, 뒷짐 자세, 가슴 앞 자세, 1/2 팔붙잡기 자세는 그 자세를 취하는 것만으로도 전문성을 떨어뜨린다. 지금까지 스피치를 할 때 어떤 자세를 취했는지 점검해 보자. 만약 이 자세들이 나타났다면 지금 바로 당당하고 정제된 자세로 바꾸도록 연습하자. 자세는 다른 비언어 스킬과 달리 조금만 노력해도 변화된다.

피하면 전문성이 높아지는 몸동작

당당하고 정제된 자세로 스피치를 시작해 끝날 때까지 그 자세를 유지하는 일은 쉽지 않다. 연사들은 불편하고 불안해서, 생각이 잘 떠오르지 않아서, 어색하고 당

황스러워서 등 여러 가지 이유로 불필요한 몸의 움직임을 보인다. 이러한 행동들을 보일 경우 산만하고 불안하고 초조해 보이기 때문에 전문성을 단번에 날려버린다. 따라서 지속적인 훈련과 연습을 통해 반드시 없애야 하는 행동들이다.

이 불필요한 몸동작은 대부분 발에서 일어나며 습관적으로 나타난다. 발은 뇌에서 가장 멀리 떨어져 있기 때문에 발이 무엇을 하고 있는지 뇌는 잘 의식하지 못한다. 그래서 신체에서 가장 정직한 부분인 발과 다리는 불안하고 초조한 마음을 자신도 모르게 그대로 드러낸다. 연사의 전문성을 해치기 때문에 반드시 피해야 하는 몸동작이 발과 다리에서 습관적으로 나오는 이유이다. 우리는 이러한 몸동작들이 연사의 전문성에 피해를 준다는 사실조차 모른 채 습관적으로 하고 있다. 지금부터 불필요한 몸동작에는 어떠한 것이 있는지 살펴보도록 할 것이다.

첫째, 삐딱하게 서 있는 자세이다.

일명 짝다리라고도 한다. 이것은 체중을 한쪽 다리에 싣고 서서 다른 쪽 발을 앞으로 내밀고 삐딱하게 선 자세를 말한다. 삐딱한 자세는 불안해 보이거나 유약해 보인다. 단정하지 않게 보이고 때로는 불손한 자세로 해석되기도 한다. 삐딱하게 서는 순간 청중은 전문성과 신뢰성이 부족한 연사로 생각한다. 따라서 두 발에 균등한 힘을 주고 11자 모양으로 만든 뒤 신발 앞쪽을 동일선상에 놓는 자세를 취해야 한다.

둘째, 다리를 떠는 행동이다.

다리를 떠는 것은 초조함과 긴장을 덜어내 마음을 진정하기 위한 무의식적 행동이다. 심리학에서는 다리 떠는 것을 욕구불만을 해소하기 위한 몸의 움직임이라고 본다. 따라서 다리를 떨고 있다는 것은 마음속에 걱정이나 불안감이 있다는 것을 보여준다. 또한 다리를 떨고 있기 때문에 단정해 보이지 않고 심지어 거들먹거리는 것처럼 보이기도 한다. 다리를 떨어서 불안하고 단정치 않게 보이는 연사는 이미지를 잃게 된다. 무릎을 꼿꼿이 세우고 다리를 움직이지 않도록 주의해야 한다.

셋째, 몸을 좌우로 흔들거나 앞뒤로 흔들거나 발을 위아래로 구르는 행동이다.

이것은 체중을 오른쪽 발에 실었다 왼쪽 발에 실었다 하거나 발 앞쪽에 실었다

뒤꿈치에 실었다 하는 형태로 나타난다. 불안이나 초조함을 진정시키기 위한 행동이다. 이 행동을 하게 되면 산만하고 불안해보여 청중이 집중할 수 없게 만든다. 또한 습관적으로 이 몸동작을 하면서 불안하고 당황스러워 한다고 생각하기 때문에 청중은 스피치 능력이 없는 연사라고 평가할 것이다. 무게중심을 옮기지 않도록 발바닥에 힘을 주고 서서 움직이지 않아야 한다.

넷째, 자기 몸을 여기저기 만지는 행동이다.

팔을 쓰다듬거나 손을 만지작거리거나 허벅지나 다리를 문지르거나 머리를 만지거나 하는 형태로 나타난다. 우리는 불안하고 스트레스를 받을 때 자기 스스로를 진정시키고 위로하기 위해 이러한 행동을 취한다고 한다. 그래서 일명 자기달래기 행동, 진정제, 안정제라고도 불린다. 이 행동은 불안감, 어색함, 자신감 부족의 의미로 해석되기 때문에 연사의 전문성에 부정적인 영향을 미친다. 불안하더라도 몸을 여기저기 만지면서 자신을 위로하지 말고 당당히 맞서는 행동이 필요하다.

청중보다 높은 위치에 서라

파워 있게 보이기 위해서는 자세의 높이가 중요하다. 청중보다 높은 위치에 서야 전문성을 보여줄 수 있다. 심리학자 발리 슈왈츠(Bally Schwartz)의 연구에 따르면 눈높이와 파워는 불가분의 관계에 있다. 높은 위치에 있는 사람일수록 파워가 있는 것처럼 보이고 낮은 위치에 있는 사람일수록 파워가 떨어지는 것으로 평가받았다. 그렇기 때문에 서 있는 자세가 앉아 있는 자세보다 상대방에게 쉽게 파워를 전달할 수 있다. 선 자세로 이야기를 하면 전문성, 적극성이 더 드러나게 되어 훨씬 강하게 어필할 수 있는 것이다.

직장에서 보고할 때, 회의할 때, 의견을 제시할 때 서서 이야기하면 더 파워 있고 능력 있게 보일 수 있다. 앉아서 이야기를 할 때 좀 더 파워 있게 보이고 싶으면 상대보다 약간 높은 의자에 앉는 것이 효과적이다. 시선의 높이는 심리적인 파워와 연결되기 때문이다. 그러나 친밀감을 주고 싶다면 눈높이를 맞추어야 한다.

③ 제스처 : 파워 제스처로 설득력을 높여라

💬 제스처의 역할

"손도 말을 한다."

심리학자 시부야 쇼조(澁谷 昌三)의 말이다. 제스처의 중요성을 단적으로 드러내고 있다. 정치가였던 데모스테네스(Demosthenes) 역시 "제스처는 연설의 시작이요, 진행이요, 마지막이다"라고 하면서 제스처의 중요성을 강조하였다. 제스처는 시각적 비언어 중에서 고급 스킬에 해당된다. 눈맞춤, 자세, 얼굴표정 등이 기본적인 스킬인 반면 제스처는 전문성을 높여주는 핵심 스킬이다. 제스처를 효과적, 적극적으로 사용하는 능력이 있다면 스피치 전문가라는 이야기이다. 지금부터 제스처는 스피치에서 어떤 역할을 하고 왜 중요한지 그 이유를 살펴볼 것이다.

첫째, 제스처는 연사의 공신력에 영향을 미친다. 연사가 제스처를 쓰면 훨씬 더 적극적이고 능력 있으며 파워 있고 열정적으로 보이며 설득 효과도 높아진다. 또다른 연구에서는 다양한 제스처를 쓰는 사람은 더 좋게 생각하고 따뜻하고 유쾌하고 호감이 있다고 느끼는 것으로 밝혀졌다. 또한 제스처는 언어적 메시지를 강조, 반복, 보완해주기 때문에 훨씬 더 설득력이 있다.

둘째, 제스처는 청중의 집중과 기억에 도움을 준다. 제스처는 청중이 연사의 메시지에 더 관심을 갖고 집중하도록 도와준다. 또 단지 음성으로만 듣는 것이 아니라 제스처를 통해 눈으로도 들었기 때문에 메시지를 더 선명하고 오래 기억하게 해준다. 실제로 여러 연구들은 제스처의 효과를 증명하고 있다. 제프리 베티(Geoffrey Beattie)와 니나 맥롤린(Nina Mclaughlin)은 만화 줄거리를 들려주는 실험을 했다. 한 집단에게는 달리는 장면을 묘사하기 위해 손을 위아래로 빠르게 움직이고, 뚱뚱한 오페라 가수를 묘사하기 위해 양팔을 넓게 벌리는 등 제스처를 더해서 줄거리를 들려주었다. 실험 결과 제스처를 보면서 줄거리를 들은 집단이 그렇지 않은 집단보다 1/3 정도 줄거리를 더 자세히 기억하는 것으로 나타났다. 또다른 연구에서도 손을 움직이지 않고 수학 문제를 설명한 것보다 제스처를 쓰며 설명한 후의 기억률이 높은 것으로 나타났다. 이 같은 결과는 스피치를 할 때 제스처를 많이 사용하면 청중이 메시지를 더 많이 인식하고 기억한다는 것을 의미한다.

셋째, 제스처는 자신의 생각을 명확하게 전달해주고 표현을 극대화시킨다. 데이비드 맥닐(David McNeill)의 연구에서 제스처가 사고과정을 분명하게 만들어 더 잘 말하도록 도와주는 것으로 나타났다. 열정과 자신감을 가진 사람은 제스처로 핵심 내용을 강조함으로써 생각의 명확성을 드러낸다는 것이다. 다른 연구에서 제스처는 자신의 생각과 말을 더욱 정확하게 전달하도록 도와주는 작용을 하였다. 또한 연사는 자신이

표현하고자 하는 핵심 메시지를 제스처를 통해 극대화시킨다. 유명한 연사들은 제스처를 사용함으로써 자신의 메시지를 극적으로 만드는 능력이 탁월하였다.

넷째, 제스처는 불안감을 감소시키고 자신감을 갖게 한다. 우리는 불안할 때 손을 움직이는 성향이 있다. 신체를 만지거나 머리를 긁적이거나 손을 비비거나 하는 등 손을 움직여 불안감을 달래려고 한다. 그런데 이러한 불필요한 손동작 대신에 제스처를 사용하면 긴장이 풀리고 뇌의 흐름이 더 원활해진다. 중요한 내용, 강조하고자 하는 곳 등에서 제스처를 쓰면 몸이 이완되고 마음도 평온함을 찾게 되어 불안감이 관리된다. 또한 제스처는 몸을 역동적으로 사용하는 것이기 때문에 말도 단조로움을 탈피하고 역동적으로 하게 된다. 그러면서 연사는 점점 자신감을 갖게 된다.

다섯째, 제스처는 내용을 생생하게 형상화시켜 전달해준다. 자신 있다, 크다, 작다, 성장한다, 하락한다 등의 내용을 말로만 전달할 때와 제스처를 사용해서 전달할 때와는 큰 차이가 있다. 제스처는 음성으로 나오는 말에 시각적인 효과를 덧붙여주기 때문에 청중이 머릿속에 그림을 그릴 수 있어 전달력을 극대화시켜 준다.

이처럼 제스처는 청중의 이해력, 기억력을 높여주며 설득 효과를 증가시킨다. 제스처는 스피치의 질을 한 단계 높여주는 고급 스킬인 것이다. 따라서 제스처가 자연스럽게 나올 수 있을 때까지 반복해서 연습해야 한다. 가수는 신곡을 발표하기 위해 몇 개월 동안 수백 번 이상 춤과 노래를 연습한다. 춤과 노래가 가수의 몸에 스며들고 뇌에 각인되어 저절로 흘러나오도록 연습하고 또 연습한다. 제스처도 그

렇게 연습해야 한다. 처음에는 스피치 메시지에 맞춰 제스처를 의도적으로 사용하지만 그것이 연사의 몸에 체화되어 자연스럽고 자동적으로 나와야 한다. 제스처는 전문성을 완성해 주는 비언어이기 때문에 그만큼의 연습이 필요하다.

Facing Area에서 제스처를 사용하라

앞에서 제스처가 전문성을 완성시키는 비언어라고 강조하였다. 스피치 능력을 한 단계 향상시키고 싶다면 제스처를 적극적, 효과적으로 사용해야 하는 것이다. 오바마 대통령은 제스처를 많이, 효과적으로 사용하는 연사로 유명하다. 오바마 대통령의 연설을 살펴보면 표현하는 내용을 강조하고자 할 때, 주제의 사례를 제시할 때, 부정적인 방향을 긍정적으로 전환하고자 할 때, 서론에서 비유적인 이야기를 하고자 할 때, 일관된 주제의 결론을 짓고자 할 때 등 다양한 목적을 가지고 자연스럽게 제스처를 사용했다고 한다.

그렇다면 제스처는 어느 위치에서 하는 것이 가장 효과적인가. 다른 사람과 이야기할 때 가장 많이 보는 곳이 얼굴이고 그 다음이 가슴 방향이라고 한다. 심리학에서는 상반신을 '페이싱 에어리어(facing area)', 가장 자주 보는 부분이라고 한다.

따라서 제스처는 페이싱 에어리어 구간 중 가슴 앞에서 하는 것이 가장 효과적이다. 가슴 앞에서 하면 청중의 눈에 잘 띄기도 하지만 얼굴 표정과 제스처를 동시에 관찰할 수 있기 때문에 효과적이다. 간혹 제스처를 허리 근처에서 하는 사람들이 있다. 이 경우 청중은 연사의 제스처를 보기 위해 시선을 허리 근처로 옮기게 된다. 허리와 얼굴 표정은 간격이 너무 떨어져 있어 동시에 볼 수 없다. 청중은 제스처를 확인하느라 연사의 얼굴 표정을 볼 수 없고 눈맞춤을 할 수 없게 된다. 제스처가 오히려 연사의 얼굴에 집중하는 것을 방해하는 것이다.

제스처에는 의미 있는 제스처와 의미 없는 제스처가 있다. 의미 있는 제스처란 메시지를 강조하고 반복하고 설명해 주고 대체해 주는 말 그대로 의미가 있는 제스처를 말한다. 예를 들면 엄지와 검지를 붙여 OK 사인을 하는 제스처는 긍정과 동의의 의미를 나타내는 제스처이다. 의미 없는 제스처란 특별한 의미를 담고 있지는 않지만 스피치를 할 때 말을 부드럽게 하기 위해 습관적으로 하는 제스처를 말한다. 의미 있는 제스처는 스피치를 준비할 때 의도적으로 준비하여 실행하면 좋다. 의미 없는 제스처는 학자마다 의견차이가 있지만 말의 흐름을 원활하게 하기 위해 적당하게 사용할 수 있다. 그러나 의미 없는 제스처를 습관적으로 너무 많이 사용하면 산만하고 불안해하는 이미지를 주게 된다.

의미 있는 제스처와 의미 없는 제스처를 하는 위치가 서로 다르다. 의미 있는 제스처는 가슴 앞에서 하되 몸통을 벗어나 양쪽 15도 각도에서 해야 한다. 만약 몸통 안에서 제스처를 하게 되면 자신감이 없고 파워가 약한 인상을 주게 된다. 의미 있는 제스처는 넓게 할수록 전문가답고 개방적으로 보인다. 의미 없는 제스처는 가슴 앞에서 하되 몸통을 벗어나지 않아야 한다. 의미 없는 제스처를 몸통을 벗어나하게 되면 동작이 너무 커서 산만해보인다. 청중들은 제스처가 신경쓰여 스피치에 집중할 수 없게 된다. 제스처를 연습해서 적극적이고 자연스럽게 사용하되 적절한 양의 법칙을 지키자.

파워 제스처를 매뉴얼로 만들어라

제스처를 효과적으로 사용하기 위해서는 전문가들이 많이 사용하는 파워 제스처를 매뉴얼로 만들어야 한다. 전 세계적으로 유명한 정치인, 연설가, 경영인, 언론인, 법조인, 교수 등이 즐겨 사용하는 파워 제스처가 있다. 이들은 그 제스처를 사용함으로써 자신의 전문성을 드러낸다. 자신감 넘치고 확신에 찬 태도를 보여주며 자신의 신념과 확실한 메시지를 전달한다. 그렇다면 파워 제스처에는 어떠한 것들이 있는지 살펴보기로 하자.

첫째, 첨탑 모양 제스처이다. 뾰족 지붕 제스처라고도 한다. 이 제스처는 인류학자 레이 버드휘스텔(Ray Birdwhistell)이 처음 발견했다고 한다. 두 손의 손가락 끝을 마주 대 산처럼 뾰족하게 만드는 제스처로 기도하는 모습과 유사하다. 자신의 말을 확신하고 있음을 보여주기 위해, 메시지 효과를 강화하기 위해 사용한다. 자신감이 있거나 자신이 잘 알고 있는 주제에 대해 편안하게 이야기할 때 사용한다.

이 제스처는 오프라 윈프리(Oprah Winfrey)가 자주 사용한다. 윈프리(Winfrey)는 자신의 TV쇼에서 테이블 위에 팔꿈치를 대고 양손의 손가락 끝을 마주 대 산처럼 뾰족하게 만드는 자세를 자주 보여주면서 경청했다. 이 자세는 윈프리(Winfrey)의 확신에 차고 당당한 자신만의 이미지를 대명사로 만들었다. 빌 빌게이츠도 강연이나 협상을 할 때 자신감과 권위를 나타내기 위해 첨탑 모양 제스처를 사용했다고 한다. 연구 결과에 따르면 사람들은 첨탑 모양 제스처를 취하는 사람을 자신감과 확신을 가진 사람으로 인식하였다.

첨탑 자세

법정에서는 목격자가 첨탑 모양 제스처를 취하면 배심원들은 그 사람의 증언을 더 신뢰하는 경향을 보였다. 따라서 이 제스처는 스피치를 하는 도중 특별히 힘을 실어 중요한 사항을 지적할 때 사용하면 가장 유용하다. 그러나 너무 과도하게 사용하거나 부적절한 상황에서 사용하면 잘난 척하는 이미지를 줄 수도 있다.

둘째, OK 사인 제스처이다. 엄지와 검지 두 손가락으로 만드는 OK 사인 스티플은 정확성, 완벽성을 나타낸다. 스티브 잡스(Steven Jobs)가 잘 사용한 제스처이다. 이 제스처를 사용하면 다소 부정적인 이미지도 긍정적으로 전환시킬 수 있다고 한다. 실제로 연사가 OK 사인 제스처를 만들면서 연설을 하게 한 후 반응을 조사한 결과 청중들은 연사에 대해 사려 깊고 목표 지향적이며 집중력이 좋다는 평가를 내렸다. 이 제스처는 정확한 요점을 지적할 때, 중요한 점을 지적할 때 유용하다.

셋째, 농구 스티플이다. 일명 확장된 첨탑 모양이라고도 한다. 이 제스처는 양손으로 농구공을 들고 있는 것처럼 팔을 약간 벌려주기만 하면 된다. 매우 사용하기 쉽고 안전하다. 이 제스처에서 손바닥 간의 간격은 이야기하는 내용이나 의견이 연사에게 얼마만큼 중요하고 의미있

농구 스티플 자세

는가에 따라 달라진다. 이 제스처를 취하면 자신감과 희망이 넘치고 신념이 확고하고 호감가고 헌신적인 사람으로 보인다. 오바마 미국 대통령이 연설할 때 자주 사용한다. 다른 사람의 신뢰와 동의를 이끌어낼 수 있는 가장 강력한 제스처라고 평가된다.

4 외양 : 첫인상을 경영하라

외양의 역할

옷차림, 얼굴 표정, 헤어스타일 등을 포함한 외양도 스피치에서 중요하다. 특히 얼굴 표정은 연사의 첫인상을 결정해주기 때문에 잘 경영하는 것이 필요하다. 우선 스피치에서 외양의 역할이 무엇인지 살펴볼 것이다.

첫째, 외양은 공신력 형성에 영향을 미친다. 특히 옷차림, 얼굴 표정 등은 첫인상 형성에 지대한 영향을 미치기 때문에 설득 효과와도 관련이 있다. 우리는 매력적인 얼굴과 세련된 옷차림을 한 사람들을 전문성, 신뢰성, 호감도, 열정 등의 측면에서 긍정적으로 평가하는 경향이 있다. 또한 앞의 공신력에서도 설명했듯이 첫인상을 잘 형성하면 청중은 연사의 스피치에 설득될 가능성이 높다.

둘째, 외양은 성실성, 준비성을 드러내준다. 스피치를 할 때 옷차림, 헤어스타일, 화장 등 외양을 꾸미는 것은 청중에 대한 기본적인 예의이자 존중이다. 청중에게 잘보이고 싶고 스피치 상황을 소중하게 생각하기 때문에 성실하게 외모를 관리하는 것이다. 그래서 외양은 그 자체로 연사의 성실성과 준비성을 나타낸다. 그중에서 옷차림은 매우 중요하다. 어떤 스피치 상황에서도 깔끔하게 준비한 의상을 갖춰 입어야 한다.

얼굴 표정에 스위치를 켜라

얼굴 표정을 Switch on하라. 얼굴 표정에 스위치를 켜라. 이 말은 어두운 곳에서 스위치를 올렸을 때 밝아지는 것처럼 얼굴 표정도 그렇게 밝고 환해야 된다는 것이다. 연사가 단상에 섰을 때 밝고 환한 얼굴 표정을 지어야 청중도 밝은 기분으로 집중한다. 이것을 얼굴 표정의 적절성이라고 한다. 얼굴 표정의 적절성이란 스피치를 할 때 경직되고 긴장된 표정이 아닌 밝은 표정을 지어야 한다는 것이다. 얼굴 표정을 밝고 환하게 하려면 평소에 잘 웃어야 한다. 평소에 잘 웃지 않으면 웃는 얼굴 근육이 발달하지 않아 표정이 밝지 않다는 것이다.

또한 웃는 모습, 즉 미소는 설득을 하는 데 중요한 요소이다. 그러나 웃는 모습은 호감도를 상승시키는 데는 기여하지만 전문성을 높이는 데는 그렇지 않다는 연구 결과가 있다. 심리학자 아미 할 버스터드(Ami Hal Bustard)는 "웃으면 웃을수록 나약한 인간으로 보인다"는 학설을 발표했다. 그의 연구에 따르면 웃는 얼굴과 파워는 반비례하는 것으로 나타났다. 좀 더 파워 있게 보이려면 밝은 인상을 주되 너무 자주 웃지 말아야 한다. 그러나 친밀감, 개방성, 호감도 등의 신뢰성을 높이기 위해서는 미소와 웃는 모습이 일상화되어야 한다.

🗨 메시지에 어울리는 얼굴 표정을 지어라

앞에서 설명하였듯이 스피치를 할 때 얼굴 표정은 환하고 밝아야 한다. 그러나 표정에도 역동성이 있다. 표정의 역동성이란 스피치 내용과 어울리는 표정을 지으라는 것이다. 예를 들어 진지한 내용은 진지한 표정, 슬픈 내용은 슬픈 표정을, 기분 좋은 내용은 밝은 표정을 짓는 것이다. 표정의 역동성은 언어적 메시지를 강조하는 효과도 있다. 기분 좋은 내용을 이야기하면서 표정도 환하고 밝게 지어 언어적 메시지를 보완하거나 강조하는 것이다.

로저 건러프(Rozer Ganruff)는 얼굴 표정을 살리는 방법으로 3M 법칙(More Mouth Movement 법칙)을 제시하였다. '될 수 있는 한 크게 움직여서 이야기하라'는 것이다. 그에 따르면 입을 크게 벌려 이야기하면 자연히 볼의 근육도 따라 움직이기 때문에 표정이 풍부해 보여 매력적이고 좋은 이미지로 평가받을 수 있다.

또한 스피치를 할 때 앞머리로 이마를 가리지 말고 드러내는 것이 중요하다. 이마를 드러내면 지성, 전문성, 신뢰감이 느껴진다. 베아트리스 가드너(Beatrix Gardner)와 라이즈 워락(Rise Warlock)에 따르면 이마가 넓을수록 '베이비 페이스(baby face)'로 평가받는다고 한다. 어린 아이의 얼굴은 누구라도 좋아하고 신뢰한다. 따라서 스피치를 할 때 앞머리로 이마를 가려서는 안 된다. 이마를 드러내 밝고 환한 모습을 보여야 한다. 스피치 교육을 해보면 간혹 앞머리로 이마를 내리는 스타일을 고집하는 사람들이 있다. 평소에는 자신이 원하는 스타일을 하더라도 스피치나 면접 상황에서는 반드시 단정하게 앞머리를 올리고 이마를 보여줘야 한다.

연사는 스피치를 할 때 청중에게 모든 정보를 공개하겠다는 개방적이고 솔직한 태도를 취해야 한다. 그것이 연사의 윤리이다. 연사의 외양 중에서 정보를 가장 잘 드러내는 곳이 얼굴이다. 청중이 얼굴을 관찰하여 연사의 이미지, 감정, 태도 등 다양한 정보를 파악할 수 있도록 해줘야 한다. 머리로 이마를 가려서는 안 되는 이유이다.

TPO와 상대방의 스타일을 고려하여 외양을 꾸며라

옷차림, 헤어스타일은 첫인상에 영향을 미친다. 좋은 첫인상을 형성하기 위해 옷차림과 헤어스타일을 성의있게 준비해야 한다. 학교 수업, 회사 부서 등 편한 모임에서 실시하는 스피치라 하더라도 소홀히 여기지 말고 깔끔하게 외양을 꾸며야 한다. 실제로 옷차림이 첫인상 형성에 가장 큰 영향을 미치는 것으로 밝혀졌다. 한 연구에서 10개의 외모 특징을 제시하고 실험 참가자들에게 첫인상에 가장 영향을 미치는 항목을 선택하도록 했다. 실험에 참여한 여성들은 동성, 이성 관계없이 의상을 꼽았다. 남성 실험 참가자들은 동성의 경우 의상을, 이성일 경우 몸매와 얼굴, 그 다음으로 의상을 선택했다.

옷차림과 헤어스타일은 스피치 내용과 자신의 이미지를 최대한 표현할 수 있으면 된다. 또 TPO(Time, Place, Occasion), 즉 시간, 장소, 상황에 맞게 준비해야 한다. 상대방의 스타일을 고려하는 것도 바람직하다. 우리는 외양적으로 자신과 스타일이 비슷한 사람을 좋아하고 신뢰하기 때문이다. 외양에서 주의해야 할 점은 스피치를 방해할 정도의 화려한 옷, 장신구, 헤어스타일은 피해야 한다는 것이다. 값비싼 옷이 아니어도 괜찮다. 최대한 깔끔하게 성의를 다해 준비하면 된다.

5 목소리 크기, 속도, 발음 : 목소리에 힘과 에너지를 실어라

목소리의 역할

메라비언(Mehrabian)이 밝혀냈듯이 스피치에서 목소리의 영향력은 55%다. 목소리의 크기, 속도, 발음만 잘 연습해도 이미 절반은 성공한 셈이다. 우리가 매일 사용하는 목소리의 영향력은 무엇인지 구체적으로 살펴보면 다음과 같다.

첫째, 목소리는 연사의 공신력을 형성한다. 목소리 크기, 속도, 발음은 연사의 자신감, 열정, 능력, 호감도, 신뢰성 등 공신력을 형성해주는 스킬이다. 실제로 수많은 연구에서 큰 목소리, 조금 빠른 속도가 연사의 공신력 향상에 긍정적인 영향을 미친다는 것을 밝혀냈다.

목소리 크기는 전문성과 신뢰성에 영향을 미쳤는데 루카스(Lucas)의 연구에 따르면 다양한 목소리 크기와 음조로 이야기하는 연사가 믿음직스럽고 역동적이며 능력있는 것으로 지각되었다. 웨인라이트(Wainwright)는 서비스 분야에서 큰 목소리는 고객에게 신뢰감과 자신감을 보여주지만 지나치게 큰 경우에는 강압적이고 위협적인 인상을 준다고 밝혔다.

말의 속도도 연사의 긍정적인 공신력 형성에 영향을 미치고 있었다. 스트리트와 브래디(Street & Brady)는 말의 속도가 빠르면 더 똑똑하고 자신감 있고, 더 효율적이며 전문성이 있다고 인식된다고 했다. 레이몬드(Raymond)의 연구에 따르면 속도가 빠른 연사는 능력과 사회적 매력 면에서 호의적인 인상을 주었다. 메라비언(Mehrabian)의 연구에서도 빠르게 말하는 사람은 더 유창하고 지적으로 여기는 반면 느린 목소리는 진실성이 없는 것으로 드러났다. 셰레르(Scherer)의 연구에서도 속도가 빠른 연사가 외향적이고 자신감이 넘치고 유능하다고 인식되었다. 맥라클란(MacLachlan)은 사람들은 느리게 말하는 연사보다 빠르게 말하는 화자의 말에 더 동의하며 더 지적이고 객관적이라고 평가한다고 제시했다.

둘째, 목소리는 청중을 설득하는 핵심 스킬이다. 목소리의 크기와 속도는 청자의 이해력, 집중력, 흥미, 설득력에 영향을 미치는 스킬이다. 실제로 윌리엄 백우드(William Backwood)는 학생들에게 자신의 신념을 연설하게 한 후 900개 이상 모은 후 다른 사람들에게 듣게 하였다. 가장 설득력이 있는 24개 진술문과 가장 설득력이 없는 진술문 15개를 선택하게 한 결과 보통보다 조금 더 큰 목소리가 가장 설득력이 있는 것으로 나타났다. 또 에닝어(Ehninger)에 의하면 연사의 목소리 크기가 적당한 경우 메시지 전달에 보다 효과적이며 듣는 사람을 집중시키는 데도 크게 영향을 미쳤다. 메라비언과 윌리엄스((Mehrabian & Williams)는 빠른 목소리가 그렇지 않은 목소리에 비해 설득적이라는 사실을 발견했다.

셋째, 목소리는 연사의 마음을 표현해준다. 헤인즈(Heinz)는 '목소리는 명함과 같다'고 했다. 목소리만 들어도 연사의 마음이 느껴진다는 이야기일 것이다. 스피치 연구자들은 목소리가 연사의 기분, 감정 상태, 청중에 대한 태도, 주제에 대한 관심도와 몰입도 등을 드러내는 중요한 단서라고 설명한다. 한 조사에서 환자가 가장 좋아하고 신뢰하는 의사는 목소리가 좋은 의사가 아니라 진심으로 자신의 이야기를 경청해주고 어려운 의학 지식을 쉽게 설명해주는 의사였다고 한다. 환자에 대한 진심어린 배려를 담아낼 때가 가장 좋은 목소리라는 것이다. 목소리가 좋지 않다고 아쉬워하지 말자. 좋은 목소리가 따로 있는 것이 아니라 청중을 배려하고 공감하려는 연사의 진심이 좋은 목소리를 만들어낸다. 그리고 마음을 성찰하고 스킬을 향상시키는 노력을 체화하면 목소리는 좋아진다.

🗨 평소보다 10-15% 크게 하라

목소리의 크기는 전문성과 설득력을 높여주는 중요한 음성적 스킬이다. 목소리의 크기는 그 목소리가 얼마나 멀리까지 울려 퍼지는지를 결정한다. 앞에서도 언급하였듯이 작은 목소리보다는 큰 목소리가 훨씬 효과적인 것으로 드러났다. 스피치에서 목소리는 평소에 커뮤니케이션을 할 때보다 크게 이야기해야 한다. 어느 정도로 목소리를 크게 해야 하는가. 평소보다 10-15% 큰 목소리로 에너지 있게 말해야 한다. 그래야 자신감 있고 확신에 차 있고 열정적이며 능력 있어 보인다. 작은 목소리는 나약함, 확신 부족, 무기력, 열등감, 부끄러움 등의 이미지를 가져오기 때문에 소리 크기를 잘 조절해야 한다.

스피치를 할 때 청중의 수는 다양하다. 적게는 10-20명에서 많게는 몇백 명의 청중 앞에서 스피치를 할 수 있다. 스피치를 하는 장소의 크기도 다르다. 이 경우 목소리 크기가 어느 정도여야 적절하면서도 자신감을 보여줄 수 있는가. 바로 '가장 뒤에 앉은 사람을 보고 말하라'라는 원칙을 지키면 된다.

스피치를 할 때 목소리 크기를 적절하면서도 자신감있게 내기 위해서는 공간에 대한 지각력이 필요하다. 어느 공간에서 스피치를 하든지 가장 뒷자리에 앉은 청중을 기준으로 그 사람이 잘 알아들을 수 있도록 크기를 조절하면 된다. 그러면 청중의 수가 아무리 많아도 당당하고 자신감 있는 목소리로 말할 수 있다. 마이크를 사용해도 마찬가지이다. 마이크를 사용해도 가장 뒷자리에 앉은 사람을 기준으로 목소리 크기를 조절하면 더 파워 있고 에너지 있는 목소리를 연출할 수 있다.

학생들을 가르칠 때 목소리를 크게 내라고 하면 소리를 높여서 하는 경우가 많다. 음계 미에서 음계 솔로 소리를 높여 목소리를 크게 내는 것이다. 그러나 목소리를 높여서 크게 내면 흥분하고 격앙되고 공격적으로 보일 수 있다. 목이 아프고 힘들어 연사가 오랫동안 스피치를 할 수도 없다. 목소리를 크게 내라는 것은 호흡을 낮추고 에너지 있게 말하라는 의미이다. 호흡을 낮추기 위해서는 우리 몸의 힘을 빼는 것이 중요하다. 몸의 힘을 빼고 호흡을 가슴쪽에 두지 말고 편안하게 낮춰서 배쪽에 머물게 한 다음 멀리 떨어져 있는 청중에게 공을 던지듯 소리를 전달하면 에너지 있는 큰 목소리가 된다. 몸의 힘빼기를 해서 호흡을 낮추고 큰 목소리를 내는 반복적인 연습이 반드시 필요하다. 스피치의 음성적 교육에서 가장 중요한 부분이다.

💬 적절한 속도는 호흡을 낮춰야 가능하다

말의 속도는 목소리 크기만큼이나 연사의 전문성과 설득력에 도움을 주는 스킬이다. 스피치를 할 때 말의 속도는 약간 빠른 것이 좋다. 말을 빠르게 하는 것은 업무능력이 뛰어나고 지적 수준이 높고 자신감 있게 보이며 유능한 사람으로 평가받는 중요한 요소이다. 반면 느린 속도로 이야기하는 사람은 자신감이 없거나 우유부단하고 지지부진한 사람으로 비쳐진다.

말의 속도 혹은 빠르기란 주어진 시간 내에 얼마나 많은 말을 하느냐를 뜻한다. 너무 빠르지도 너무 느리지도 않은 적절한 속도로 이야기해야 메시지를 잘 전달할 수 있다. 적절한 속도로 스피치를 하기 위해서는 호흡을 낮춰야 한다. 앞에서도 설명했듯이 몸의 힘을 빼고 호흡을 배쪽에 머물게 하고 스피치를 하면 속도가 빨라지지 않는다.

너무 빠른 속도로 스피치를 하면 청중이 무슨 말인지 알아들을 수 없고 생각할 겨를도 없게 된다. 알아들을 수 없고 이해할 수 없는 스피치는 하지 않은 것과 똑같기 때문에 너무 빠른 속도는 주의해야 한다. 대체로 긴장이나 흥분을 하거나 불안감을 느끼면 호흡이 빨라지고 신체가 긴장을 하기 때문에 말이 빨라진다. 스피치를 하면서 발음이 꼬이는 것을 느끼면 말의 속도가 너무 빠른 것이다. 발음이 꼬이지 않는 속도로 조절해야 한다. 그 유일한 방법은 호흡을 낮추는 일이다. 반대로 말의 속도가 느려지면 전체 분위기가 늘어지게 되어 청중의 관심과 집중력이 떨어진다. 청중이 딴 생각을 하거나 듣기를 포기하기도 한다. 적절한 속도 유지가 얼마나 중요한지 알게 해주는 대목이다.

그러나 일대일 스피치 상황에서는 상대방의 목소리 크기나 속도에 맞춰야 효과적이다. 커뮤니케이션 조절 이론에 따르면 사람들은 자신이 가지고 있는 스타일대로 이야기하는 사람을 더 좋아하고 설득당한다고 한다. 예를 들어 목소리가 크고 속도가 빠른 사람은 그러한 스타일로 이야기하는 사람에게 설득되기 쉽다. 상대방이 목소리가 크고 빠르게 이야기한다면 우리도 크고 빠르게 이야기해야 한다. 상대방이 목소리가 작고 천천히 이야기한다면 우리도 그렇게 해야 한다. 그래야 설득하고 그래야 스피치 능력을 인정받는다. 면접에서 답변할 때, 강의실에서 질문에

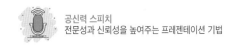
답할 때, 상사에게 보고할 때, 회의에서 자신의 의견을 개진할 때는 상대방의 목소리 크기와 속도에 맞추자.

🗨 정확한 발음은 이해력을 높여준다

발음은 목소리의 크기, 속도와 마찬가지로 가장 기본적인 음성적 스킬이다. 발음이 불명확하거나 목소리의 크기가 너무 작고 빨라 청중이 무슨 말을 하는지 알아들을 수 없고 이해할 수 없다면 스피치라고 할 수 없다. 발음이 정확하고 분명해야 하는 이유이다. 발음은 연사의 지적 수준, 사회적 지위, 경험의 정도, 능력 등을 드러내는 중요한 단서이다. 발음이 분명하지 않을 때 교육 수준이나 사회적 지위가 낮고 나태한 연사로 인식될 수 있다.

정확하고 분명한 발음을 하기 위해서는 입을 크게 벌리고 혀를 빠르게 움직여야 한다. 대체로 발음이 불명확한 것은 입을 크게 벌리지 않고 말을 하기 때문이다. 특히 남자들의 경우 입을 크게 벌리지 않고 이야기하는 경우가 많아 웅얼거리는 것처럼 들린다. 웅얼거리는 발음은 메시지를 정확하게 전달할 수 없다. 입을 크게 벌려 말을 하려면 가장 뒤에 앉아 있는 청중에게 이야기하면 된다. 멀리 떨어져 있는 청중에게 이야기하려  면 당연히 입을 크게 벌리게 된다. 입을 크게 벌려 이야기를 하면 발음이 정확하고 분명해진다.

발음에 문제가 있는 사람들은 평소 책읽기 연습을 하면 된다. 책읽기 연습을 할 때 또박또박 천천히 읽으면 된다. 이때 책을 읽듯이 딱딱하게 읽지 말고 누군가에게 말하듯이 읽으면 된다. 또한 하나의 의미를 가지는 말의 덩어리인 청크(chink)를 찾아 읽으면 더 자연스럽게 말하는 연습을 할 수 있다. 하루에 단 10분만이라도 6

개월 이상 매일 책읽기 연습을 하면 더 이상 발음 때문에 고민하지 않아도 된다. 분명하고 정확한 발음이 스피치의 출발이라는 점을 명심하고 매일 10분을 투자하자.

6 역동성 : 강약 조절을 해야 청중을 장악한다

역동성의 역할

역동성은 최고의 연사로 성장하기 위해 반드시 갖춰야 하는 능력이다. 큰 목소리, 적절한 속도, 정확한 발음은 스피치에서 기본 조건일 뿐이다. 전문가답고 신뢰감을 주는 최고의 스피치는 목소리의 변화와 다양성이 풍부하게 전개되는 역동적 스피치이다. 전 세계적으로 최고의 연사, 최고의 프레젠터들은 공통적으로 이 역동성을 표현하는 능력이 뛰어났다. 역동성이 곧 스피치 역량을 결정짓는 단초인 것이다.

역동성에는 목소리 크기의 강약 조절, 속도 조절, 잠시 멈추기 사용이 있다. 이러한 역동성이 스피치에서 어떠한 역할을 하는지 살펴보면 다음과 같다.

첫째, 역동성은 연사의 공신력을 가장 극명하게 보여준다. 역동성은 전문성과 열정을 보여주는 중요한 스킬이다. 실제로 단조롭게 이야기하는 사람보다 다양한 변화를 주어 이야기하는 사람이 훨씬 파워 있고 능력 있고 열정적인 사람으로 인식되었다.

둘째, 청중의 관심을 끝까지 유지하는 장악력이 있다. 청중은 시간이 지날수록 집중력이 떨어진다. 여기에 단조로운 음성은 청중의 관심을 끌지 못하고 지루함을 준다. 크기와 속도 조절은 박진감을 높여주어 청중이 지루해하지 않고 끝까지 흥미를 가지고 집중하도록 도와준다.

크기의 역동성 : 강조 지점은 작게 혹은 크게

역동성은 전문성과 열정을 드러내는 최고의 스킬이다. 역동성이란 목소리 크기와 속도의 강약 조절을 의미한다. 단조롭게 이야기하는 사람보다 다양한 변화를 주어 역동적으로 말하는 사람은 훨씬 파워 있고 능력 있고 열정적으로 보인다. 단조로운 음성은 메시지를 명확하게 전달하고 청중의 관심과 집중력을 유지하기 어렵고 지루함까지 준다. 스피치가 끝날 때까지 청중의 관심과 집중력을 유지하는 데는 역동성이 유일한 해법이다.

그렇다면 목소리 크기에 역동성을 주기 위해서는 어떻게 해야 하는가. 일반적으로 강조하고자 하는 부분, 중요한 부분에서 목소리의 크기를 작게 혹은 크게 함으로써 변화를 준다. 주로 핵심 단어, 핵심 문장에서 목소리 크기의 역동성을 적용한다. 요즈음은 목소리를 작게 함으로써 메시지를 강조하는 경우도 있다. 그러나 면접과 같이 열정과 자신감을 보여줘야 하는 스피치에서는 강조 지점에서 목소리를 크게 해야 한다. 나이가 젊은 연사도 열정, 패기, 자신감이 필요한 시기이기 때문에 강조하고자 하는 부분에서 목소리를 크게 하는 것이 좋다.

단어에 어조를 붙여서 역동성을 보여주는 방법도 있다. 어조란 단어에 의미를 부여하기 위하여 강조하는 것을 말한다. 이때 그 단어에 강세나 악센트를 줌으로써 강조한다. 그런데 어떤 연사들은 습관적으로 문장의 첫 단어, 단어의 첫 어절에 강세를 주는데 이것은 좋지 않은 버릇이다. 강조하고자 하는 단어와 어절에만 강세를 써야 한다. 목소리의 역동성을 제대로 살릴 때 단조로운 스피치에서 해방된다.

속도의 역동성 : 중요한 내용은 천천히, 중요하지 않은 내용은 빠르게

속도의 역동성도 최고의 스피치 달인이 되는 데 필요한 스킬이다. 속도의 역동성은 천천히-빠르게 하는 변화를 주는 것을 말한다. 속도의 역동성을 실행하는 방법은 간단하다. 중요하거나 강조하는 부분에서는 속도를 천천히, 중요치 않은 부분에서는 속도를 빨리 하면서 변화를 주면 된다. 이렇게 함으로써 자신감 있고 확신 있으며 열정적인 이미지를 보여줄 수 있다. 많은 연구에서 말의 속도를 역동성 있게 조절하는 사람들이 그렇지 않은 사람들에 비해 더 능력 있고 열정적인 이미지로 평가받았다.

속도의 역동성을 실행할 때 말을 빨리 해도 되는 곳은 그다지 중요하지 않은 사항, 누구나 아는 사실, 일화 등이다. 속도를 늦춰 천천히 해야 하는 곳은 강조하고자 하는 곳, 다짐하고자 하는 곳, 엄숙한 사실, 숫자·사람의 이름·지명·외국어 등 알아듣기 어려운 단어, 의혹을 자아내기 쉬운 사항 등이다. 또한 스피치를 할 때 결론의 마무리 부분은 끝나는 느낌이 들도록 목소리 톤을 조금 낮추고 천천히 하는 것이 좋다.

중요하거나 강조하는 부분에서 천천히 말하는 이유는 이해력과 기억력을 높이기 위해서이다. 우리는 빨리 말할 때보다 천천히 말할 때 그 말을 잘 알아듣고 기억한다. 또한 완급 조절을 통해 속도의 역동성을 구현한다. 완급 조절이란 다른 주제로 넘어갈 때, 같은 주제 안에서 다른 이야기로 넘어갈 때 속도를 조절하는 것을 말한다. 완급 조절을 함으로써 다른 주제 혹은 다른 이야기로 넘어갔다는 것을 알려주는 효과를 얻는다. 목소리 크기 조절도, 속도 조절도 모두 연습하고 또 연습해야 체화시킬 수 있다. 스피치 불안감 극복에서도 필요한 반복적인 연습이 스피치 스킬을 향상시키는 데도 적용된다.

잠시 멈추기는 최고의 스피치를 완성해준다

잠시 멈추기(pause)는 스피치의 꽃이다. 최고의 스피치를 완성해주는 스킬이기도 하다. 잠시 멈추기를 능수능란에게 사용할 줄 아는 연사는 이미 스피치라는 어려운 산을 정복한 것이나 다름없다. 잠시 멈추기가 최상의 설득력과 최고의 전문성을 보여주는 스킬이기 때문이다. 잠시 멈추기란 목소리를 내지 않고 잠깐 멈추게 되는 시간의 길이다. 잠시 멈추기는 말속에 능숙하게 쉼표를 찍는 방법으로 마치 메시지에 밑줄을 긋는 것과 같다. 따라서 스피치를 할 때 잠시 멈추기를 효과적으로 사용하는 능력을 길러야 한다.

그렇다면 잠시 멈추기는 어떻게 사용해야 효과적인가. 강조 지점 앞에서 반박자 혹은 한박자 반, 두박자 반을 쉬었다 들어가면 된다. 잠시 멈추기를 잘하기 위해서는 군말을 하지 않아야 된다. 군말이란 '음, 저, 어, 응, 예, 흠, 아, 사실은, 솔직히 말하면, 이제' 등 불필요한 말을 사용하는 것을 말한다. 군말을 쓰는 이유는 주로 할 말이 생각나지 않아 기억해내기 위해서, 불안하거나 당황스러워서, 혹은 스피치 사이에 생기는 침묵을 견디지 못해서이다.

군말에는 언어적 군말, 비언어적 군말이 있다. 언어적 군말은 응, 아, 예, 쩝, 쓰, 이제 등 습관적으로 쓰는 군더더기 말이 모두 해당된다. 비언어적 군말에는 혀 내밂, 머리 만짐, 코 만짐, 손 비비기, 옷 문지르기, 종이 만지작거리기, 딱딱 볼펜 소리 내기, 머리 넘기기 등 다양하다. 이러한 군말을 자주 사용하면 여러 가지 문제점이 생긴다. 군말은 스피치의 간결함, 산뜻함을 방해한다. 스피치 전달력을 떨어뜨리고 청중의 집중을 방해한다. 또한 전문가답지 못한 인상을 주고 품위와 신뢰도도 떨어지며 자신감도 없어 보인다. 따라서 잠시 멈추기를 효과적으로 사용하려면 군말을 줄여야 한다.

잠시 멈추기는 여러 가지 기능을 수행한다. 첫째, 집중 효과, 강조 효과이다. 설득하려는 핵심 메시지를 부각시키고 청중의 이해와 집중력을 높이며 중요한 논지를 강조하는 데 도움이 된다. 둘째, 궁금증과 기대감을 유발한다. 잠시 멈추기를 통해 청중이 그 다음에 이어질 메시지를 기대하고 호기심을 갖도록 이끈다. 셋째, 동의를 구하고 생각하게 하는 역할을 한다. 연사가 의도한 것처럼 청중도 그 메시지를 의미있고 중요하게 생각하는지 동의를 구하기 위해 잠시 멈추기를 사용하기도 한다. 또한 잠시 멈추기를 통해 짧은 침묵의 시간을 제공하여 청중이 메시지의 의미를 되새겨보도록 도와준다. 넷째, 연사의 전문성과 설득력을 높여준다. 잠시 멈추기를 사용함으로써 리듬감 있고 인상적인 스피치 구현이 가능하다. 실제로 몇몇 연구에서 잠시 멈추기를 사용하면 자신감, 열정, 확신이 있으며 전문가답게 보이는 것으로 나타났다. 심리학자 노엘 넬슨(Noel Nelson)도 잠시 멈추기를 활용하면 설득 효과가 몇 배나 상승된다고 밝히고 있다.

이처럼 잠시 멈추기는 스피치의 질을 한 단계 높여주고 전문성을 완성해 주는 비언어이다. 잠시 멈추기를 효과적으로 사용할 줄 알면 스피치의 고수, 스피치의 달인이 되는 것이다.

공신력 스피치

전문성과 친밀감을 높여주는 프레젠테이션 기법

공신력 스피치

전문성과 신뢰성을 높여주는 프레젠테이션 기법

Chapter

07

신뢰성을 높이는
비언어 스킬

Chapter 07
신뢰성을 높이는 비언어 스킬

1 개방성을 높이는 비언어 스킬

눈만 맞춰도 수용해 주는 것이다

눈맞춤은 개방적 이미지를 보여주는 첫 번째 비언어 스킬이다. 앞에서 눈맞춤은 전문성에도 중요한 스킬이라고 설명하였듯이 개방성, 친밀감, 유사성, 호감도, 열정 등 모든 긍정적인 이미지를 형성하는 데 핵심적인 비언어이다. 이러한 눈맞춤의 강력한 힘에 대해 미국의 시인이자 수필가인 에머슨(Emerson)은 "사람의 눈은 혀만큼이나 많은 말을 한다. 게다가 눈으로 하는 말은 사전 없어도 전 세계 누구나 이해할 수 있다"라고 하면서 눈맞춤의 중요성을 강조하였다.

우리가 커뮤니케이션을 할 때 다른 사람과 눈을 맞춘다는 것은 그 사람의 이야기에 관심을 갖고 집중하고 있다는 것을 보여주는 것이다. 이렇듯 눈맞춤은 관심, 집중도, 주목도, 흥미, 이해, 동의, 수용, 승인을 나타내는 훌륭한 기준이 된다. 실제로 한 병원에서 환자들이 보낸 편지를 분석한 결과 불만의 90% 정도가 의사가 눈을 충분히 맞추지 않은 것에 관한 내용이었다. 환자들은 눈맞춤의 부족을 관심과 수용의 부족으로 받아들인 것이다.

또한 다른 사람에게 받은 대로 돌려주려는 상호성의 심리에 따르면 우리가 다른 사람의 이야기에 눈맞춤을 통해 관심을 보이면 그 사람도 우리의 이야기에 흥미를 가지고 집중하게 된다. 그렇기 때문에 눈맞춤은 그 자체로서 다른 사람의 말을 수용해주는 개방적 태도를 보여준다. 다른 사람이 어떠한 태도와 의견을 가지고 이야기를 하더라도 눈맞춤을 해주면 수용과 관심을 보여주는 것이기 때문에 개방적 이미지를 형성할 수 있다. 설사 부정적 태도를 보이더라도 눈맞춤을 잘하면 훨씬 효과적인 커뮤니케이션 결과를 얻을 수 있다. 예를 들면 면접 상황에서 자신을 부정적으로 보는 면접관이 있다면, 직장에서 자신을 별로 좋아하지 않는 사람이 있다면 눈맞춤을 더 적극적으로 시도해야 한다. 그것도 환한 미소를 보이면서 따뜻한 눈빛으로 바라봐야 한다. 상호성의 심리에 따라 그 사람은 빚진 기분이 들 것이고 그러면 우리의 눈맞춤과 미소에 보답해야 한다는 의무감이 생길 것이다.

그러나 사람들은 대체로 자신이 좋아하고 비슷한 생각을 가진 사람들과는 자주 눈을 맞추지만 자신이 싫어하고 생각이 다른 사람들과는 눈을 잘 맞추려 하지 않는다. 예컨대 다른 사람이 이야기를 하는데 시선을 떨군다든지, 다른 곳으로 시선을 돌린다든지, 눈을 감고 있다든지, 아예 시선을 마주치지 않는다든지 하는 형태를 취한다. 이런 경우 다른 사람의 말에 관심이 없거나 수용하지 않는 것으로 보여 신뢰성을 잃을 수도 있다. 실제로

미국의 한 연구에서 배심원들은 자신들과 눈맞춤을 회피했던 증인들에 대해 불신을 표현했다.

일상에서 우리는 선글라스를 착용한 사람들을 믿지 못하는 경향이 있다. 선글라스 착용은 정보의 차단이라는 의미가 있기 때문이다. 눈을 통해 자신의 정보와 감정을 보여주지 않는 사람을 신뢰하기란 어려운 일이다. 눈이 머무는 곳에 귀가 따라간다고 한다. 바로 히치하이킹(hitchhiking) 원리이다. 사람은 대개 자신이 바라보는 것에 귀를 기울이는 경향이 있다는 데에서 유래하였다. 눈맞춤이 곧 훌륭한 경청이다. 스피치를 할 때, 커뮤니케이션을 할 때 다른 사람과 적극적으로 눈맞춤을 시도해 보자. 거기에 꽃다발을 선사하는 마음으로 눈맞춤을 한다면 마음까지 전해진다.

또한 눈높이를 맞추는 것도 개방성과 신뢰성에 도움을 준다. 전문성과는 달리 높은 위치에서 다른 사람을 내려다 보면서 이야기를 한다면 무시당하는 듯한 기분이 들고 위압적이고 권위적인 사람으로 평가할 것이다. 따라서 눈높이를 상대에게

맞추고 이야기하는 것이 개방성과 신뢰감 형성에 도움이 된다. 우리가 아이들과 이 야기를 할 때 허리를 구부리는 것은 아이들과 눈높이를 맞추려는 노력이다. 아이들 이 믿고 편하게 이야기하도록 허리를 구부려 눈높이를 맞추는 것이다.

미소는 경계심을 풀게 한다

미소는 만국 공통의 언어다. 미소는 자신이 안전한 사람이기 때문에 마음을 놓 아도 좋다는 사실을 뇌에 알려준다. 그래서 미소는 경계심을 풀게 한다. 미소를 보 이는 것은 적의나 악의가 없다는 표시이기 때문이다. 이렇듯 미소 짓는 것만으로도 우리가 개방적이고 다가가기에 안전한 사람이라는 것을 알려준다. 대체로 우리는 환하게 미소 짓는 사람을 보면 긍정적인 마인드를 지니고 있고 자신감이 있으며 너 그럽다고 생각한다. 그래서 처음 만난 사람에게 경계심을 갖지 않고 다가가기 위해 미소 짓기도 하고, 또 미소 짓는 사람에게 편한 마음으로 다가가기도 한다. 실제로 수많은 연구에서 미소를 잘 짓는 사람들이 보통 사람들에 비해 훨씬 솔직함, 너그 러움, 공손함, 사교성의 특성을 더 많이 가지고 있으며 정이 많고 행복하며 사회적 으로도 더 큰 성공을 이룬다고 밝히고 있다.

심리학자 켈트너와 하커(Keltner & Harker)는 뒤셴 미소(진짜 웃음)가 행복을 예측하는 척도임을 알아냈다. 그들은 밀스 대학 1960년도 졸업생 141명을 대상으로 졸업 앨 범을 살펴보니 3명을 제외한 모든 여학생이 웃고 있었다고 한다. 그중 뒤셴 미소를 띤 사람은 절반 정도였는데 이 여학생들이 27세, 43세, 52세가 될 때마다 이들을 모두 만나 결혼이나 생활 만족도를 조사하였다. 그 결과 뒤셴 미소를 짓고 있던 여 학생들은 30년 동안 행복하게 결혼생활을 유지하고 있었고 건강 상태를 더 잘 유 지하고 있었다. 미소가 삶의 행복에 영향을 미치고 있는 것이다. 미소의 크기는 행 복의 크기에 비례한다.

또한 미소는 사람의 기분을 좋게 만들 수 있는 가장 쉬운 방법이다. 미소는 "당 신을 좋아합니다. 신뢰합니다. 만나서 기쁩니다"를 의미한다. 이렇듯 미소는 수용 의 감정을 전달하며 그 결과 신뢰감을 증가시킬 수 있다. 우리가 미소 짓는 사람에 게 관대하고 더 많은 호의를 베푸는 이유이기도 하다. 실제로 수많은 연구에서 미소는 영업 실적을 높여주고, 교육 효과를 높이며, 친구를 만드는 데 도움을 주고, 심지어는 건강과 수명 연장에도 영향을 미친다고 한다. 한 실험에서 음료수를 시킨 남녀 고객들을 대상으로 미소에 대한 반응을 살펴본 결과 종업원이 환한 미소를 지은 경우에 최소한의 미소를 지은 때보다 평균 3배 이상의 팁을 받은 것으로 나타났다. 사진을 통해 모르는 사람을 평가해 달라고 요청한 실험에서도 환하게 웃을수록 인간성에 대해 더 긍정적인 평가를 하였다. 또 미소-관용 효과에 따라 판사는 미소 짓는 사람에게 미소 짓지 않는 사람보다 더 가벼운 형과 벌금을 선고하는 경향을 보였다.

틱 낙한(Thich Nhat Hanh) 스님은 "때때로 그대의 기쁨이 미소의 이유가 됩니다. 하지만 때론 그대의 미소가 기쁨의 이유가 되기도 합니다"라고 했다. 미소만으로도 누군가의 기쁨이 된다는 것, 그 기쁨이 마음의 벽까지 허물 수 있는 힘을 지닌다는 것은 참으로 놀라운 일이다. 누군가와 커뮤니케이션을 할 때 먼저 미소를 지어보자. 그 사람도 함께 미소 지을 것이다. 그러면 그 사람보다 2초 더 미소를 짓자. 경계심을 풀 것이고 우리를 믿어줄 것이다.

😁 의견이 다를 때 얼굴 표정을 잘 관리하라

미소 못지않게 얼굴 표정의 변화 역시 개방성에서 중요하다. 우리는 다른 사람과 커뮤니케이션을 하면서 자신과 생각이나 의견이 다르면 순간적으로 얼굴 표정에 드러낸다. 얼굴을 찌뿌린다든가, 표정이 굳어진다는가, 화난 표정을 짓는다든가 한다. 이러한 표정은 다른 사람의 의견이 옳지 않다는 것을 한순간에 드러내는 것이기 때문에 개방적이지 않다. 다른 사람은 그 순간 우리가 아무리 긍정적인 언어를 사용해도 굳어졌던 표정, 찡그렸던 표정을 더 믿는다. '지금 저 사람이 내 의견을 틀렸다고 생각하고 있구나', '지금 저 사람이 내 의견에 동의하지 않고 있구나'라고 생각할 것이다. 한 순간에 다른 사람의 의견을 수용하지 않는 개방적이지 않은 이미지로 평가받는다. 따라서 다른 사람이 무슨 이야기를 하든 항상 미소를 머금은 얼굴 표정을 짓는 것이 중요하다.

우리는 순간적으로 짓는 찡그린 표정, 화난 표정을 싫어하고 기억하는 경향이 있다. 실제로 한 연구에 따르면 화난 표정이나 찡그린 표정은 우리 뇌에 강력한 영향을 미친다고 한다. 화난 표정을 25분의 1초라는 짧은 시간 동안 보여준 다음 바로 다른 종류의 사진을 보여준 결과 사람들은 새로 보여준 사진까지 싫어하는 성향을 보였다. 심리학자들은 이것을 점화약 효과라고 부른다. 어떤 표정을 보는 순간 잠재의식

속에 어떤 특정한 감정을 갖게 되고 그 느낌을 다른 사람이나 사물에 곧바로 이입시키는 현상을 의미한다. 이처럼 순간적인 찡그린 표정, 화난 표정이 아주 강력하게 다른 사람의 뇌에 각인되어 우리의 이미지에 지대한 영향을 미치는 것이다.

스트라우스(Strauss)의 연구에서도 화내는 얼굴 표정을 볼 때 실험 참가자들의 뇌에서는 역겨움의 중추인 뇌섬엽과 상호작용의 중추인 안쪽 전두엽 등 부정적 감정의 뇌 영역 조합이 활성화되는 것으로 나타났다. 뇌과학자들은 뇌는 거짓말하지 않는다, 마음은 심장이 아니라 뇌에 있다고 말한다. 우리가 화난 표정을 짓거나 찡그린 표정을 지을 때 다른 사람들은 겉으로 별다른 반응을 보이지 않는다. 그러나 다른 사람의 뇌는 순간적으로 부정적 감정이 활성화되고 있는 것이다. 스피치와 커뮤니케이션을 할 때 다른 사람을 설득해야 한다면 우리의 순간적인 표정이 다른 사람의 뇌에 어떤 반응을 일으킬지 고민해 봐야 한다. 한 순간이라도 가볍게 여기지 말자. 뇌는 모두 느끼고 반응하고 있다. 뇌는 곧 마음이다.

🗨 고개 끄덕임은 이해와 동의의 표현이다

고개 끄덕임은 복종을 나타내는 허리 굽혀 절하기에서 유래한 것으로 긍정, 동의, 이해, 타인의 의견을 따르겠다는 의미이다. 이것은 다른 사람의 이야기에 함께

참여하고 있음을 보여주는 좋은 방법으로 개방성을 드러내준다. 또한 고개를 끄덕이면 이야기하고 있는 주제에 자신도 비슷한 생각을 한다는 것을 보여주는 것이기 때문에 설득에 영향을 미친다. 심리학에서는 고개 끄덕임을 격려하는 끄덕임, 확인하는 끄덕임, 이해하는 끄덕임, 진실에 대한 끄덕임, 동의하는 끄덕임, 수용의 끄덕임, 관심과 흥미의 끄덕임 등으로 분류하고 있다.

예를 들면 한 연구에서 대학 등록금을 올려야 한다는 주장을 들려주었다. 연구자들은 첫 번째 집단의 학생들에게는 등록금 인상에 대한 주장을 듣는 동안 머리를 아래위로(긍정적 동작) 계속 끄덕이라고 했다. 두 번째 집단의 학생들에게는 머리를 옆으로(거부동작) 흔들도록 했고 세 번째 집단의 학생들에게는 전혀 움직이지 말라고 요구했다. 실험 후 등록금 인상에 대한 설문지에서 머리를 아래위로 움직였던 학생들은 대체로 등록금 인상을 긍정적으로 평가했다. 머리를 옆으로 흔들었던 학생들은 대체로 등록금이 인하되기를 바랐다. 머리를 전혀 움직이지 않았던 학생들은 어느 쪽으로도 설득되지 않았다. 고개 끄덕임이 설득에 영향을 미친 것이다.

또한 고개를 끄덕일 때는 속도와 강도에 따라 그 의미가 달라지기 때문에 주의해야 한다. 고개를 끄덕이는 속도는 듣는 사람이 말하는 사람에게 전달하는 메시지다. 천천히 고개를 끄덕이는 것은 말하는 내용에 관심을 가지고 있다는 뜻이므로 다른 사람이 이야기의 요점을 말할 때는 천천히 세 번 고개를 끄덕이는 것이 좋다. 또한 느린 속도의 고개 끄덕임은 계속 말을 하라고 격려하는 의미도 있다. 약간 빠른 속도의 고개 끄덕임은 다른 사람의 말을 이해할 때, 매우 빠른 속도의 고개 끄덕임은 다른 사람의 말에 완전히 동의하고 있음을 나타낸다. 이와는 달리 빠르게 고개를 끄덕이는 것은 이야기를 그만 끝내라 또는 이제는 자신이 이야기를 할 차례다라는 뜻도 있기 때문에 조심해서 사용해야 한다.

고개 끄덕임의 강도에 따라서도 의미가 달라진다. 가장 크게 끄덕이는 것은 대개 동의를 나타내고 가볍게 끄덕이는 것은 말의 내용을 어느 정도 이해했음을 보여주는 것이다. 무엇보다 중요한 것은 적절한 타이밍에만 고개를 끄덕여야 한다는 것이다. 타이밍이 적절하지 않으면 어서 서두르라고 재촉하는 인상을 줄 수 있다. 또한 대화 내용과 관계없이 부적절하게 고개를 계속 끄덕이는 것은 거짓말을 하거나 중요한 일을 숨길 때 나타나는 마음의 동요를 감추려는 것이기 때문에 피해야 한다.

몇몇 연구에서 고개 끄덕임이 커뮤니케이션을 촉진하거나 신뢰감을 주는 이미지 형성에 기여한다는 사실이 밝혀졌다. 한 연구에 따르면 듣는 사람이 일정한 시간 간격을 두고 고개를 계속해서 끄덕여 주면 평소보다 네 배 정도 말을 더 많이 하는 것으로 나타났다. 또다른 연구에서는 환자에게 고개를 끄덕여 주는 의사가 그렇지 않은 의사보다 더 인간적이고 친근하게 느껴지며 신뢰 관계를 더 잘 형성한다는 평가를 받았다.

더욱이 고개 끄덕임이 자기 자신 스스로에게도 긍정적인 영향을 미치는 것으로 나타났다. 한 연구 결과에 따르면 혼자 있더라도 자신을 위해 고개를 끄덕이면 그 생각 자체가 긍정적인 것이든 아니든 현재 생각하고 있는 문제에 대한 믿음과 자신감을 키워주는 효과가 있다고 한다.

💬 손과 발을 개방하라

'몸이 닫히면 마음도 닫힌다'라는 말이 있다. 우리는 스피치와 커뮤니케이션을 할 때 폐쇄적인 자세가 아닌 개방적인 자세를 취해야 한다. 폐쇄적인 자세를 취하는 것은 자신의 마음을 닫았다는 것을 신체적으로 보여주는 것이기 때문에 개방적인 이미지를 해칠 수가 있다. 폐쇄적인 자세란 맹수가 공격했을 때 취하는 자세이다. 연구 결과에 따르면 팔짱을 낀다든가, 다리를 꼰다든가, 양손의 손가락을 교차해서 끼고 있는 것, 주먹을 꽉 쥐고 있는 것, 배 앞에 손을 끼고 있거나 주먹을 꽉 쥐고 있는 것, 몸을 뒤로 젖히고 앉는 자세, 양손으로 뒤통수를 받치는 자세, 턱을 아래로 당기고 고개를 숙이는 자세 등이 폐쇄적 자세이며 거부, 방어, 적대감을 나타낸다. 팔다리를 몸쪽으로 모으면 닫힘의 효과가 생기고 팔을 꼬면 장벽의 효과가 생기기 때문이다.

한 연구에 따르면 이런 자세를 취한 사람은 개방적인 자세로 앉아 있는 사람보다 짧은 문장으로 말을 끝내고 제안을 거부하는 횟수도 더 많고 회의 내용도 잘 기억하지 못한다고 한다. 또다른 연구에서는 팔짱을 끼고 강연을 들은 집단은 그렇지 않은 집단보다 강연 내용에 대한 기억도가 38%나 떨어졌고 강사를 더 부정적으로 인식할 뿐만 아니라 강연 내용에도 덜 주목하는 것으로 나타났다.

우리는 커뮤니케이션을 할 때 몇 가지 폐쇄적인 자세들을 아무 생각 없이 행할 때가 많다. 예컨대 팔짱을 낀다든지, 주머니에 손을 넣는다든지, 앉아 있을 때 발목을 꼬거나 뒤로 기대앉는다든지, 직장에서 깍지 낀 손을 머리 뒤에 두고 뒤로 젖히는 자세 등을 무심코 취한다. 자신은 아무 의미 없이 이러한 자세를 취했다 하더라도 다른 사람은 부정적으로 평가하기 때문에 고치도록 노력해야 한다.

　또한 동의하지 않는 이야기를 들었을 때, 긴장된 상황에서 부정적인 생각이 떠오를 때 팔짱을 끼는 것과 같은 방어적인 자세를 취한다. 연구 결과를 보면 팔짱을 낀 자세는 폐쇄적인 인상을 주기 때문에 새로운 아이디어 개진을 가로막는 경향이 있다고 한다. 손을 주머니에 넣는 것은 불안하거나 뭔가를 숨기고 있다는 인상을 주기 때문에 개방적인 이미지를 해친다. 무언가를 차단하듯 X자로 비껴 꼰 발목은 특정 상황에서 고립감과 거북함을 느껴 방어적인 자세를 취하는 것이다. 공적인 커뮤니케이션 상황에서 이런 자세를 취하면 "저는 동의하지 않습니다"라고 말하는 것과 같다. 깍지 낀 손을 머리 뒤에 두고 뒤로 젖히는 자세는 동서양을 막론하고 지위가 높은 사람이 취한다. 이 자세는 상대방의 말을 거부한다는 의미로 해석될 수 있기 때문에 개방성에 도움을 주지 않는다. 우리가 편안함을 추구하기 위해 취하는 뒤로 기대앉기는 가장 건방지고 거만해 보이는 자세이기 때문에 반드시 피해야 된다. 특히 뒤로 기대앉기는 면접 상황이나 윗사람과 커뮤니케이션할 때 치명적인 약점이 되는 폐쇄적 자세이다.

　반면 개방적인 자세는 다른 사람을 환대하고 주의를 기울이고 있다는 분위기를 전달한다. 몸을 앞으로 기울이는 자세, 다리를 벌리거나 꼬지 않은 자세, 팔을 편안하게 내린 자세는 개방성, 즉 다가와도 좋다는 뜻을 나타낸다. 테이블 위해 손을 펼쳐두고 있는 것 역시 냉담함을 나타내는 팔짱 끼는 자세와는 반대로 무방비, 무경계를 나타낸다. 손바닥을 위로 향해서 내보이는 자세는 권한을 위임한다는 의미로 계속 사용하면 솔직하고 믿음직한 이미지를 주게 된다. 또한 '나는 당신을 해칠 만한 무기를 가지고 있지 않아요'라는 메시지를 전달하는 행동이기 때문에 신뢰도를 높여준다. 흥미로운 것은 손바닥을 위로 향해서 내보이는 자세가 습관이 되면 거짓말 하는 빈도수가 차츰 줄어든다는 사실이다. 대부분의 사람들은 손바닥을 내보일 때 거짓말을 하기가 힘든데 이것은 원인과 결과의 법칙 때문이다.

이러한 개방적인 자세는 긍정적인 이미지 형성에 영향을 미친다. 한 실험에서 강사에게 손바닥을 위로 향하는 제스처, 손바닥을 아래로 하는 제스처, 손가락질을 취하는 제스처를 각각 사용하면서 똑같은 내용으로 10분간 강연을 하게 한 후 청중의 반응을 살펴보았다. 실험 결과 손바닥을 위로 향하는 제스처를 주로 취한 강사들은 84%의 청중에게 긍정적인 평가를 받았다. 반면 손바닥을 아래로 향하는 제스처를 주로 취한 강사에게는 청중의 52%만이, 손가락질을 하는 자세를 취한 강사에게는 청중의 28%만이 긍정적인 평가를 했다. 따라서 신체적으로 닫혀 있으면 마음까지 닫혀 커뮤니케이션도 잘 안 되고 부정적인 이미지까지 형성하기 때문에 반드시 손과 발을 개방시켜야 한다. 그래야 설득이 쉬워진다.

2 친밀감을 높이는 비언어 스킬

단순하게 눈만 접촉해도 친해지고 좋아하게 된다

친밀감을 형성하는 비언어적 스킬로는 먼저 눈맞춤이 있다. 이것은 파리 시민들이 날마다 보는 에펠탑에 정이 들어가듯 단지 자주 보는 것만으로도 친밀감이나 호감도가 증가하는 단순 노출 효과, 에펠탑 효과 때문이다. 자주 보면 친해지고 만나다 보면 좋아진다는 논리이다.

심리학자 제이용크(Zajone)의 실험에 따르면 사진 속의 주인공들에 대해서 사진을 본 횟수가 증가하면 친밀감과 호감도가 증가하였다. 또다른 실험에서 모르는 사람의 얼굴을 보여주고 평가를 하게 했을 때 노출 횟수가 많을수록 좋게 평가하였다. 따라서 스피치와 커뮤니케이션을 할 때 다른 사람과 친밀감을 형성하려면 눈을 많이 마주쳐야 한다. 눈맞춤의 횟수를 높여야 한다는 이야기이다.

실제로 눈맞춤은 유대감과 친밀감 형성에 매우 효과적이다. 이와 관련된 연구는 많은 분야에서 실시되었다. 한 실험에서 대학생들에게 낯선 이성의 눈을 들여다보게 했더니 서로 강한 끌림과 유대감을 느꼈다고 한다. 또다른 연구에서도 처음 만난 사람 가운데서 눈맞춤을 여러 번 한 사람을 함께 일할 파트너로 선택했다. 그 이유는 눈이 자주 마주친 사람은 이야기하기 편하고 쉽게 친해질 수 있고 믿음이 가기 때문이라고 한다.

또한 서로 모르는 남녀 48명을 대상으로 한 실험에서 A그룹에게는 특별한 조건을 제시하지 않았고 B그룹에게는 2분간 상대방의 눈을 바라볼 것을 지시했다. 2분 후 A그룹과 달리 상대방의 눈을 바라볼 것을 지시받은 그룹의 남녀는 눈맞춤만으로 서로에 대한 호감도가 상승한 것으로 드러났다. 부부를 대상으로 한 연구에서도 효과가 나타났다. 눈맞춤을 자주 하는 부부와 그렇지 않은 부부를 대상으로 추상적인 단어 맞추기 실험을 한 결과 눈맞춤을 자주 하는 부부는 눈빛만으로도 상대가 무슨 말을 하고자 하는지 답을 맞췄다. 반

면 그렇지 않은 부부는 추상적인 단어와 상황을 이해하는 데 어려움을 겪는 경향이 높았다. 눈빛만으로도 서로 통한다는 것을 알려주는 결과이다.

또다른 실험에서 서로 만난 적이 없는 학생들을 여러 차례 소집하면서 학생들끼리 인사 외에는 아무런 대화도 하지 못하게 했을 때 얼굴을 마주친 횟수가 많은 학생일수록 더 친근하게 느꼈다. 결혼 정보 업체에서 실험을 했을 때도 서로 바라보는 시간이 길어질수록 친밀감이 형성되었다. 맞선에서 상대방의 눈을 많이 쳐다본 커플은 친밀감과 로맨틱한 감정을 많이 느꼈다. 이들 중 두 번째 데이트를 한 커플의 비율은 이 결혼 정보 업체의 평균보다 두 배나 증가했다. 심리학자 아서 아론 (Arther Aron)은 한 실험에서 서로 모르는 남녀 참가자들을 같은 방에 넣고 여러 가지 일을 하라고 지시했다. 어떤 커플에게는 2분 동안 상대방의 눈을 깊이 응시하라고 했다. 그 결과 상대의 눈을 응시한 커플은 그렇지 않은 커플보다 서로 훨씬 더 많은 끌림과 친숙함을 느낀 것으로 밝혀졌다.

그렇다면 얼마만큼 눈맞춤을 해야 효과가 극대화되는가. 심리학자 조지 밀러 (George Miller)는 연구를 통해 우리의 뇌는 평균적으로 일곱 번째 사건까지 기억하는 경향이 있다고 밝혔다. 대부분의 사람들은 같은 사건을 대략 일곱 번 경험하면 뇌

가 많다고 인식하고 그 후에는 그 이상의 숫자를 세지 않는다고 한다. 그래서 어떤 사람을 일곱 번까지 인식한 후에는 익숙함을 느끼게 된다는 것이다. 혹시 짝사랑 하는 사람이 있다면, 친해지고 싶은 사람이 있다면, 설득해야 할 사람이 있다면 이 '7의 원칙'을 적용하면 효과를 거둘 수 있다. 7번을 만나면 익숙해져 친밀감이 생길 것이고 친밀감을 느끼면 신뢰성이 형성되어 설득이 쉬워질 것이다.

또한 사람들과 자주 접촉할 수 있는 위치를 찾는 것도 중요하다. 모임 장소에서 나 회의를 할 때 가능하면 다른 사람이 마주 보는 자리를 찾아내 앉는 것이 좋다. 심리학자 레온 페스팅거(Leon Festinger)의 조사에 따르면 아파트나 맨션에서 사교성 이 가장 좋고 친숙한 사람은 엘리베이터 바로 옆에 사는 사람이나 출입구 근처에 사는 사람이라고 한다. 그것은 이웃과 얼굴을 마주치는 횟수가 많기 때문이라고 한다. 눈에서 멀어지면 마음까지 멀어진다. 과학적인 증거가 있는 말이다. 스피치와 커뮤니케이션을 할 때 다른 사람에게서 한 순간도 눈을 떼지 말자. 물론 따뜻한 눈 빛도 함께여야 한다.

눈맞춤을 할 때 배꼽의 위치를 맞추는 것도 중요하다. 단지 고개만 돌려 바라볼 것 이 아니라 상대방과 배꼽의 위치를 맞춰야 친밀감이 더 빨리 형성된다고 한다. 재닌 드라이버(Janine Driver)는 배꼽은 사람의 생각과 느낌, 특히 머물고 싶은 장소와 떠나고 싶은 장소를 정확하게 표현해 준다고 하였다. 즉 한 사람의 관심과 의도를 측정하는 가장 정확한 방법이기 때문에 커뮤니케이션을 할 때 '배꼽의 법칙'을 따라야 한다는 것이다. 배꼽의 법칙이란 누군가와 이야기를 나누고 싶고 관심이 있다면 배꼽의 방향 이 그 사람을 향한다는 것이다. 비록 얼굴을 마주하고 있어도 배꼽이 서로 다른 방향 을 향하고 있다면 흥미 부족, 의견 차이 등을 보여주는 것이다. 따라서 눈을 마주칠 때도, 악수를 할 때도 상대방과 배꼽의 위치를 맞추면 친밀감 형성이 속력을 낸다.

좋은 감정의 닻을 내려라

닻 내리기(anchoring) 기법도 친밀감 형성에 도움을 준다. 신체 접촉, 제스처, 긍정 언어 등을 통해 좋은 감정의 닻을 내리면 반복적으로 그 감정을 느끼도록 할 수 있다. 닻이란 특정 심리 상태와 연결된 자극이다. 닻 내리기란 자신이 매우 좋았던 경험을 닻을 내리듯 마음속에 간직하는 것을 말한다. 즉 언젠가 경험한 기억을 신체적 접촉, 제스처, 냄새, 소리와 연결지어 마음속에 연상 작용을 일으키는 행위이다. 닻 내리기 기법은 파블로프(Pavlov)의 조건 반사 원리를 따른다. 파블로프(Pavlov) 실험에서 개들에게 음식을 주기 전에 언제나 벨소리를 듣게 했더니 나중에 개들은 음식이 없음에도 벨소리만 듣고도 침을 흘리는 현상이 나타났다. 바로 벨소리가 음식을 연상하게 해서 자동적으로 침을 흘리게 한 것이다.

닻 내리기 기법도 이러한 연상 원리를 따른다. 예컨대 다른 사람이 긍정적인 상황, 기쁜 상황일 때 신체 접촉이나 긍정적인 말을 함으로써 좋은 감정의 닻을 내린다. 이런 감정의 닻 내리기 과정을 몇 번에 걸쳐 행하면 닻이 정착하게 된다. 닻이 정착하면 닻을 활성화시켜 그때의 긍정적인 감정을 불러올 수 있다.

예를 들면 친구나 부하 직원이 어려운 과제를 해냈거나 좋은 실적을 냈을 때 팔을 가볍게 만지면서 혹은 어깨를 만지면서, 팔꿈치를 살짝 만지면서, 손을 가볍게 잡으면서 등 평소보다 밝고 큰 목소리로 엄지를 치켜세우는 제스처를 하면서 "정말 잘했어. 대단해"라고 기억에 남도록 반응을 해주는 것이다. 그 사람의 마음에 자부심, 성취감의 닻을 내리게 한 것이다. 이런 감정의 닻 내리기 과정을 몇 번에 걸쳐 행하면 닻이 정착하게 된다. 일단 닻이 내려지면 그 감정과 관련된 말을 한마디만 하거나 신체 접촉을 살짝만 해주어도 그 유쾌하고 기쁜 감정을 반복적으로 끌어낼 수 있다. 그러나 닻 내리기는 여러 번 반복해서 정착시키기도 하지만 경험이 강렬할수록 하나의 사건만으로도 정착될 수 있다.

실제로 닻 내리기와 관련하여 리버플 대학 연구진은 공부하는 동안 같은 향을 사용한 학생들은 기억 능력이 15-20%까지 향상된다는 사실을 발견했다. 향이 닻을 내린 것이다. 이 닻 내리기 기법을 스피치에 적절히 활용하여 설득 효과를 이끌어낸 사람이 바로 버락 오바마(Barack Obama) 대통령이다. 그는 자신이 주장하는 계획안의 장점들을 이야기할 때는 왼손을 사용했고, 계획안에 반대하는 비판을 이야기할 때만 오른손을 사용했다. 그런 다음 연설 마지막 부분에서 왼손을 들어 대중의 관심을 집중시켰다. 긍정적인 감정과 연결시킨 것이다. 스피치와 커뮤니케이션을 할 때 좋은 감정의 닻을 내리자. 그 방법은 다양하다. 제스처, 신체 접촉, 음악, 향기, 긍정적인 말.

💬 신체 접촉은 마음을 통하게 한다

신체 접촉은 모든 학문 분야를 망라하고 가장 강조되는 비언어이다. 많은 학자들은 신체 접촉이 라포를 형성하는 가장 빠른 방법이라고 이야기한다. 라포란 두 사람 사이의 상호 신뢰 관계를 나타내는 심리학 용어이다. '마음이 서로 통한다', '무슨 일이라도 털어놓고 말할 수 있다', '말한 것이 충분히 이해된다'고 느껴지는 관계를 말한다. 조사에 따르면 신체 접촉을 주고 받을 때 우리 몸에서는 엔도르핀과 옥시토신이 분비되어 유대감과 친밀감이 높아진다고 한다.

신체 접촉의 효과는 마케팅 영역을 비롯하여 다양한 분야에서 밝혀졌다. 먼저 신체 접촉은 어린이들의 성장을 촉진시키고 심리적 안정을 가져다 주며 머리를 좋게 만들어 주는 역할을 하였다. 심리학자 허텐스타인(Hertenstein)에 따르면 부모가 사랑을 가득 담아 아이를 안아주면 아이들의 머리가 좋아진다고 한다. 안아주기, 업어주기 등의 신체적 접촉이 아이들의 성장을 촉진한다는 것이다. 사울 샌버그(Saul Schanberg)는 쥐 실험을 통해 사람도 만져 주면 성장이 빠를 것이라고 예측하였다. 실제로 조산아 병동에 누워 있는 미숙아들을 하루 세차례 15분씩 몇주간 부드럽게 마사지해 주었다. 그 결과 성장 속도가 두 배나 더 빨라졌으며 잠도 잘 자고 칭얼대지도 않았다. 그는 신체적 접촉의 효과는 언어의 효과보다 무려 10배나 더 강하다고 하였다. 또다른 실험에서 과학자들이 미취학 아동 환자들에게 말로만 위로해 줬더니 40명 중 7명이 마음의 안정을 되찾고 조용해졌다. 아이들에게 위로의 말을 건네는 동시에 손을 잡거나 등을 두드려 주었더니 아동 환자 60명 중 53명이 안정을 되찾았다.

또한 신체 접촉은 순간적인 유대 관계를 형성하여 원하는 것을 얻어내는 데 도움을 주었다. 한 매장에서 카탈로그를 고객에게 건네면서 짧은 순간 팔을 만지는 신체 접촉을 한 경우 더 많은 시간을 매장에 머무르고 구매 액수도 늘어났으며 매장을 더 긍정적으로 평가했다. 또다른 실험에서 피자를 시식하는 과정에서 도우미와 신체 접촉이 있었던 사람은 시식에 대한 승낙 비율이 높았을 뿐 아니라 피자를 더 많이 구매했다. 코넬 대학 호텔경영학과 연구팀도 실험을 통해 식당 종업원이 손님에게 신체 접촉을 하면 손님이 두고 가는 팁이 많아진다는 사실을 발견했다.

도서관에서 실시한 연구에서도 신체 접촉이 설득의 효과를 높인 것으로 드러났다. 도서관 사서들이 책을 대출  해 가는 학생들에게 대출증을 되돌려주면서 가벼운 신체 접촉을 시도하거나 혹은 손가락 하나도 닿지 않도록 하였다. 그 결과 책을 대출하는 중에 사서와 가벼운 신체 접촉을 경험한 학생들은 신체 접촉이 전혀 없었던 학생들보다 사서와 도서관 서비스를 더 우호적으로 평가했다. 또한 사서가 손을 만진 학생들은 모든 질문에 긍정적인 대답을 했고 사서의 이름을 기억하는 비율도 높았다.

미네소타 대학 연구팀이 동전을 공중전화 박스 선반에 올려놓고 사람들이 동전을 발견했을 때 연구자가 다가가 질문하기 전에 대략 3초 정도 팔꿈치를 가볍게 만지고 "혹시 이곳에서 동전 못 보셨습니까?"라고 질문하자 68%가 동전을 갖고 있다고 인정했다. 반면 팔꿈치를 터치하지 않고 질문만 했을 때는 23%만이 동전을 봤다고 고백하고 돌려주었다. 또한 신체 접촉이 간단한 자원봉사나 탄원서 서명에 참여하는 사람을 증가시킨다는 사실도 관찰되었다.

이러한 일들이 일어나는 이유는 우리는 누군가가 우리한테 신체 접촉을 하면 그를 더 가까이 느끼도록 프로그램되어 있기 때문이라고 한다. 이 접촉의 힘은 매우 강력해서 40분의 1초 동안 팔뚝에 손을 대는 것만으로도 친절하고 따뜻한 사람이 된다고 한다. 따라서 스피치와 커뮤니케이션을 할 때 신체 접촉을 사용해 메시지를 강조하고 주의력과 집중도를 높일 수 있다. 자연스럽게 친밀감과 신뢰성까지 형성되기도 한다. 백마디 말보다 한번 손잡아 주는 것이 낫다는 사실을 명심하자. 신체 접촉을 하는 부위는 손, 팔, 어깨로 제한하는 것이 좋다. 접촉은 가볍고 짧게 눈을 보면서 마음을 담아….

🗨 악수는 손으로 하는 인사다

악수는 보편적이고 공식적인 신체 접촉이다. 악수는 낯선 사람을 만났을 때 공유하는 최초의 친밀감이다. 알고 지내는 사람을 만났을 때 악수는 반가움과 환영, 연대감을 표현한다. 악수는 공통적으로 나타나는 행동으로 자발적으로 하는 경우가 아니더라도 불편하거나 당황스럽지 않다. 사람들과 만났을 때, 헤어질 때, 칭찬할 때, 격려할 때 등 다양한 상황에서 언어로만 표현하지 말고 악수를 한다면 친밀감, 연대감, 신뢰감을 한층 더 높이게 된다. 또한 팔이나 어깨 등을 두드리면 효과는 더 증가한다. 이것은 용기와 지지, 위로라는 의미까지 표현한다. 주변 가까운 사람들을 위로하고 격려하고 지지를 보낼 때 어깨를 두드리면서 한다면 그 효과는 몇 배 상승할 것이다.

악수를 할 때는 손바닥의 위치와 힘의 강도가 중요하다. 동등한 관계의 악수는 상대방과 같은 강도로 손에 힘을 주고 자신의 손등과 상대방의 손등을 나란히 세워 서로 간에 손바닥이 아래로 향하지 않도록 하는 것이 좋다. 이것은 신뢰감을 주는 가장 좋은 악수법이다. 자신이 상대방보다 파워가 낮을 때는 손을 쥐는 힘의 강도를 다소 약하게 해야 한다. 또한 상대방의 손바닥이 위로 향하지 않도록 손의 위치를 잘 설정해야 한다. 악수를 하면서 손바닥이 위로 향하는 것은 상대방의 파워가 약함을 보여주기 때문에 예의에서 벗어난다. 반면 자신이 파워가 높을 때는 손을 쥐는 힘의 강도가 상대방보다 조금 강해야 한다.

악수를 하면서 가장 주의해야 할 점은 하기 싫더라도 건성으로 하지 않는 것이다. 힘이 없는 맥빠진 악수는 더더욱 해서는 안 된다. 악수는 다른 사람과 연결되는 좋은 기회이기 때문에 최선을 다하는 인상을 주어야 한다. 자신에 대한 확신과 자신감을 보여주는 하나의 기준이기 때문에 자신감 있는 악수가 필수이다. 특히 악수를 하면서 상체를 앞으로 숙이는 것은 상대방과 더욱 친밀감을 형성할 수 있는 좋은 방법이다. 악수를 하는 동안 긍정적인 생각을 하는 것도 바람직하다.

악수에도 흔드는 횟수가 있다고 한다. 미국 일간지 덴버 포스트에 따르면 악수는 일반적으로 세 번 정도 흔드는 것이 무난하다고 한다. 비즈니스 관계에서는 두 번, 정치가와 유권자의 관계에서는 다섯 번을 흔드는 것이 좋다고 한다. 또한 악수는 서열이 높은 사람이 아랫 사람에게 청하는 것이 원칙이다. 윗사람이 아랫사람에게, 나이가 많은 사람이 적은 사람에게, 여성이 남성에게, 기혼자가 미혼자에게 청하는 경향이 있다.

또한 악수는 긍정적인 이미지 형성과 설득에 영향을 미친다. 여러 연구에서 악수를 하면 더 친절하고 호감가는 인상을 주며 상대방을 더 잘 설득할 수 있는 것으로 나타났다. 또다른 연구에서는 자신과 악수한 사람을 악수하지 않은 사람보다 두 배 잘 기억하였고, 자신과 악수한 사람에게 더 개방적이고 우호적으로 반응하는 경향을 보였다.

다른 실험에서도 악수는 이미지를 형성하는 데 영향을 미치는 것으로 밝혀졌다. 실험 참가자에게 동일 인물을 세 가지 다른 상황에서 만나게 한 후 이미지가 어떠한지를 질문하였다. 실험 결과 눈을 가린 채 말을 한마디도 하지 않고 악수만을 했을 경우 '따뜻하다, 신뢰할 수 있다, 점잖다'라고 호의적인 평가를 내렸고 그중 48%는 다시 만나기를 원했다. 반면 눈을 가린 채 악수를 하지 않고 대화를 한 경우는 '거리가 있다, 형식적이다, 무감동하다'라는 이미지로 평가했다. 눈을 가리지 않은 채 이야기도 하지 않고 악수도 하지 않았을 경우 '인상이 차갑다, 점잖지 못하다'라는 부정적인 평가를 내렸다. 미소와 마찬가지로 악수는 만국 공통의 접촉 언어다. 손으로 하는 오래된 인사이기도 하다. 이제부터 입으로만, 눈으로만 하던 인사에서 악수까지 넣어보자. 손이 닿는 순간 마음이 전해질 것이다.

😗 목소리는 soft & gentle

전문가답고 열정적인 사람으로 보이기 위해서는 조금 빠른 속도로 크고 힘 있게 이야기해야 한다. 반대로 개방적이고 친숙한 사람, 호감가는 사람으로 보여 신뢰성을 얻기 위해서는 적당한 속도로 차분하고 따뜻한 목소리로 이야기해야 한다. 물론 단조롭고 맥빠진 듯한 목소리로 이야기하라는 것은 아니다. 대체로 목소리 크기는 두 사람 사이의 평등한 관계를 전제로 한다. 큰 목소리는 상대를 압도하려는 듯한 이미지를 주고 너무 온화한 목소리는 자신감이 없어 보이고 복종하는 듯한 이미지를 주어 신뢰감 형성에 도움이 되지 않는다. 특히 하이톤의 큰 목소리는 그 사람이 흥분해 있다는 뜻이므로 불친절한 이미지를 주어 그만큼 신뢰성이나 설득력이 떨어진다. 친절하게 보이기 위해서는 목소리 볼륨을 한 단계 낮추어야 한다. 낮은 목소리가 더 친절하고 따뜻하게 들린다. 낮은 목소리가 좋지만 자신 있는 말투를 써야 한다. 목소리 크기와 속도에도 변화를 주어야 대화에 관심있고 적극적으로 참여한다는 인상을 주어 친절해 보인다.

심리학자 가트맨(Gottman)은 부드러운 톤의 목소리가 부부 갈등을 해결하는 데 중요하다고 하였다. 그는 부부 싸움을 할 때 '부드럽게 시작하라'고 강조한다. 특히 여자의 목소리가 크고 격해지면 남자는 맥박과 호흡이 빨라지고 혈압이 상승한다. 이때 두뇌에서 감정을 조절하는 장치가 작동을 못해 감정의 홍수 상태에 빠진다고 한다. 그러면 남자는 이성적인 판단을 할 수 없다. 반면 여자가 부드러운 톤으로 말을 꺼내면 남자는 감정이 이완되고 사고 판단을 하는 두뇌 전두엽이 활성화된다고 한다. 이런 상태라면 남자는 여자의 의견을 쉽게 받아들인다. 부드러운 톤의 목소리가 진정제인 셈이다. 설득에서 38%의 영향력을 가진 목소리. soft & gentle한 목소리가 해법이다.

3 유사성을 높이는 비언어 스킬

자신과 닮은 사람을 더 신뢰한다

외모는 유사성의 요소이다. 사람들은 자신의 외모와 비슷한 사람에게 유대감과 신뢰감을 느낀다. 제러미 베일렌슨(Jeremy Bailenson)과 연구진은 2004년 미국 대통령 선거 후보자들의 얼굴을 합성한 사진을 이용하여 이 같은 사실을 알아냈다. 연구진은 실험 참가자들의 얼굴과 한 후보자의 얼굴이 합성된 사진을 보여주고 지지도를 질문하였다. 존 캐리(John Kerry)와 자신의 얼굴이 합성된 사진을 본 실험 참가자들 중 88%가 캐리(Kerry)를 지지한다고 하였고 나머지 12%만이 결정을 내리지 못했다고 답했다. 마찬가지로 조지 부시(George Bush) 자신의 얼굴이 합성된 사진을 본 실험 참가자들 중 91%가 부시(ush)를 지지했고 나머지 9%만이 결정을 내리지 못했다고 밝혔다. 자신의 외모와 비슷한 사람을 신뢰하여 선택한 결과이다.

리사 드브린느(Lisa DeBruine)는 컴퓨터 그래픽을 이용해 다양한 외모의 가상 인물을 창조한 후 실험 참가자에게 이들과 짝을 이뤄 컴퓨터 게임을 하도록 했다. 자신과 얼굴이 닮은 파트너와 게임을 한 실험 참가자들이 전혀 낯선 얼굴의 파트너와 게임을 한 실험 참가자들보다 자신의 파트너에 대한 신뢰도가 훨씬 높게 나타났다. 또한 컴퓨터에서 여러 사람의 얼굴을 보여주고 믿음이 가는 사람에게 돈을 맡기는 신뢰 게임을 실행했다. 손해를 볼 수도 있고 맡긴 돈의 액수에 따라 나중에 그에 상응하는 이득을 돌려받는 것이 게임의 룰이어서 신중하게 선택해야 했다. 놀랍게도 전체 실험 참가자 중 2/3가 자신의 얼굴을 합성한 사람에게 신뢰를 보이고 돈을 맡겼다. 익숙하고 비슷한 것에 신뢰감을 느끼고 더 선호하는 경향을 보인 것이다.

드브린느(DeBruine)는 또다른 실험을 통해 얼굴의 유사성이 신뢰감에 영향을 미친다는 것을 밝혀냈다. 대학생들에게 각자의 얼굴을 성별만 다르게 컴퓨터로 수정 작업한 이성의 얼굴을 보여주었을 때 높은 신뢰감을 보였다. 그런데 놀랍게도 대학생들은 자신과 닮은 얼굴의 이성에게 신뢰감을 느끼긴 하지만 성적인 호감을 느끼지는 못했다. 그 원인으로 일종의 친족 관계 단서라고 할 수 있는 유사한 얼굴에서 연대감과 신뢰감을 느끼기는 하지만 가까운 친족과의 근친 교배라는 위험으로부터 자신과 친족의 고유성을 보호하기 위해 성적으로는 거의 끌리지 않는 것이라고 결론내렸다.

😗 목소리만 비슷해도 설득된다

사람들은 자신과 비슷한 사람을 좋아하는 성향이 있고 자신과 연관이 있는 것에 끌리는 경향이 있다. 여러 연구에서 외모, 성격, 사회적 배경 등이 자신과 비슷하면 긍정적인 이미지를 형성하는 것으로 밝혀졌다. 그런데 또다른 연구에서 사람들은 목소리가 비슷해도 유사성-매력 효과가 작용해 호감과 신뢰감을 느끼는 성향을 보였다. 클리포드 나스(Clifford Nass)와 코리나 옌(Corlina Yen)은 음성만 달리해서 같은 서평을 소개하였는데 자신의 목소리와 비슷한 음성을 보인 서평자에게 호감과 신뢰를 보였다고 한다. 실험에서 외향형 실험 참가자들은 외향적인 음성을 선호했지만 내성적인 실험 참가자들은 내성적인 음성을 더 선호했다. 또 외향형의 실험 참가자들은 외향적인 음성으로 서평을 들을 때, 내성적인 실험 참가자들은 내성적인 음성으로 서평을 들을 때 책을 구매하는 경향이 강했다. 이것은 목소리의 유사성이 구매에도 영향을 미치고 있어 목소리 유사성이 설득에 효과적임을 설명해 준다.

또한 이들은 목소리 유사성과 전문성의 효과를 분석하기 위해 관광 명소 추천 사이트를 개설하여 미국 사람과 스웨덴 사람이 관광 명소를 소개하도록 하였다. 실험에 참가한 미국 사람 절반과 스웨덴 사람 절반은 미국 억양의 영어로 관광 명소 소개를 들었고, 나머지 사람들은 스웨덴 억양의 영어로 관광 명소 소개를 들었다. 분석 결과 미국 사람들은 미국 사람의 음성을, 스웨덴 사람들은 스웨덴 사람의 음성에 호감을 보였다. 자신의 억양과 일치할 때 그 음성을 더 선호했으며 그 음성에서 신뢰감과 전문성이 느껴진다고 밝혔다. 또 소개하는 장소에 상관없이 미국 사람들은 미국 사람이 제공하는 정보가 더 정확하다고 평가한 반면 스웨덴 사람들은 스웨덴 사람이 제공하는 정보가 더 정확하다고 평가했다. 유사성이 전문성, 신뢰성과 연결되어 설득 효과를 증가시킨 결과이다.

💬 상대방의 스타일에 맞춰라

상대방의 스타일에 맞추는 것은 유사성을 높이는 비언어 스킬이다. 우리는 자신과 취향이나 스타일이 비슷한 사람에게 친밀감을 느끼고 더 설득되는 경향이 있다고 한다. 실제로 한 연구에서 의복 스타일의 유사성이 설득에 영향을 미쳤다. 한 대학에서 다른 사람들에게 전화를 걸어야 하는데 잔돈이 없다며 10센트만 달라고 요구한 결과 실험자의 복장이 자신과 비슷한 스타일인 경우 3분의 2가 동전을 꺼내 준 반면 자신과 비슷하지 않은 복장을 한 경우 절반 이상이 요청을 거절했다.

상대방과 비슷한 스타일의 옷을 입는 것은 협상 과정에서도 중요한 신뢰성의 요소라고 한다. 특히 남자들은 자신과 비슷한 취향이나 스타일을 가진 사람을 최고로 신뢰한다고 한다. 같은 옷을 입은 두 여자는 절대 친구가 될 수 없지만 같은 옷을 입은 두 남자는 평생 단짝 친구가 된다는 것이다. 많은 연구에서 사람들은 자신과 비슷하게 옷을 입고 비슷하게 행동하는 사람들에게 가장 적극적으로 반응하는 경향을 보였다.

정치인들이 선거 과정에서 재래시장이나 서민들을 만날 때 정장 차림이 아닌 점퍼 차림으로 수수하게 옷을 입고 가는 것도 외모의 유사성 때문이다. 만약 깔끔하게 정장 차림으로 재래시장에 갔다면 사람들은 자신과는 다른 세계에 살고 있는 사람으로 이질감을 느껴 마음의 문을 열지 않을 것이다. 서민들의 마음을 잘 이해하지 못하는 정치인이라고 생각하고 신뢰하지 않을 것이다. 복장이 직장에서 상사나 부하 직원에게 신뢰감을 얻고 싶다면 그들과 비슷하게 머리 모양이나 옷의 스타일을 갖추는 것이 좋다.

인사고과철이 되면 상사와 비슷한 스타일과 색상의 옷을 입고 비슷한 머리 모양을 하고 비슷한 가방을 드는 것도 신뢰성을 얻는 지혜로운 전략이다. 우리가 면접을 보러 갈 때 그 기업이나 회사의 이미지에 어울리는 의상을 입어야 하는 이유이다. 옷차림은 자신이 최선을 다해 면접을 준비했다는 성실성 보여주는 첫인상이다. 단순한 옷차림이라고 가볍게 여기지 말자. 옷차림만으로도 사람의 마음을 변화시킬 수 있다.

💬 행동을 미러링하라

다른 사람의 행동을 미러링하는 것은 유사성을 높이는 또하나의 비언어 스킬이다. 미러링(mirroring)이란 다른 사람의 신체동작, 얼굴 표정, 자세, 말투 등을 거울에 비친 것처럼 그대로 따라 함으로써 유사성을 강화하여 호감과 신뢰성을 형성하는 기법이다. 마치 거울 앞에 있는 것처럼 다른 사람의 행동을 그대로 모방하는 것이다. 미러링은 다른 사람에게 그의 생각과 마음에 동의한다는 것을 알리는 방법이다. 비언어적인 수단을 통해 '당신이 보는 바와 같이 나도 당신과 똑같이 생각합니다'라고 말하는 것이다.

다른 사람을 똑같이 따라 하면 공감 능력과 관련된 뇌 회로가 활성화된다고 한다. 이때 상대방과 연결되어 있거나 똑같다라는 느낌이 들게 되어 뇌는 그 사람을 믿고 마음을 열게 된다. 이것이 가능한 이유는 거울 뉴런(mirror neuron)이라는 세포 때문이다. 거울 뉴런은 이탈리아 파르마 대학의 지아코모 리졸라티(Giacomo Rizzolatti)와 비토리 갈레즈(Vitori Gallese)가 원숭이 행동을 관찰하는 과정에서 발견하였다. 거울 뉴런은 우리의 근육과 신체 움직임을 통제하는 일종의 운동 신경 세포이다. 이것은 보는 대로 따라 하는 신경이라고 불린다. 인간의 모방과 공감능력의 근원이며 상대방의 행동을 세심하게 관찰하고 똑같이 모방하게 해준다.

미러링을 할 때는 먼저 다른 사람의 행동을 관찰하고 눈치채지 못하도록 자연스럽게 한 박자나 두 박자 늦게 흉내내야 한다. 여기에서 다른 사람의 자세에 맞추는 것을 자세 반향이라고 하며, 동작에 맞추는 것을 동조 댄스라고 한다. 다른 사람이 팔짱을 끼면 자신도 팔짱을 끼고, 몸을 한쪽으로 기울이면 자신도 그렇게 하면 된다. 다른 사람이 미소 지으면 자신도 미소를 짓고 슬퍼하는 표정을 지으면 슬픈 표정을 짓는다. 미러링은 다른 사람의 거울과 같은 역할을 해주는 것으로 좌우 반대의 행동을 하는 것이다.

이와 비슷한 매칭(matching)은 상대방과 똑같은 자세, 동작을 취하는 것을 말한다. 즉 미러링은 상대방이 오른 손을 올리면 왼손을 올리는 것이고, 매칭은 상대방이 오른 손을 올리면 우리도 오른손을 올리는 행위이다. 미러링은 상대방이 마음을 닫고 있거나 저항감을 느낄 때 가능한 한 편안하게 해주는 가장 쉬운 방법이다. 우리가 긍정적인 태도로 상대방과 상호 작용하고 있음을 알려주는 무언의 신호인 것이다.

미러링의 효과는 여러 연구에서 입증되었다. 아이들은 일부러 자신의 행동과 다르게 행동하는 어른보다는 자기의 행동을 그대로 따라 하는 사람에게 더 많은 관심을 보인다고 한다. 여자들은 말을 할 때 표정을 따라 하는 남자에 대해 다정하고 지적이고 매력적인 사람이라고 평가하였다. 또한 심리학자 케네스버그(Kennethberg)는 다른 사람의 말투나 행동을 따라 하기만 하면 그 사람이 자신도 모르게 설득된다는 사실을 밝혀냈다. 미러링을 사용하면 다른 사람이 유사성과 공감을 느껴 호감이 증진됨으로써 보다 쉽게 설득할 수 있다.

또다른 연구에서 학생들은 미러링을 사용하는 교사에게 훨씬 더 긍정적으로 반응했으며, 그 교사가 훨씬 더 잘 가르치고 친절하고 재미있다고 생각했다. 심리학자 가트맨(Gottman)과 동료들은 한쪽 배우자가 나머지 배우자의 행복한 표정을 흉내내지 않거나 거기에 더해 멸시하는 표정을 짓는 부부는 이혼할 가능성이 훨씬 높다는 사실을 발견했다. 그래서 부부는 닮아간다는 말이 있는 것 같다. 또한 팀 발표를 할 때 발표자가 어떤 몸짓이나 자세를 취하고 팀 전체가 똑같이 따라하면 결속력이 강한 팀이라는 인상을 주는 것으로 나타났다.

취업 면접 인터뷰에서도 미러링의 영향력이 나타났다. 워드, 자나, 쿠퍼(Word, Zanna, & Cooper)의 연구에서 면접관은 여러 실험 조건에서 특정 보디랭귀지를 따를 것을 지시받았다. 한 조건에서는 면접관이 등을 돌리거나 눈맞춤을 회피하는 등의 거리감이 있고 관심 없는 듯한 보디랭귀지를 하도록 지시받았다. 다른 조건에서는 미소 짓거나 눈맞춤을 하는 등의 환영하는 듯한 보디랭귀지를 보이도록 지시받았다. 그 결과 면접자들은 면접관의 행동을 따라하기 시작했고, 면접관이 덜 우호적인 보디랭귀지를 한 조건의 사람들은 우호적 조건 사람들보다 면접을 더 잘보지 못한 것으로 드러났다. 이것은 면접관이 면접자에게 보이는 첫 태도가 미러링으로 면접자의 행동에 영향을 끼친다는 것을 보여준다. 이처럼 미러링의 효과는 매우 크고 다양하다. 동의라는 기조가 깔려 있기에 상대방의 호감과 신뢰성을 얻는 것이다. 누군가의 신뢰를 얻고 싶다면 미러링하라. 눈치채지 못하게 자연스럽고 진심을 다해서.

💬 말의 속도, 목소리 톤, 호흡을 맞춰라

페이싱(pacing)은 유사성을 형성하는 비언어적 스킬이다. 페이싱이란 보조를 맞춘다는 의미로 상대방 말의 속도, 목소리 톤, 어조, 호흡을 맞추는 방법이다. 여러 가지 실험에 따르면 사람들이 커뮤니케이션을 할 때 말의 속도, 목소리 톤, 어조가 유사하면 친밀감과 호감이 높아졌다. 페이싱을 하는 방법은 다른 사람이 말을 천천히 하면 자신도 천천히 하고, 목소리 톤을 높이면 자신도 톤을 높여 이야기하고, 말을 빠르게 하면 자신도 말을 빠르게 하면 된다. 그러면 상대방은 뭔지 모르게 유사함과 유대감을 느껴 신뢰하게 된다. 여기에 상대방의 기분까지 매칭하면 우리가 그 사람의 감정과 이야기를 확실하게 인정한다는 것을 보여주는 것이다.

지금까지 살펴본 말 따라 하기, 미러링, 페이싱 기술을 활용하여 커뮤니케이션 효과를 높이려는 행동은 커뮤니케이션 조절 이론(communication accommodation theory)으로 설명할 수 있다. 커뮤니케이션 조절 이론에 따르면 우리는 다른 사람과 더 비슷해지거나 혹은 다르게 보이기 위해서 자신의 언어적, 비언어적 행동을 조절하거나 적응한다는 것이다. 이러한 행동을 하는 목적은 승인을 얻기 위해, 커뮤니케이션 효율성을 증가시키기 위해, 다른 사람에게 긍정적인 사회적 정체성을 유지하기 위해서라고 한다. 우리는 자신과 비슷한 스타일로 커뮤니케이션하는 사람을 좋아하거나 신뢰하며 쉽게 설득당한다고 한다. 그래서 다른 사람이 하는 비언어를 흉내내게 되면 그 사람과 비슷하게 보이고 그렇게 되면 친밀감, 즐거움, 사회적 승인과 같은 긍정적인 결과를 얻어낼 수 있다.

앞에서 설명하였듯이 상대방이 말을 빠르게 하면 자신도 빠르게 하고 목소리를 크게 내면 자신도 크게 내고, 고개를 옆으로 기울이면 자신도 기울이고, 몸을 앞으로 굽히면 자신도 굽히고 이런 형태로 상대방의 비언어를 흉내내면 상대방이 깊은 신뢰감을 느낀다고 한다. 또한 흉내내기를 하면 함께 있는 사람들의 경계심을 풀 수 있다고 한다. 이 모든 흉내내기는 의식적으로 하되 '자연스럽게' 해야 한다는 것이다. 실제로 연구 결과에 따르면 사람들은 스피치나 소통을 할 때 말하는 속도를 빠르게 하거나 천천히 함으로써, 잠시 멈추기를 길게 하거나 짧게 함으로써, 강조어를 사용함으로써 상대방에게 적응한다고 한다.

예를 들어 인터뷰를 받는 사람은 인터뷰하는 사람에게, 판매자는 소비자에게 호감 있게 보이기 위해 말하는 속도와 목소리 톤 등을 변화시킨다. 조직에서 부하 직원은 동료보다는 상사의 비언어를 따라 한다는 것이다. 파워가 없는 사람들은 파워를 가진 사람들의 소통 스타일에 적응한다. 상대방을 따라 하되 상대방보다 절대 빠른 속도로 말해서는 안 된다. 연구에 의하면 상대방이 자신보다 말하는 속도가 빠르면 부담감이나 압박감을 느낀다고 한다. 신뢰 관계를 쌓고 싶다면 상대방보다 절대 빠른 속도로 말해서는 안 된다. 비슷한 속도나 약간 느린 속도로 말을 해야 한다.

④ 호감도를 높이는 비언어 스킬

국내 초등, 고등, 대학생을 대상으로 한 연구에서 학생들은 눈맞춤, 긍정적인 고개 끄덕임, 몸을 앞으로 기울이는 것, 미소, 밝고 친절한 목소리 같은 비언어 스킬을 사용하는 교육자에게 더 호의적으로 반응하는 것으로 밝혀졌다. 교육자의 이러한 행동이 증가하면 할수록 학생들의 학습 의욕, 수업에 대한 호감도가 크게 향상되며 교육자의 지도에 기꺼이 따르게 된다고 한다. 호감도가 얼마나 중요한가를 보여주는 결과이다.

사회심리학자들은 연구를 통해 호감도를 형성하는 요인으로 근접성, 유사성, 친숙성, 상호성, 신체적 매력 등을 제시하였다. 앞에서 제시한 비언어 스킬을 사용해 친밀감과 유사성을 높이면 호감도가 높아지고 신뢰성까지 확보할 수 있게 된다. 따라서 친밀감과 유사성을 높이는 비언어 스킬은 모두 호감도를 높이는 데도 적용된다. 예를 들면 눈맞춤, 신체 접촉, 악수, 따뜻한 목소리, 비언어 닻 내리기, 외양의 유사성, 미러링, 페이싱 등이 호감도를 높이는 데 적용될 수 있다. 여기에서는 그외에 호감도를 높이는 몇 가지 비언어 스킬을 제시할 것이다.

웃음은 마음을 얻는 최고의 방법이다

웃음은 사람의 마음을 얻는 최고의 방법이다. 친절함의 상징이기도 하다. "웃는 낯에 침 못 뱉는다"는 속담처럼 웃는 모습은 부정적인 일도 긍정적으로 바꾸어 놓는 힘이 있다. 웃음과 미소의 효과는 모두가 알고 있듯이 매우 강력하다. 신경학자 헨리 루벤스타인(Henry Rubenstein)은 1분 동안 신나게 웃는 것이 45분 동안 휴식을 취한 것과 같은 효과가 있음을 발견하였다. 또한 웃는 얼굴을 보면 함께 웃게 되고 뇌에서 엔도르핀이 분비된다고 한다. 엔도르핀은 신체를 진정시키고 면역 체계를 강화시키는 효과가 있다. 웃는 얼굴만으로도 다른 사람의 엔도르핀을 돌게 하여 편안하고 기분 좋은 상태로 만들 수 있는 것이다.

로버트 펠드먼(Robert Feldman)은 대화 중 웃는 횟수가 친절한 이미지에 얼마나 영향을 끼치는지를 연구한 결과 더 많이 웃을수록 더 친절한 이미지가 생긴다고 밝혔다. 스피치를 할 때 무대에 나가서 인사하기 전에 웃는 얼굴을 먼저 보여라. 다른 사람을 만나자 마자 웃는 표정부터 지어라. 좋은 인상을 줄 수 있는 가장 좋은 방법이다.

스탠포드 대학 연구팀과 경영 컨설턴트 반 슬로언(Van Sloan)이 고등학생 2,500명을 상대로 실시한 연구 결과에서 호감도를 높이는 요인은 즐거운 표정, 명랑하고 긍정적인 태도와 웃는 얼굴, 진심으로 호의를 보이는 사회 기술인 것으로 나타났다. 놀랍게도 항상 자주 웃는 여학생이 신체적 매력이 뛰어난 여학생보다 두 배나 인기가 높았다. 온라인상에서도 웃는 얼굴은 사람들을 끌어모으는 힘을 지니고 있었다. 파울러와 크리스타키스(Fowler & Christakis)는 대학생들이 올린 사진과 그들의 페이스북 친구들이 올린 사진들을 면밀히 분석하였다. 그 결과 사진 속에서 웃고 있는 학생들이 네트워크의 중심에 위치하며 웃는 친구들과 네트워크를 형성하는 경향이 강했다. 또한 웃는 사람들이 대부분 여러 명의 온라인 친구들을 사귄다는 점을 발견했다. 이처럼 웃는 얼굴만으로 매력, 친절함, 호감 등 많은 것을 얻을 수 있다. 웃는 얼굴. 얼마나 손쉬운 방법인가. 그 효과는 얼마나 강력한가.

💬 자신도 모르게 몸은 진실과 거짓을 말하고 있다

진실성은 호감도와 신뢰성을 높이는 핵심 요인이다. 진실한 스피치, 진실한 커뮤니케이션은 사람의 마음을 움직이게 한다. 아리스토텔레스((Aristoteles)는 좋은 스피치의 조건으로 진실성을 꼽고 있다. 그렇다면 진실성은 어떻게 드러나는가. 또 거짓말하고 있다는 것은 어떻게 나타나는가. 바로 언어와 비언어를 통해서이다. 언어는 이성을 관장하는 뇌에서 나온다. 진실한 마음이면 진실한 마음 그대로 언어로 표현하면 된다. 그런데 문제는 비언어이다. 우리는 분명 진실한 마음으로 이야기하고 있는데 비언어는 거짓말을 하고 있다는 신호를 보낸다. 비언어는 이성적인 뇌가 관장하는 대상이 아니다. 저절로, 무의식적으로, 자신도 모르게 표현되는 것이다. 뇌가 그렇게 하도록 만든다. 그래서 학자들은 비언어를 관장하는 뇌를 진실한 뇌라고 한다. 말로 숨기는 것을 몸이 말하는 것이다.

스피치와 커뮤니케이션을 할 때 진실되지 않게 보이는 비언어들이 있다. 거짓말을 할 때이 비언어 행동은 어김없이 나타난다. 자신은 아무 의미 없이 그런 행동을 했다 하더라도, 단지 잘못된 습관에서 나온 행동이라 하더라도 다른 사람은 거짓말로 받아들인다. 그 비언어를 보고 우리를 진실성이 없는 사람이라고 평가한다. 따라서 거짓말을 나타내는 비언어들에는 어떤 것이 있는지 파악해서 머릿속에 각인시켜 놓아야 한다. 그런 다음 거짓말을 나타내는 비언어를 하지 않도록 반복적으로 훈련해야 한다. 물론 진실성을 보여주는 비언어적 행동을 몸에 체화시키는 일도 필요하다. 진실한 마음은 언어와 비언어로 표현되어야 다른 사람이 그 진실성을 알 수 있는 것이기에 더욱 그렇다. 진실한 마음은 스킬로 보여주는 것이지 마음 속에 담고 있는 것이 아니다.

먼저 진실함을 보여주는 비언어들이 있다. 학자들은 수많은 연구를 통해 진실한 비언어, 거짓말하는 비언어를 구분지어 놓았다. 진실함을 보여주는 비언어는 스피치와 커뮤니케이션이 재미있을 때, 다른 사람에게 좋은 감정을 가지고 있을 때 나타나는 비언어와 유사하다. 진실함을 나타내는 비언어를 정리해 보면 다음과 같다.

- 눈맞춤을 자주 한다.
- 손바닥을 위로 향해서 보이게 한다.
- 허리를 쭉 펴고 몸을 똑바로 세운다.
- 팔짱을 끼지 않고 손을 내린다.
- 몸의 방향이 상대방을 향하고 있다.
- 긍정적인 점을 말할 때는 고개를 끄덕인다.
- 부정적인 점을 말할 때는 고개를 가로젓는다.
- 발바닥을 바닥에 딱 붙인다.

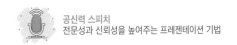

> • 미소를 짓되 너무 자주 짓지 않는다.
>
> • 고개를 가끔씩 끄덕인다.
>
> • 말을 할 때 발끝이 상대방을 향하게 한다.
>
> • 분명한 목소리로 편하게 이야기한다.

다음으로 거짓말을 하는 비언어는 다른 사람의 이야기에 흥미가 없을 때, 부정적인 감정을 갖고 있어 빨리 대화를 끝내고 싶을 때, 불안감을 느낄 때 나타나는 행태와 거의 비슷하다. 이들 비언어는 세계 공통적으로 나타나는 특성이 있다. 특히 거짓 표정을 짓지 말아야 한다. 비언어 커뮤니케이션 학자 캐럴 킨제이(Carol Kinsey)는 가짜 표정은 세 가지 방법으로 알아낼 수 있다고 하였다.

첫째, 그 표정의 대칭 여부이다. 표정을 꾸며내거나 억지로 지을 때는 대개 비대칭 얼굴이 만들어진다고 한다. 둘째, 지속 시간의 차이다. 진짜 표정이 가짜 표정보다 지속 시간이 훨씬 짧다고 한다. 진짜 감정에서 나온 표정은 1초 내에 사라지지만 가짜 표정은 5-10초 정도 지속된다. 셋째, 타이밍이다. 진짜 감정에서 나온 표정은 언어적 메시지보다 앞서거나 동시에 나타난다고 한다. 분노의 표정이 분노의 말 다음에 따라왔다면 그 표정은 대체로 꾸며낸 것이다. 거짓말을 나타내는 비언어를 정리해 보면 다음과 같다.

> • 말하는 도중 문장이 자연스럽게 연결되지 않는다.
>
> • 말을 더듬거나 지나치게 유창하다.
>
> • 빨리 대답하려고 해 유연성이 떨어진다.
>
> • 자주 쉬면서 대화의 흐름을 끊는다.
>
> • 잦은 말실수를 한다.

- 상세한 설명을 피하려 한다.

- 의미 없는 말, 군말을 많이 쓴다.

- 모두, 항상, 누구도, 아무도 등 '모두'를 뜻하는 말을 유독 많이 사용한다.

- 짧은 답변으로 반응한다.

- 평소와 다르게 시선을 피하려 하거나 시선을 더욱 마주치려고 한다.

- 평소보다 몸을 많이 움직이거나 덜 움직인다.

- 이리저리 눈동자를 자주 움직이다.

- 곁눈질을 자주 한다.

- 눈깜박임이 평소보다 많아진다.

- 엉덩이를 들썩이며 자꾸 자세를 고쳐 앉는다.

- 발을 움직이는 횟수가 증가하다.

- 목을 만지거나 쓰다듬는다.

- 주위를 자꾸 두리번거린다.

- 자신의 신체 일부를 자주 만진다,

- 자세가 뻣뻣해진다.

- 미소가 눈에 띄게 줄어든다.

- 손으로 입을 가리거나 입술을 깨문다.

- 입술을 말아 넣는다.

- 눈을 문지르거나 목을 긁는다.

- 코나 귀를 만진다.

- 옷깃을 잡아당긴다.

- 손가락을 문다.

- 땀을 흘린다.

- 목소리 톤이 높아진다.

- 헛기침을 한다.

- 마른 침을 자주 삼킨다.

💬 고개는 말하는 사람 쪽으로 기울이면 친절해 보인다

고개 끄덕이기는 이해와 동의를 표현하는 비언어로 신뢰성을 높인다. 고개 기울이기도 친밀감, 호감도를 높이는 비언어 기법이다. 말하는 사람 쪽으로 고개를 기울이면 친절해 보인다고 한다. 고개를 기울이면 신체에서 가장 취약한 목이 노출된다. 취약한 부분을 노출했다는 것은 경계심을 풀고 편안한 감정 상태라는 것을 보여준다. 이 자세는 마음을 열고 무엇이든 받아들일 준비가 되어

있음을 나타내기 때문에 다른 사람으로부터 더 많은 신뢰를 얻을 수 있다. 즉 들을 때 말하는 사람 쪽으로 머리를 기울이는 것은 '마음이 편안하다', '당신의 말을 잘 듣고 있다', '당신에게 우호적이다', '당신의 의견을 받아들일 준비가 되어 있다'는 의미를 내포하고 있어 긍정적인 자세이다.

실제로 한 연구 결과에 따르면 커뮤니케이션을 하면서 상대에게 머리를 한쪽으로 기울이는 사람들이 정직하고 친절하며 다정한 사람으로 평가받는다고 한다. 또 다른 연구에서는 고개를 오른쪽으로 기울이면 믿음직하다는 인상을 주고 왼쪽으로 기울이면 매력적이라는 인상을 주었다. 어느 쪽이든 고개를 한쪽으로 기울이는 행동은 친밀감을 비롯한 긍정적인 이미지를 형성하게 해준다. 그러나 듣는 사람이 고개를 갸웃뚱하면 긍정적인 자세지만 이야기하는 입장이라면 수동적인 복종의 자세이다. 커뮤니케이션을 할 때 고개는 반듯한 중립 상태에 있어야 한다.

몸을 앞으로 기울이는 것도 호감을 표현하는 기법이다. 우리는 상대방에게 호감이 있을 때, 이야기를 더 잘 듣고 싶을 때 몸을 앞으로 기울이게 된다. 연구에 따르면 듣는 사람이 몸을 기울이면 상대방은 더 많이 말을 하게 된다. FBI에서 용의자를 심문할 때 몸을 기울이는 기법을 사용해 효과를 거뒀다고 한다. 말을 하지 않고 있던 용의자가 이야기를 시작하면 몸을 기울여서 더 많이 말하도록 유도해서 더 많은 정보를 얻어냈다.

💬 공간과 거리를 좁히면 마음까지 가까워진다

몸이 멀어지면 마음까지 멀어진다는 말이 있다. 근접성의 효과(Proximity Effect)를 단적으로 드러내주는 말이다. 근접성 효과란 물리적으로 더 가까이 있는 사람에게 더 호감을 갖게 되는 심리적 경향을 말한다. 근접성이 호감을 불러오는 이유는 첫째, 근접성은 친밀감을 증가시킨다. 가까이 살고 있는 사람과는 자주 마주치기 때문에 단순 접촉 효과에 따라 호감도가 상승한다. 둘째, 지리적 근접성은 유사성을 더욱 증가시킨다. 사람들은 사회경제적으로 비슷한 사람들이 모여 살기 때문에 서로 어울려서 생활하다 보면 호감도가 증가한다. 셋째, 인지적 일관성 때문이다. 싫어하는 사람이 가깝게 산다는 것은 심리적으로 불편한 일이기 때문에 좋아하려는 심리적 경향을 보인다.

미시간 대학 기숙사에 살고 있는 대학생들을 대상으로 근접성의 효과를 확인한 실험이 있다. 서로 알지 못하는 학생들이 어떠한 교우 관계를 맺는가를 조사해보니 같은 방이나 가까운 방의 학생 등 가까운 곳에 있는 사람들과 먼저 친해졌다. 또다른 실험에서 한 여성 실험 참가자는 50센치, 다른 여성은 2미터 떨어진 의자에 앉게 한 후 한 남자 실험 참가자와 함께 세 사람이 대화를 하도록 했다. 두 명의 여자 실험 참가자는 비슷한 내용의 이야기를 하도록 했다. 세 사람의 대화가 끝난 후 남성 실험 참가자들에게 질문한 결과 남성과 가까운 자리에 앉았던 여성에게 더 친밀감과 호감을 보였다.

또한 한 연구에서 맨 앞줄에 앉은 사람들이 다른 사람들보다 연설 내용을 더 많이 기억하는 것으로 나타났다. 다른 사람들보다 정보를 얻고자 하는 욕구가 강하고 딴청을 피우다 들키게 되는 불안감이 더 많기 때문이라고 한다. 다른 사람과 거리가 멀수록 목소리가 더욱 커진다는 연구 결과도 있다. 멀리 떨어져 이야기하는 사람은 경계의 대상이라고 생각해 자신도 모르게 경쟁 관계로 보기 때문이라고 한다. 반면 거리가 가까워질수록 목소리가 낮아지고 부드럽게 말을 하는 경향을 보였다. 스피치와 커뮤니케이션을 할 때 청중과 공간과 거리를 좁혀보자. 공간과 거리도 말만큼이나 중요하다. 우리의 공신력을 높여주는 간단한 커뮤니케이션 기법이다.

공신력 스피치

전문성과 신뢰성을 높여주는 프레젠테이션 기법

커뮤니케이션 스타일을 알면 설득이 쉬워진다

Chapter 08
커뮤니케이션 스타일을 알면 설득이 쉬워진다

1 스타일에 대한 이해 : 두 가지 중심축

　스타일이란 개인이 선호하고 습관이 된 방식이다. 이것은 능력이 아니라 우리가 가진 능력을 어떻게 사용하느냐와 관련된 것이다. 능력은 무엇을 할 때 얼마나 잘할 수 있느냐를 말한다면 스타일은 무엇을 할 때 어떠한 방식으로 하는 것을 좋아하느냐의 문제이다. 따라서 스타일은 능력이 아니라 선호 경향성이기 때문에 '좋다', '나쁘다'의 차원이 아닌 차이로 보는 것이 타당하다.

　이러한 스타일은 우리의 삶에서 지대한 영향을 미친다. 스타일은 우리의 사고와 행동 양식뿐만 아니라 업무 및 커뮤니케이션 방식까지 차이를 가져온다. 우리는 스타일, 업무 방식, 커뮤니케이션 방식이 차이가 있어 갈등이 생길 수 있다. 우리는 모두 자신이 가지고 있는 스타일에 따라 행동하고 커뮤니케이션한다. 또 자신의 스타일에 맞춰 행동하고 커뮤니케이션 하는 사람을 좋아하고 설득당한다. 따라서 다른 사람의 스타일을 파악하여 이해하고 그에 적응할 필요가 있다. 우리가 스타일을 공부하는 목적은 바로 이러한 차이점을 파악하고 수용하고 존중해 주기 위해서이다.

　그 첫 번째 단계는 자기 자신을 이해하는 것이다. 모든 사람들은 자신의 스타일을 갖고 있다. 자기 자신의 스타일을 파악하여 장점과 약점을 객관적으로 발견해야 한다. 두 번째 단계는 다른 사람의 스타일을 파악하고 존중하는 것이다. 자기 자신의 스타일뿐만 아니라 다른 사람의 스타일에 대해서 더 깊이 이해하여 서로를 가치 있게 여겨야 한다. 다른 사람의 스타일을 확인할 때는 오로지 상대방의 말과 행동에만 초점을 두면 된다. 세 번째 단계는 적응력을 개발하는 것이다. 다른 사람들의 필요를 돕기 위해 자신의 스타일에 변화를 주어야 한다는 것이다. 즉 자신을 변화시켜 상대방의 스타일에 맞추어야 한다.

성격 유형의 이해

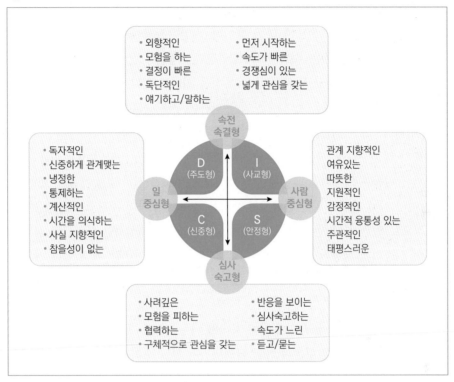

윌리암 마스톤(William Marston) 박사 등 여러 학자들에 따르면 사람들은 속전속결형-심사숙고형, 일중심형-사람중심형의 두 가지 중심 축에 의해 네 가지 스타일로 구분된다. 네 가지 유형은 속전속결형이면서 일중심형인 주도형, 속전속결형이면서 사람중심형인 사교형, 심사숙고형이면서 사람중심형인 안정형, 심사숙고형이면서 일중심형인 신중형이다.

속도 : 속전속결형/심사숙고형

첫 번째 수직의 축은 속도(pace)다. 속도란 사람이 일생 동안 행동, 생각, 의사결정할 때의 빠르기를 의미한다. 우리는 내적 동력의 작동에 따라 움직인다. 어떤 사람의 동력은 빠르게 작동하고 다른 사람의 동력은 보다 천천히 움직인다. 어떤 사람의 동력 속도가 더 빠르다고 해서 다른 사람보다 더 나은 것은 아니다. 단순히 행동하는 그 사람의 동력 속도가 다를 뿐이다. 속전속결형(fast-paced)은 외향적인, 먼저 시작하는, 모험을 하는, 속도가 빠른, 결정이 빠른, 경쟁심이 있는, 독단적인, 넓게 관심을 갖는, 얘기하고/말하는 등의 특성을 지니고 있다. 반면 심사숙고형(slow-paced)은 사려깊은, 반응을 보이는, 모험을 피하는, 심사숙고하는, 협력하는, 속도가 느린, 구체적으로 관심을 갖는, 듣고/묻는 등의 특성을 가진다.

속도가 빠른 사람은 인생을 살아가면서 모든 것이 빠른 스타일이다. 이들은 외향적인 사람들로 의사결정과 행동이 빠르고 모험하고 도전하길 좋아한다. 또한 이들은 여러 가지 과제나 일을 동시에 수행하는 것을 선호하며 주도적으로 행동하고 경쟁적으로 일을 한다. 반면 속도가 느린 심사숙고형은 내성적인 사람들로 심사숙고하여 신중하게 행동한다. 의사결정이 느리고 조심스럽기 때문에 위험한 상황을 피한다. 이들은 계획되지 않은 변화나 예기치 않은 일을 좋아하지 않고 안정적이고 반복적인 일을 선호한다.

이렇게 두 스타일 간에 속도에 있어 차이가 나는 이유는 변화에 대한 생각이 다르기 때문이다. 속전속결형은 변화를 두려워하지 않고 오히려 즐기기까지 한다. 변화가 없는 생활은 단조롭고 왠지 살아 숨쉬는 느낌이 들지 않는다. 그래서 도전하고 행동한다. 반면 심사숙고형은 변화를 싫어하며 그러한 변화에 빠르게 대응하지 못한다. 심사숙고해서 의사결정을 하고 행동하기 때문에 빨리 하라고 시간을 재촉하면 오히려 더 정신이 없고 머리 속이 텅 빈 느낌이 든다. 속전속결형은 때로는 한번도 생각을 하지 않고도 행동하기도 한다. 한번도 생각을 하지 않고 행동하게 되면 분명 문제가 발생한다. 그 문제가 긍정적이든 부정적이든 관계없이 속전속결형에게 그것은 곧 변화이기 때문에 빠르게 적응하여 그 문제를 해결한다. 그러면서 자신이 살아있는 느낌을 받는다.

이처럼 두 스타일은 속도에 있어 차이를 보이기 때문에 업무 스타일에 있어서도 다르다. 속전속결형은 업무에 있어 능력을 '속도'로 평가하는 경향이 강하지만 심사숙고형은 '정확성, 꼼꼼함'으로 평가한다. 속전속결형은 아무리 정확하고 완벽하게 업무 처리를 했어도 그 일을 빨리 처리하지 않으면 그다지 높게 평가하지 않는다. 반면 심사숙고형은 업무를 아무리 빨리 처리해도 그 일을 정확하고 꼼꼼하게 해내지 않으면 좋은 평가를 하지 않는다. 오히려 빨리 업무를 수행하면 건성건성, 대충대충 한 것으로 생각할 수도 있다. 그래서 속전속결형은 심사숙고형을 답답하고 순발력이 없는 사람으로 평가하지만 심사숙고형은 속전속결형을 정신없고, 꼼꼼하지 못한 사람으로 생각한다.

우선순위 : 일중심형/사람중심형

두 번째 축은 수평의 실로 우선순위이다. 우선순위는 우리의 행동에 영향을 주는 동기로서 우리의 관심이 어디에 있는가이다. 어떤 사람들은 일상적인 행동이 일 중심적이며, 어떤 사람들은 보다 사람 중심적이다. 이것은 좋거나 나쁜 것이 아니고 단지 다를 뿐이다. 일중심형(task-oriented)은 독자적인, 신중하게 관계맺는, 냉정한, 통제하는, 계산적인, 시간을 의식하는, 사실 지향적인, 참을성이 없는 등의 특성을 지니고 있다. 사람중심형(people-oriented)은 관계지향적인, 여유있는, 따뜻한, 지원적인, 감정적인, 시간에 대해 융통성 있는, 주관적인, 태평스러운 등의 특성이 있다.

일 중심적인 사람들은 일하는 것에 초점을 둔다. 이들은 일을 계획하고 계획한 대로 일한다. 일중심형은 주관적 견해나 감정보다는 사실과 데이터에 근거하여 의사결정을 한다. 사람들에 관한 것보다는 일에 관한 것을 더 많이 이야기하는 경향이 있다. 이들은 인간관계에 있어서 적당한 거리를 유지하려 한다. 첫 만남에서 일정한 거리를 유지하려 하기 때문에 따뜻한 인상을 주기보다는 냉정한 사람처럼 보일 수 있다. 사람 중심적인 사람들은 일보다는 사람들과 함께 하는 것에 초점을 맞춘다. 이들은 관대하고 따뜻하며 공감을 잘하는 사람으로 보여진다. 격식을 따지지 않고 개인적이며, 일이 잘못됐는지 또는 일이 제시간에 이루어지지 않는지에 대해 덜 걱정한다. 이들은 다른 사람의 감정에 민감하고 다른 사람이 자신에게 하는 말이나 행동에 민감하게 반응한다. 사람중심형은 일보다는 인간관계에 더 초점을 두고 있으며 사람들과 쉽게 친숙해진다. 이들은 삶의 경험을 함께 나누며 주관적이고 감정적인 단어와 표현을 사용한다.

앞에서 설명한 바와 일중심형과 사람중심형은 무엇을 통해 동기 부여를 받느냐에 있어서 다르다. 일중심형은 업무든 취미 생활이든 어떤 일을 행할 때 목표를 세우고 그 목표를 달성하는 데서 성취감을 느낀다. 그래서 자신이 세운 목표를 달성할 때까지 거기에 몰입하고 정진한다. 그 과정에서 사람 사귀는 것에는 별로 관심이 없다. 만약 그 목표가 달성되면 또 새로운 목표를 세운다. 목표가 없는 생활은 뭔가 불안하고 성취감도 없다. 반면 사람중심형은 어떤 일을 추진하면서 그 일을 달성하는 데 일차적인 목적이 있지 않다. 오히려 그 일을 추진하면서 사람을 만나고 사람을 사귀고 이야기하는 데 관심이 있다. 그래서 일중심형보다 일의 목표 의식이 약하고 그 목표를 달성하는 데도 덜 집중하는 경향을 보인다.

또다른 차이는 일중심형은 일과 사람 관계를 철저히 구분하는 데 반해 사람중심형은 일과 사람 관계를 구분하지 않는다는 것이다. 일중심형은 아무리 친한 사이라 할지라도 업무에서 실수를 하면 관계성을 전혀 고려하지 않고 상대방에게 이야기를 한다. 간혹 심하게 대할 수도

있다. 그러면서도 두 사람 간의 관계가 조금이라도 손상되었다고 생각하지 않는다. 관계는 관계이고 일은 일이기 때문이다. 그러나 사람중심형은 일과 사람 관계를 구분하지 않기 때문에 사람들이 업무를 하다 실수를 하더라도 그것을 선뜻 말하지 못한다. 부정적인 이야기를 함으로써 상대방과 관계가 조금이라도 어색하고 손상될까 두려워서이다. 사람중심형은 관계를 전혀 고려하지 않고 이야기를 하는 일중심형에게 상처를 받으며, 냉정하고 인간미가 없는 사람으로 생각하기 쉽다. 반면 일중심형은 업무에서조차 관계성 때문에 제대로 자신의 의견을 밝히지 않는 사람중심형이 애매모호하다고 여기고 공사를 구분 못하는 사람이라고 생각한다.

속전속결형-심사숙고형, 일중심형-사람중심형의 두 가지 중심 축에 의해 주도형(D), 사교형(I), 안정형(S), 신중형(C)의 네 가지 스타일로 구분된다. 이것은 DISC 모

델로서 윌리엄 마스톤(William Marston) 박사의 연구에 그 뿌리를 두고 있다. 사람들은 이 네 가지 스타일 중 어느 한 유형이 지배적으로 나타날 수도 있지만 혼합되어 나타나기도 한다. 연구 결과에 따르면 사람들의 80% 정도는 최소한 두 가지의 지배적인 스타일과 그보다 덜 지배적인 두 가지 스타일을 가지고 있다고 한다.

2 네 가지 스타일의 성격적 특성

주도형의 특성

주도형(속전속결형+일중심형)은 추진형이라고 하며 지배하는(dominant), 추진력 있는(driving), 요구하는(demanding), 단호한(determined), 결단력 있는(decisive), 실행가(doer)이다. 이 스타일의 성격적 특성을 살펴보면 다음과 같다.

첫째, 자신감에 차 있어 자신과 자신의 능력을 믿고 독자적으로 행동한다. 그래서 때로는 완고하고 독선적으로 보일 수도 있다. 또한 경쟁적이기 때문에 모든 것을 이기거나 지는 것으로 간주한다. 이들은 도전 과제가 없으면 지루해하고 어려운 일이 생겨도 쉽게 좌절하지 않으며 포기하지 않는다. 그렇기 때문에 목표 의식과 경쟁심만 심어주면 어떤 일에 매진하는 모습을 보인다.

둘째, 가장 빠른 스타일이며 도전적이고 모험심이 강하다. 문제를 피하지 않고 직면하며 신속하게 결정하고 행동한다. 이들은 어떤 일을 추진하는 데 1% 가능하고 99% 불가능해도 1%를 믿고 일을 추진한다. 그래서 때로는 위험 부담과 경고를 무시하는 경향을 보이기 때문에 무모하다는 평을 듣기도 한다.

셋째, 결과 지향적이고 목표 지향적이다. 이들은 결과를 얻기 위해 필요한 모든 가능한 수단을 동원한다. 그래서 때로는 원칙도 바꿀 수 있다고 생각한다. 이들은 자신의 목표가 벽에 부딪히고 예상 결과가 위태로울 경우 쉽게 화를 내고 조급해하는 경향이 있다. 목표를 달성하기 위해 때로는 다른 사람에게 너무 많은 요구를 하거나 밀어붙이는 경향을 보인다.

넷째, 자신은 통제받기를 싫어하면서 다른 사람은 통제하고 명령하면서 일한다.

231 ·

이들은 자신이 주도적으로 나서서 일하는 것을 좋아하기 때문에 책임과 권한이 최대한 주어지길 원한다. 이들은 통제력을 상실하거나 도전이 없는 것을 가장 두려워하기 때문에 "알아서 해"라는 말을 선호한다. 또한 신속하고 주도적으로 일을 하기 때문에 다른 사람에게 "나를 따르라" 하면서 일방적으로 추진하는 경향을 보인다.

이러한 모든 강점은 너무 극단적으로 밀어붙이거나 부적절하게 사용할 때 단점이 될 수 있다. 예컨대 목표 지향적인 특성이 지나치면 인내심이 없고 조급해하는 것처럼 보이고, 자신감이 지나치면 오만함이 될 수 있고, 경쟁적인 특성이 지나치면 먼저 공격하는 행태를 보이고, 결단력이 지나치면 융통성이 없고 고집이 센 것처럼 보이며, 용기와 모험심이 지나치면 무모한 사람으로 보일 수 있다.

사교형의 특성

사교형(속전속결형+사람중심형)은 표현형이라고 하며 영감을 주는(inspirational), 영향력 있는(infliencing), 설득하는(inducing), 감동을 주는(impressive), 흥미있는(interesting), 상호작용하는(interactive), 사람에 대한 관심(interested in people)의 특성이 있다. 이 스타일의 성격적 특성을 살펴보면 다음과 같다.

첫째, 낙천적이고 긍정적이다. 이들은 최상의 결과만을 예상하고 실패 가능성을 염두에 두지 않는다. 이들은 모든 일이 다 잘될 거라고 진지하게 믿으며, 유쾌하지 않은 현실들을 무시함으로써 스트레스에 대처하는 경향이 있다. 때로는 이 낙천성이 지나쳐 현재의 위험 상황을 감지하는 능력이 떨어져 일을 제 날짜에 완수하지 못하는 상황이 벌어지기도 한다.

둘째, 사람 중심적이고 인간적이다. 이들은 진심으로 사람들을 좋아하고 사회성이 아주 높다. 소위 마당발이라고 일컬어질 정도로 사람을 잘 사귀고 그들의 감정 상태나 마음을 읽는 능력이 있다. 또한 삶을 즐기기 때문에 파티나 모임을 즐기며 잘 웃고 다른 사람들을 잘 웃긴다. 재미있고 변화가 빠른 환경을 좋아하기 때문에 일을 하더라도 재미있는 방식으로 하는 것을 좋아한다.

셋째, 감정적이고 자발적이다. 이들은 자신의 감정을 자유롭고 숨김없이 나타내며 활기차고 역동적이다. 감정적이고 열정적인 이들은 분위기에 약하여 쉽게 들뜨며 지나치게 흥분하는 경향이 있다. 또한 이들은 자신의 감정에 따라 자유스럽게 행동한다. 자유에 대한 열망이 크기 때문에 충동적이고 체계적이지 못하다. 구조화된 환경이나 자유를 제한하는 것을 싫어하며 세부적인 것에 신경을 쓰지 않는다. 또한 상상력이 풍부하기 때문에 꿈꾸는 일을 좋아하고 아이디어가 풍부하다. 그러나 목표 의식이 약해 그 아이디어를 끝까지 추진하지 못할 때도 있다.

넷째, 사회적인 인정과 칭찬을 중요시한다. 이들은 다른 사람들에게 자신이 두드러져 보이는 것을 좋아하며 스스로 관심의 대상이 되려는 경향이 있다. 이들의 가장 큰 두려움은 다른 사람들에게 거부당하는 것이다. 그래서 칭찬을 먹고 생활하는 대표적인 스타일이다. 이들에게 칭찬은 곧 자신에 대한 인정이기 때문에 칭찬을 또 듣기 위해 그 행동을 반복적으로 한다. 반면 질타나 부정적인 평가는 이들을 인정하지 않는 것이 되기 때문에 매우 싫어한다.

사교형의 강점 또한 지나치거나 부적절하게 사용하면 단점이 될 수 있다. 예컨대 열정적인 것이 지나치면 흥분하기 쉽고 감정적으로 보이며, 낙천적인 것이 지나치면 비현실적이어서 현재의 위험 상황을 잘 파악하지 못할 수 있고, 상상력이 풍부한 것이 지나치면 몽상가적인 특성을 보이고, 사람 중심적인 특성이 지나치면 일이 체계적이지 못하고 끝마무리 능력이 부족할 수 있으며, 자발적이고 자유로운 특성이 지나치면 충동적이고 버릇이 없는 모습으로 비쳐질 수 있다.

안정형의 특성

안정형(심사숙고형+사람중심형)은 친절형이라고 하며 지지하는/도와주는(supportive), 유순한(submissive), 안정적인(stable), 침착한(steady), 다정다감한(sentimental), 수줍은(shy), 현상 유지(status-qup), 전문가(specialist)이다. 이 스타일의 성격적 특성을 살펴보면 다음과 같다.

첫째, 사람들에게 헌신적이고 협조적이며 잘 돕는다. 이들은 사람들과 친밀하고 깊은 관계를 맺으며 그 관계를 오래 유지한다. 그러기 위해 모든 일을 자신보다는 타인을 먼저 생각하고 배려하며 부탁을 잘 들어준다. 또한 시종일관 일관되고 변함 없는 태도로 사람을 대한다. 이들이 가장 두려워하는 것은 지속성을 잃어버리거나 관계를 무너뜨리게 되는 것이다. 그래서 관계가 소원해지거나 불편해지면 업무를 하는 데도 어려움을 느낀다. 또한 관계가 깨질까 봐 업무상 할 이야기가 있어도 제대로 하지 못해 공과 사를 구분하지 못한다는 평을 듣기도 한다.

둘째, 친근감이 있고 편안하고 안정적인 환경을 좋아한다. 이들에게는 안정적인 구조와 반복적인 것이 필요하므로 규칙적이고 일관된 절차에 따라 일하기를 원한다. 이들은 이미 정해져 있는 반복되고 일상적인 일에서 가장 편안함을 느낀다. 예기치 않은 변화나 뜻밖의 일을 좋

아하지 않으며 변화가 불가피할 경우에는 적응할 시간이 많이 필요하다. 이들은 변화가 자신의 안정을 위협하기 때문에 싫어한다. 그래서 이들은 현 상태를 유지하려고 한다. 이들에게 가장 이상적인 환경은 평화가 주어질 때이다. 이렇게 가장 변화를 싫어하기 때문에 때로는 자신감이 없고 진취적이지 못한 사람으로 보일 수 있다. 또한 어떤 일을 하는 데 방법을 잘 모르거나 익숙치 않으면 그 일을 어떻게 해야 될지 몰라 당황해한다. 이들은 익숙하고 안정적인 방식으로 일하기를 원하기 때문이다. 변화를 싫어하고 안정적인 것을 좋아하기 때문에 항상 자신에게 주어진 일만 할 뿐이지 찾아서 일을 한다거나 포괄적으로 일을 처리하지 않아 때로는 능력 없는 사람으로 비춰질 수 있다. 또한 이들은 순서대로 일하는 것을 좋아하기 때문에 느긋하게 비쳐지며 실제로 일의 속도가 가장 느리다.

셋째, 겸손하고 대인관계가 원만하다. 이들은 스포트라이트를 받거나 관심의 대상이 되는 것을 좋아하지 않는다. 이들은 자기가 이룬 것에 대해서 자랑하지 않는다. 비록 인정받고 싶은 욕구를 느껴도 드러내지 않는다. 이들은 예의바르고 조심하면서도 친근한 태도를 보인다. 잘난 체하거나 나서는 것을 경계하기 때문에 특히

대중 앞에서는 그다지 적극적인 태도를 보이지 않는다. 잘 드러내지 않는 특성 때문에 조직에서 자신의 능력이나 노력만큼 인정을 받지 못할 가능성이 크다.

안정형도 그들의 강점을 너무 과도하게 사용하면 약점이 된다. 예컨대 안정된 특성이 지나치면 열정이 부족한 것처럼 보일 수 있고, 착실하고 꾸준한 특성이 지나치면 변화에 소극적인 사람으로 보여질 수 있고, 느긋한 특성이 지나치면 우유부단하게 보이며, 우호적이고 동의하는 특성이 지나치면 지나치게 너그러운 모습을 보이고, 인정이 많은 특성이 지나치면 쉽게 양보하는 행태를 보이며, 도움을 주는 특성이 지나치면 답답하게 보일 수 있다.

신중형의 특성

신중형(심사숙고형 + 일중심형)은 분석형이라고 하며 신중한(cautious), 유능한(competent), 용의주도한(calculating), 염려하는(concerned), 조심스러운(careful), 묵상하는(contemplative) 등의 특성을 가진다. 이 스타일의 성격적 특성을 살펴보면 다음과 같다.

첫째, 완벽주의자이자 원칙주의자이다. 이들은 마지막 세부 사항까지 실수나 결점 없이 완성되기를 좋아한다. 이들에게 가장 이상적인 환경은 탁월함이 주어질 때이다. 자기가 한 일에 대해 비판받는 것을 두려워하기 때문에 어떻게 해서든지 비판을 받지 않도록 열심히 일함은 물론 질적으로도 우수하게 완성한다. 이들은 자신이 완벽함을 좋아하기 때문에 다른 사람에게도 완벽함을 요구한다. 그러나 다른 유형들은 신중형의 기준에 맞춰서 탁월하게 일할 수 없다. 그래서 항상 신중형은 다른 사람이 수행한 일들이 자신의 기준에 맞지 않아 마음에 들어 하지 않는다. 자신의 기준을 맞추려고 다른 사람에게 끊임없이 뭔가를 지적하고 설명하지만 때로는 잔소리처럼 들릴 수도 있다. 또한 원칙주의자이기 때문에 규정과 원칙에 입각해 일을 한다. 절대로 규정에 어긋나는 일을 하지 않으며 일상생활에서도 사소한 법규조차 어기지 않으려 노력한다. 그래서 때로는 융통성이 없다는 평을 듣는다.

둘째, 자신을 잘 다스리고 신중하며 예의 바르다. 자신의 일을 진지하게 받아들이며 매우 성실하게 노력한다. 예의 바르고 격식적인 것을 좋아해 다른 사람에게 깍듯한 예의를 표하며 자신의 감정을 거의 드러내지 않는다. 다른 사람에게 빈틈을 보이지 않는 이런 특성 때문에 쉽게 다가가기가 어렵고 깐깐하게 비쳐질 수 있다. 신중한 특성 때문에 성공에 대한 확신이 없이는 어떤 일도 하지 않는 경향이 있다. 돌다리도 두들겨 가며 일하는 이들은 때로는 추진력이 없다는 평을 듣기도 한다.

셋째, 분석적이고 근거를 중시한다. 이들은 행동하기 전에 계획하고 상황을 살펴본다. 행동보다는 사고에, 느낌보다는 사실에 더 집중한다. 매우 객관적이기 때문에 감정이나 일시적인 기분 또는 충동적인 반응에 치우치는 경우는 거의 없다. 또한 모든 것을 데이터에 근거해 평가하고 판단한다. 데이터가 없으면 신뢰하지 않고 세세한 사항까지 주의를 기울이고 문서로 정리한다. 너무 사소한 부분까지 신경을 쓰기 때문에 나무는 보되 숲은 보지 못한다는 평가를 받기도 한다.

신중형의 강점을 너무 과도하게 사용하다 보면 단점이 된다. 예컨대 분석적인 특성이 지나치면 사소한 일을 문제삼는 모습을 보이고, 조심성 있는 특성이 지나치면 비사교적이고 의심이 많은 것처럼 보이고, 양심적인 특성이 지나치면 지나치게 걱정하고 융통성이 없는 것으로 보이고, 개인적 기준이 높은 특성이 지나치면 비판적이고 판단적인 사람으로 보일 수 있고, 우수성을 추구하는 특성이 지나치면 완벽주의적이고 깐깐하게 보이며, 직관력이 있고 민감한 특성이 지나치면 비난에 쉽게 상처받는 모습을 보인다.

지금까지 네 가지 스타일에 대한 성격적 특성을 살펴보았다. 다시 강조하지만 이것은 스타일에 차이일뿐 옳고 그름의 문제는 아니다. 또한 특정 프로젝트에 대한 똑같은 사실을 놓고 네 가지 스타일에 따라 생각하는 방식이 다르다. 주도형은 '무엇'의 관점에서 생각한다. "이곳에서 무슨 일이 진행되고 있지?", "핵심이 무엇이지?", "우리는 무엇을 성취하고자 하는 거지?"라고 생각한다. 사교형은 '누구'의 관점에서 생각한다. "누가 하나?", "그곳에 누가 있나?", "내가 누구를 알게 될 것인가?"라고 생각한다. 안정형은 '어떻게'의 관점에서 생각한다. "그 일을 어떻게 하겠는가?", "어떻게 해서 내가 그 일을 하길 바라는 거지?", "내가 일을 제대로 했는지 어떻게 알 수 있지?"라고 생각한다. 신중형은 '왜'의 관점에서 생각한다. "왜 우리가 이 일을 행하는가?", "왜 내게 이 일이 주어졌는가?", "왜 내가 이 책을 읽고 있는가?"라고 생각한다.

3 스타일에 따른 갈등 영역과 적응 전략

네 가지 스타일은 서로 다르기 때문에 갈등을 겪을 수 있다. 그러나 서로 다른 스타일을 갖고 있어서만 갈등을 경험하는 것은 아니다. 서로 스타일이 같아도 갈등이 생길 수 있다. 예컨대 주도형은 주도형, 사교형, 안정형, 신중형과 각각 갈등을 겪을 수 있다. 그렇다면 각 스타일은 다른 유형과 어떤 지점에서 갈등이 유발되고 어떻게 적응력을 발휘해야 하는지 살펴볼 것이다.

주도형과의 갈등 영역과 적응 전략

주도형과 네 가지 스타일의 주도형, 사교형, 안정형, 신중형과의 갈등 영역과 적응 전략을 살펴보면 다음과 같다.

주도형이 주도형을 만나면 자신이 갖고 있는 중요한 특성을 다른 주도형도 가지고 있기 때문에 갈등을 겪는다. 주도형이 주도형을 만나면 지나치게 통제하려고 하고 제한하려고 해서 갈등이 생긴다. 주도형은 자신도 통제받는 것은 싫어하면서 또다른 주도형을 만나도 자신이 주도적으로 통제하면서 일하려고 하기 때문에 갈등이 생긴다. 따라서 주도형은 자신과 같은 주도형을 만나면 그 사람에게 권한과 역할을 부여하고 믿고 맡겨주는 것

이 필요하다. 주도형이 가장 좋아하는 말 '알아서 해라'를 실천하면 된다.

주도형은 사교형이 사람 사귀는 것에만 치중하고 일에 매달리지 않고 지나치게 감정적으로 행동하기 때문에 갈등이 생긴다. 사교형은 주도형을 만나면 더 목적 지향적이 되어 일에 매진하고 일의 끝마무리를 잘 지어야 하며 자신의 기분대로 행동하는 것을 자제해야 한다.

주도형은 안정형이 사소하고 사적인 문제에 관심을 갖고 매사에 공과 사를 구분하지 않고 관계성에 집중하기 때문에 갈등이 생긴다. 또 변화를 싫어하고 주어진 일만 하기 때문에 능력 없다고 평가하고 속도가 느려서 갈등을 겪는다. 따라서 안정형은 주도형을 만나면 공적인 일에 더 관심을 집중하고 공과 사를 확실히 구분하여 일처리를 해야 한다. 또 변화를 적극적으로 받아들여 주어진 일만 하는 것이 아니라 업무를 더 포괄적이고 확장해서 해야 한다. 또한 주도형은 가장 신속한 사람이기 때문에 안정형은 주도형을 만나면 좀 더 매사에 속력을 내는 것이 필요하다. 그렇지 않으면 주도형이 답답하게 여길 수 있다.

주도형은 신중형이 너무 원칙과 방법에만 얽매이고 일을 추진하지 않아서, 너무 세세한 부분까지 점검한 다음에 일을 추진하기 때문에 위험 부담을 지지 않으려고 해서 갈등을 겪는다. 신중형은 주도형을 만나면 더 신속하게 모험심을 가지고 일을 추진하는 것이 필요하고 더 융통성을 발휘해야 한다. 또 주도형이 꼼꼼히 점검하고 생각해 보지 않고 일을 추진하는 것에 대해서 지나치게 부정적으로 파악하지 말고 같이 협력하는 것이 필요하다. 주도형은 변화에 대한 적응력이 강하기 때문에 일을 하다가 문제가 발생하면 당황하지 않고 그것을 재빨리 융통성 있게 해결할 수 있는 능력이 있다.

💬 사교형과의 갈등 영역과 적응 전략

사교형과 네 가지 스타일의 주도형, 사교형, 안정형, 신중형과의 갈등 영역과 적응 전략을 살펴보면 다음과 같다.

칭찬을 먹고 사는 사교형은 주도형이 칭찬에 인색하고 너무 목적 지향적이기 때문에 갈등을 겪는다. 주도형은 사교형을 대할 때 더 많이 칭찬하고 사람 관계에 더 관심을 가져주어야 한다. 또한 사교형은 낙천적이고 긍정적이고 사람 중심적이어서 일의 완성도나 끝맺음을 잘 못할 수 있다. 더욱이 속전속결형이기 때문에 일이 주어지면 꾸준히 조금씩 조금씩 처리하는 스타일이 아니라 한꺼번에 몰아서 마감일이 닥쳐야 일을 시작하는 경향이 있다. 따라서 일을 한꺼번에 시키지 말고 조금씩 나누어 기한에 맞추어 일을 마무리할 수 있도록 독려해야 한다. 마감일을 앞당겨서 이야기하는 것도 기한에 맞추어 일을 끝낼 수 있는 한 방법이다.

사교형이 사교형을 만나면 자신의 아이디어에 열정적으로 반응하지 않을 때 갈등한다. 사교형은 아이디어가 풍부하고 그 아이디어에 열정적으로 반응해 주는 사람을 좋아하기 때문이다. 따라서 사교형은 자신과 같은 스타일의 사람을 만나면 상대방이 주목을 받도록 해 주고 아이디어에 대해 칭찬해 주어야 한다.

사교형은 안정형이 너무 느리고 자신에게 열정적으로 반응해 주지 않아 갈등을 겪는다. 안정형은 말수가 적고 친해지기 전까지는 자신의 감정 표현을 잘 하지 않기 때문에 말을 많이 하는 사교형 입장에서는 답답해하고 자신에게 관심이 없다고 생각할 수 있다. 따라서 안정형은 사교형을 대할 때 더 신속하게 과장된 반응을 보여주고 맞장구를 쳐주어야 한다.

사교형은 신중형이 신경쓰지 않아도 되는 세부적인 사항까지 점검하고 너무 비판적이어서 갈등을 겪는다. 신중형은 사교형을 만나면 큰 틀에서 일을 추진하도록 해야 하며, 너무 숫자나 세세한 부분까지 강요해서는 안 된다. 또한 사교형의 아이디어가 다소 추상적일지라도 너무 비판하지 말고 긍정적으로 받아들이고 반응을 보여주는 것이 필요하다. 신중형은 사교형이 비판은 가장 싫어하고 칭찬은 가장 좋아한다는 것을 명심해야 한다. 칭찬만이 사교형을 변화시킬 수 있다. 또 사교형은 신중형과 달리 데이터나 숫자에 약하고 뭔가를 기록하고 정리하는 것을 좋아하지 않는다. 따라서 신중형은 사교형의 이러한 부분을 감안하여 자신과 똑같은 수준으로 완벽하게 업무를 정리하고 서류를 작성하는 것을 기대하지 않아야 한다. 화를 내거나 지적하지 말고 사교형이 해온 일을 수정해 주는 것이 더 효과적이다.

안정형과의 갈등 영역과 적응 전략

안정형과 네 가지 스타일의 주도형, 사교형, 안정형, 신중형과의 갈등 영역과 적응 전략을 살펴보면 다음과 같다.

안정형은 주도형이 자신에게 시간을 주지 않고 주도형이 일방적으로 처리하는 것 때문에 갈등이 생긴다. 안정형은 주도형을 만나면 기가 죽어버린다. 따라서 주도형은 안정형에게 더 강하게 밀어붙이면 안 되며 친근하고 따뜻하게 대해주어야 한다. 안정형은 따뜻한 관계가 형성되어야 일을 할 수 있는 유형이기 때문이다. 그리고 주도형은 가장 빠른 사람이고 안정형은 가장 느린 사람이다. 따라서 주도형은 안정형과의 관계에서 너무 서두르지 말고 충분한 시간을 주고 차분히 기다려 주어야 한다. 시간을 재촉하면 재촉할수록 안정형은 더 정신이 없어 일을 못하게 된다. 급하게 처리해야 하는 업무를 제외하고 안정형에게는 미리미리 일을 지시함으로써 시간을 배려하는 것이 좋다.

또 안정형은 주도형과는 달리 변화를 가장 싫어하는 유형이다. 이 때문에 자신이 경험하지 않은 새로운 일을 처리하는 데 두려워한다. 그러나 안정형은 한번 경험한 일에 대해서는 그 틀에 맞추어 차분히 해낸다. 따라서 안정형에게 새로운 일을 맡길 때는 주도형의 스타일대로 알아서 해오라고 맡기지 말고 어떻게 그 일을 처리해야 하는지 방법을 상세하게 알려주어야 한다. 예를 들어 새로운 프로젝트의 기획안을 만들어 오라고 할 때 주도형은 "알아서 해"라고 이야기하면 자신이 주도권을 가지고 잘 만들어 오지만 안정형은 그렇지가 못하다. 안정형에게는 무슨 일을 하든 방법을 알려주는 것이 중요하기 때문에 기획안의 목차를 주든지, 이와 비슷한 기획안의 샘플을 주든지 해야 한다. 그렇지 않으면 안정형은 그 기획안을 어떻게 만들어야 하는지 몰라 당황하고 시간을 지체하게 된다.

안정형은 사교형이 너무 성급하고 덜렁대며 피상적으로 사람을 사귀는 것 때문에 갈등이 생긴다. 사교형은 안정형을 만나면 너무 서두르지 말고 더 깊고 진정한 관계를 맺도록 노력해야 한다. 세부적인 사항까지 관심을 기울여 일상적인 생활에서 지속적으로 따뜻한 말들을 해주어야 한다. 예를 들어 서류를 가져다 주면 잠깐이나마 따뜻하게 눈을 맞추고 "고마워"라고 이야기해야 한다. 안정형은 돈독하고 지속적인 관계를 일상적인 생활에서 느끼고 싶어하기 때문이다. 마찬가지로 주도형과 신중형도 안정형을 만날 때 이러한 사소한 관심과 배려에 신경을 써야 한다. 평소에 친하다는 표시, 사소하지만 배려하는 말은 안정형을 편안하고 헌신적으로 만드는 힘이다.

안정형이 같은 안정형을 만나면 주도적이지 않아서, 우유부단해서 갈등을 겪는다. 안정형은 자신이 주도적이지 못하고 뭔가 결정을 못하기 때문에 상대방이라도 확실하게 결정하고 행동하여 자신을 리드하길 바란다. 그러나 안정형에게는 그러한 특성이 없기 때문에 답답해하면서 갈등을 겪는 것이다. 안정형은 다른 안정형을 대할 때 더 주도적이고 결단력 있게 행동해야 한다. 그러면 안정형은 지지해 주면서 기꺼이 따라오게 된다.

안정형은 신중형이 너무 이성적이고 딱딱하고 격식적이기 때문에 갈등을 겪는다. 또 일에만 매달리지 좀처럼 친밀한 인간관계에 관심을 보이지 않고 일정한 거리를 유지하면서 관계를 맺기 때문에 갈등이 생긴다. 따라서 신중형은 안정형을 대할 때 느낌과 감정을 서로 나누어야 하고 친밀하고 사적인 관계를 맺도록 신경 써야 한다. 더 따뜻하고 편안하게 대하는 것도 필요하다. 인간적인 관심과 배려가 있어야 안정형은 안심하고 업무에 매진

할 수 있다. 인간관계가 나빠지고 서먹서먹해지면 안정형은 업무를 하는데도 지장을 받는다.

💬 신중형과의 갈등 영역과 적응 전략

신중형과 네 가지 스타일의 주도형, 사교형, 안정형, 신중형과의 갈등 영역과 적응 전략은 다음과 같다.

신중형은 주도형을 만나면 서두르기만 하고 철저하지 못하고 무리하게 일을 추진하는 것 때문에 갈등이 생긴다. 신중형이 볼 때 주도형은 대책 없이 무모하게 일을 밀어붙이는 것으로 보인다. 따라서 주도형은 신중형을 대할 때 좀 더 인내심을 발휘해 서두르지 말아야 하며 더 꼼꼼하고 세밀하게 계획하고 점검해서 일을 추진

하는 것이 필요하다. 또한 신중형은 주도형이 너무 결과에 집착한 나머지 과정 속에서 원칙을 변경하거나 규정을 어기기 때문에 갈등을 빚는다. 따라서 주도형은 신중형을 만나면 원칙과 규정을 어기지 않도록 주의해야 한다. 신중형은 한번이라도 원칙과 규정을 어겨 일을 하면 더 이상 신뢰하지 않는다.

신중형은 사교형이 세부적인 사항에 주목하지 않고 계획적이지 않고 충동적으로 행동하는 것 때문에 갈등이 생긴다. 사교형은 신중형과의 관계에서 더 찬찬히 세부적인 일에 몰두하고 철저하게 일을 추진해야 하며 계획을 세워 행동해야 한다. 즉흥적으로 생각나는 대로 행동하는 것을 신중형은 싫어한다. 언제나 진지하게 고민하고 결정해서 행동하는 것을 좋아하기 때문에 무슨 일이든 계획하고 꼼꼼하게 준비하는 모습을 보여야 한다. 그리고 신중형은 사교형이 너무 감정에 치우치고 격의없이 대하는 것 때문에 갈등이 생긴다. 신중형은 매우 이성적이고 차분하며 관계를 맺을 때도 어느 정도 거리를 두면서 예의 바르고 격식 있게 대해 주는 것을 좋아한다. 사교형은 한두 번 만나도 매우 친한 것처럼 대하기 때문에 신중형은 불편해한다. 따라서 사교형은 신중형을 만날 때 처음 만난 사람처럼 격식 있고 예의 바르게 행동해야 한다.

신중형은 안정형이 자신의 비판과 지적에 너무 예민하게 반응하고 세부적인 일에 관심을 두지 않을 때 갈등을 겪는다. 안정형은 신중형의 비판에 상처받지 말고 민감하게 반응하지 말아야 한다. 신중형은 완벽과 탁월함을 추구하기 때문에 다른 사람에 대해서 비판과 평가를 자주 한다. 또한 안정형은 세세한 부분까지 완벽하게 일을 처리할 수 있도록 노력해야 한다. 그러면서 신중형이 사소한 트집이나 잔소리를 하는 것이 아니라 일의 완벽성, 탁월함을 위해서 지적을 한다고 긍정적으로 생각하고 스트레스를 받지 말아야 한다. 만약 그 세심함과 완벽성에 적응하기 힘들면 자신도 열심히 노력하면서 신중형에게 도움을 요청하면 해결할 수 있다.

신중형이 같은 신중형을 만나면 자신만이 옳고 최고라고 생각해서 자신의 방법만을 고집할 때, 상대방의 일을 지나치게 비판할 때 갈등을 겪는다. 신중형은 자신이 가장 탁월하다고 생각하기 때문에 다른 사람을 믿지 못하며 다른 사람이 처리한 일이 마음에 들지 않는다. 반면 신중형은 자신이 수행한 일을 평가하고 비판받는 것을 가장 싫어한다. 이런 특성 때문에 같은 신중형을 만나면 자신의 방법을 용인해주지 않고 한 일에 대해 지적과 평가를 해서 갈등을 겪는 것이다. 따라서 신중형은 다른 신중형의 사람을 만나면 상대방의 업무 처리 방식이나 탁월함을 수용하고 인정해 주어야 한다. 신중형은 탁월함이 자신을 지탱하는 힘이자 정체성이기 때문에 자신이 수행한 일을 비판했을 때 자존심이 상해 견디지 못한다. 만약 신중형이 수행한 업무가 마음에 들지 않으면 조목조목 지적하고 비판하기보다는 "이 부분 다시 한번 검토해 보는 것이 좋겠어"라고 이야기하는 것이 좋다. 그렇게 이야기해도 신중형은 시간과 정성을 들여 완벽하게 보완해온다.

4 네 가지 스타일의 커뮤니케이션 특성

💬 주도형의 커뮤니케이션 특성

말하기에 있어서 주도형의 특징은 첫째, 가장 솔직하고 직선적인 커뮤니케이션 스타일이다. 이 유형은 거침없이 자신이 생각한 대로 솔직하고 직선적이며 단도직입적으로 이야기한다. 깊게 생각하고 정제시켜 말하기보다 자신이 느끼는 감정과 생각을 신속하고 가감없이 이야기한다. 특히 "이것은 -다"라는 단정적인 어미를 많이 쓴다. 그렇기 때문에 때로는 지시적이고 명령적이며 일방적으로 말하는 사람처럼 느껴진다. 에둘러서 말을 하거나 애매모호하게 이야기하는 사람을 답답해하고 불편해한다.

둘째, 명확하고 핵심적이며 간단명료하게 이야기한다. 자신의 생각을 아주 명쾌하고 핵심 사항만 이야기하는 능력을 갖추고 있기 때문에 장황하고 길게 설명하는 것을 참지 못한다. 상대방의 이야기가 조금이라도 길어지면 불만스러운 감정이 얼굴에 드러나며 맞장구가 빨라지고 서두르는 경향을 보인다. 때로는 장황하게 설명하거나 자신의 의견과 다르면 중간에 말을 중단시키고 자신이 요점을 정리하는 모습을 보이기도 한다. 또한 명확하고 명쾌하게 말하는 스타일이기 때문에 무엇이든 한 단어, 한 문장으로 간략하게 설명하기를 좋아한다. 무엇이든 한 단어로 설명하려는 특성 때문에 때로는 강하고 극단적인 언어를 사용해 공격적으로 보이기도 한다.

셋째, 일과 관련된 이야기를 주로 화제로 삼는다. 주도형은 목적 지향적이기 때문에 자신의 목적 달성과 부합되지 않는 이야기는 모두 쓸데없다고 여긴다. 그래서 거두절미하고 이야기하며 인사치레나 사교적인 언사가 거의 없다. 자신의 목적을 달성하기 위해 필요한 말만 간결하게 하기 때문에 때로는 배려심이 없고 자기 말만 하는 사람으로 비춰질 수 있다. 예를 들어 남에게 부탁을 하려고 전화를 걸었을 때 안부 인사도 없이 "난데. 부탁이 있어. 너 ○○○ 해줄 수 있어?"라고 이야기한다. 상대방이 "미안해. 안 되겠어. 그런데 무슨 일이야?"라고 대답하면 주도형은 "알았어"하고 전화를 끊어버려 상대방을 당황하게 만들기도 한다.

넷째, 비언어 특성을 살펴보면 주도형은 아주 빠른 속도와 당당하고 큰 목소리로 거침없이 이야기한다. 말투가 간결하고 명료하며 자신감이 있으나 때로는 무뚝뚝하고 고압적으로 느껴질 때도 있다. 사람들과 눈맞춤을 잘하나 눈빛이 강하여 사람들을 압도하는 경향이 있다. 다소 거리감이 느껴지는 빈틈없는 표정을 지을 때가 많으며 제스처를 자주 사용하나 형식적이며 절제되어 있다. 그래서 전반적으로 비언어를 통해 자신감 있고 강한 이미지를 보여주지만 따뜻하거나 부드러운 인상을 주지는 않는다.

다섯째, 듣기 스타일을 살펴보면 선택적으로 듣는다는 특징이 있다. 주도형은 가장 목적 지향적이기 때문에 자신의 목적을 달성하기 위해 자신의 목적에 부합되거나 자신의 의견과 일치하는 메시지만을 선택적으로 듣는 경향이 있다. 또한 성급하게 판단하거나 자기식으로 해석하는 경향이 있다. 더욱이 남의 비판을 잘 견디지 못하고 감정 통제를 잘못하기 때문에 다른 사람이 자신에 대해 부정적으로 이야기하면 그 기분을 곧바로 표출하는 경향이 있다.

여섯째, 질문 스타일을 살펴보면 쓸데없는 에너지 소비를 줄이기 위해 무척 짧게 단답형으로 질문하고 대답한다. 거리낌없고 솔직하게 결과 위주의 단답형 질문을 선호하기 때문에 때로는 질문받는 사람을 당황스럽게 한다. 지시 사항 이행 여부를 확인하는 형태의 질문을 즐기며 때로는 원하는 답을 정해 놓고 질문할 때도 있다. 또한 질문을 하면 대답을 신속하게 하는 것을 좋아한다. 답변이 조금이라도 늦어지면 답답해하고 능력이 없는 사람으로까지 여긴다.

📢 주도형의 커뮤니케이션 특성

• 직선적, 단도직입적, 솔직한 언어

• 주도적, 지시적, 명령적, 일방적

• 핵심적, 간단명료

• 일과 관련된 내용만 주로 이야기

• 감정 표현이 서툼

• 장황한, 간접적 커뮤니케이션 싫어함

• 인사치레 없음, 빈틈없는 표정

• 빠른 속도, 강하고 큰 목소리

• 계속해서 눈맞춤

• 말투가 간결하고 명료하며 자신감 있음

• 당당하고 확실한 목소리

• 제스처가 형식적이며 절제됨

• 목소리가 무뚝뚝하며 고압적일 때 있음

• 선택적 듣기, 자신의 목적에 부합되는 것만 들음

• 답답하거나 자신의 의견과 다르면 중간에 말 자르는 편

• 성급한 판단, 자기식으로 해석

• 남의 비판을 잘 견디지 못함

• 감정 통제를 잘 못함

• 질문에 짧게 대답

• 목적 지향적, 결과 위주 질문

• 거리낌없이 솔직하게 단답형 질문

• 원하는 답을 정해 놓고 질문

• 지시 사항 이행 여부 확인

• What에 관심

🗨 사교형의 커뮤니케이션 특성

말하기에 있어 사교형의 특징은 첫째, 달변가이고 수다스러운 커뮤니케이션 스타일이다. 이야기하는 것을 좋아하며 많은 말을 거침없이 쏟아낸다. 커뮤니케이션을 통해 다른 사람과 좋은 관계를 형성할 수 있다고 생각하기 때문에 어떤 사람하고든 먼저 커뮤니케이션을 시작하고 주도한다. 다른 사람과 관계를 형성하기 위해 사교적인 언사와 잡담을 즐긴다. 자기 자신에 관한 이야기, 주변 이야기 등 사적 이야기를 화제로 격의없이 커뮤니케이션하는 것을 좋아한다. 그러나 너무나 말을 많이 하기 때문에 때로는 실수를 할 때도 있다.

둘째, 유머가 있고 재미있게 이야기한다. 사교형은 다른 사람이 자신을 좋아하는지 좋아하지 않는지에 관심이 많기 때문에 끊임없이 상대방의 눈치를 살핀다. 재미있는 이야기를 해줌으로써 상대방의 기분을 좋게 만들 수 있고, 그렇게 함으로써 상대방이 자신을 좋아하게 만들 수 있다고 생각한다. 그래서 농담, 사교적 언사, 유머, 재미있는 이야기들을 많이 한다.

셋째, 장황하게 이야기하며 요점에서 벗어나기도 한다. 사교형은 사람중심형이기 때문에 관계를 형성하는 데 집중한다. 마당발이라고 부를 정도로 사람을 많이 사귄다. 그래서 커뮤니케이션을 할 때 무슨 내용을 전달할 것인가가 중요하지 않다. 무슨 이야기를 하든 다른 사람이 재미있어 하고 관심있게 들어주어 관계를 형성하면 된다고 생각하기 때문에 많은 말을 장황하게 한다. 또한 사교형은 이야기의 전개가 빠르다. 아이디어가 풍부하고 창의력이 뛰어나기 때문에 애드립이 뛰어나다. 다른 사람과 이야기하고 있는 도중에도 끊임없이 다른 주제를 생각하고 떠올린다. 그렇기 때문에 하나의 주제로 이야기하다가 금방 다른 주제로 옮겨가고, 또 다른 주제로 옮겨가는 형태로 이야기한다. 그러다 보니 본래 이야기하려던 이야기를 정확하게 전달하지 못할 때도 있고 요점에서 벗어나기도 한다. 그래서 우리는 사교형의 이야기를 한참 동안 재미있게 들었지만 이야기가 끝나고 나면 '무슨 이야기한 거야', '요점이 뭐지'라고 말한다.

넷째, 자신의 기분을 항상 솔직하게 드러내며 다소 과장되게 표현하는 경향이 있다. 사교형은 이야기를 재미있게 하기 위해 다소 과장되게 이야기한다. 극적인 표현,

의성어, 의태어, 예화 등을 자주 사용하기도 한다. 그래서 때로는 진실성, 진정성이 없는 사람처럼 보여 신뢰성이 떨어진다는 평을 듣기도 한다.

다섯째, 비언어적인 특성을 살펴보면 사교형은 빠른 속도와 큰 목소리로 이야기한다. 다양한 억양, 풍부한 어조를 가지고 있어 재미있고 역동적으로 이야기한다. 커뮤니케이션하는 동안 다른 사람과 줄곧 시선을 맞추며 표정이 풍부하고 생기가 넘친다. 제스처를 많이 사용할 뿐만 아니라 자세가 활기차고 당당하다. 다른 사람과 힘 있는 악수 등 신체적 접촉을 즐긴다. 전체적으로 사교형은 활기차고 화려한 인상을 준다.

여섯째, 듣기 스타일을 살펴보면 듣기 능력이 약하고 들으려는 의지가 강하지 않다. 듣기보다는 자신이 말하는 것을 더 즐기기 때문에 다른 사람의 말을 거의 듣지 않거나 주의깊게 듣지 않는다. 요점을 정리해서 듣는 능력이 약하기 때문에 다른 사람이 말을 확대 해석하거나 쉽게 단정짓는 경향이 있다. 또한 다른 사람이 이야기할 때 내용보다는 감정 상태에 주의를 기울이기 때문에 주로 상대방의 기분을 살피고 이에 반응한다.

일곱째, 질문 스타일을 살펴보면 요점 없고 장황하게 질문하고 또 그렇게 답변하는 경향이 있다. 질문의 경계와 한계가 분명치 않고 미괄식 형태로 질문하기 때문에 다른 사람이 질문의 요지를 파악하기가 어렵다. 질문을 하고 난 후 답변이 늦어지면 기다리기보다는 자신이 다시 이야기하기 때문에 대부분 사교형이 커뮤니케이션의 주도권을 잡는다.

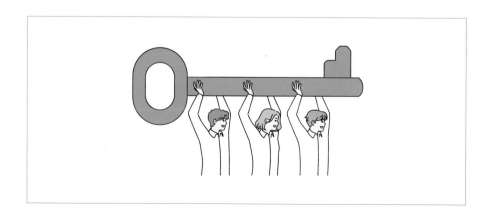

📢 사교형의 커뮤니케이션 특성

- 달변가, 설득적, 직관적
- 유머가 있고 재미있게 이야기함
- 장황함, 요점에서 벗어남
- 기분을 솔직하게, 과장되게 표현
- 이야기 전개 빠름
- 먼저 커뮤니케이션을 시작하고 주도함
- 사적 이야기나 주변 이야기 즐김
- 극적인 표현, 의성어, 의태어, 예화를 자주 사용
- 줄곧 시선을 맞추며 신체적 접촉 즐김
- 빠른 속도, 목소리 큼
- 다양한 억양, 풍부한 어조
- 제스처가 많고, 표정 풍부하고 생기 넘침
- 듣기 능력 약함, 주의 깊게 듣지 않음
- 자신이 말하는 것을 더 즐김
- 확대 해석하거나 쉽게 단정지음
- 내용보다는 감정 상태에 주의를 기울임
- 주로 상대방의 기분을 살피고 반응함
- 상대방의 말을 요점 있게 듣지 못함
- 요점 없고 장황한 질문
- 질문의 경계와 한계가 분명치 않음
- 미괄식 형태의 질문
- 답변이 늦어지면 자신이 말함
- 답변 역시 장황하고 요점 없음
- Who에 관심

🗩 안정형의 커뮤니케이션 특성

말하기에 있어 안정형의 특징은 첫째, 거의 자신의 생각을 잘 표현하지 않고 말수도 적다. 주저하는 커뮤니케이션 스타일이라고 일컬어지는 안정형은 말하기보다는 주로 듣기를 좋아한다. 노(No)라고 표현하는 것을 매우 어려워하며 직접적인 표현보다는 간접적인 표현을 사용한다. 단정적, 직설적 표현을 거의 사용하지 않으며 "-인 것 같애요", "-아닌가요"라는 형태의 자신없는 어미를 자주 사용한다. 그래서 자신없는 이미지, 자신만의 의견이 부족한 이미지로 보여진다. 이러한 특성 때문에 솔직하고 단정적으로 이야기하는 사람에게 상처를 많이 받는다.

둘째, 주로 인간관계나 사적인 내용을 이야기한다. 안정형은 논리적, 논쟁적 스타일이기보다는 온화하고 부드러운 스타일이다. 논리정연하게 자신의 생각을 잘 표현하지 못하며, 의견 대립이나 논쟁 상황을 좋아하지 않는다. 그런 상황에서는 거의 자신의 생각을 명확하게 표현하지 않는다. 반면 온화하고 편안한 분위기에서 일상적, 개인적 이야기하는 것을 즐긴다.

셋째, 따뜻하고 차분하게 이야기한다. 커뮤니케이션할 때 다른 사람의 기분에 민감하고 배려도 잘하기 때문에 친절하게 보인다. 대체로 다른 사람에게 따뜻하고 지지하는 말을 하며 겸손하게 커뮤니케이션 한다. 때로는 자신의 생각보다 다른 사람이 듣고 싶어하는 내용을 말하기도 한다. 함께 있으면 상대방이 기분좋게 시간을 보낼 수 있도록 무척 신경을 쓰면서 커뮤니케이션한다.

넷째, 비언어적 특성을 살펴보면 목소리가 가장 작고 속도가 느리다. 수줍음을 많이 타기 때문에 눈맞춤을 적게 하나 따뜻한 시선으로 상대방을 바라본다. 목소리가 조용하고 부드러우며 자연스러운 웃음, 위압감을 주지 않는 행동을 함으로써 분위기를 편안하게 만든다. 그러나 자세가 움츠러져 있어 자신감이 없어 보이고 제스처를 거의 사용하지 않는다.

다섯째, 듣기 스타일을 살펴보면 안정형은 말하기보다는 주로 듣기를 좋아하기 때문에 가장 듣기 능력이 뛰어나다. 남의 입장에 서서 다른 사람의 감정과 기분에 맞장구를 쳐주면서 듣기 때문에 공감적 듣기 능력이 뛰어나다. 질문을 받으면 상대가 의도한 방향으로 대답을 하려고 애쓴다. 얘기하기에 앞서 "전에 들은 적이 있을지도 모르지만"이라는 서두를 붙이는 경우가 많고, 얘기한 다음 상대의 기대에 부합하는 대답을 했는지 확인하는 경향이 있다.

여섯째, 질문 스타일을 살펴보면 자신의 감정을 억제하기 때문에 질문은 거의 하지 않는다. '착한 사람'이라고 불릴 만큼 긍정적, 순응적이기 때문에 이의 제기가 거의 없고, 질문을 하더라도 양해를 구하고 나서 질문한다.

📢 안정형의 커뮤니케이션 특성

- 직접적 표현보다는 간접적 표현
- 노(No)라는 표현 거의 사용 안 함
- 인간관계, 사적인 내용의 접근
- 단정적 표현을 거의 사용 안 함
- 자신의 생각을 명확히 표현하지 않음
- 논리정연하게 생각을 표현하지 못함
- 의견 대립, 논쟁 상황을 좋아하지 않음
- 소리가 작고 속도 느림
- 눈맞춤을 적게 하나 따뜻한 시선
- 목소리가 조용하고 부드럽다.
- 부드럽고 소극적인 인상
- 자세가 자신감 없어 보임
- 말하기보다는 주로 듣기를 한다.
- 감정 이입적 듣기에 뛰어남
- 상대방의 이야기가 끝난 후에 말함
- 타인의 감정을 잘 파악하여 피드백
- 주로 비언어적 스킬을 사용해 피드백
- 질문을 받으면 상대가 의도한 방향으로 대답하려고 노력
- 감정을 거의 드러내지 않기 때문에 대체로 질문하지 않음
- 이의 제기 없음-긍정적, 순응적
- 양해를 구하고 나서 질문
- How에 관심

🗨 신중형의 커뮤니케이션 특성

말하기에 있어 신중형의 특징은 첫째, 신중하고 용의주도한 커뮤니케이션 스타일이다. 신중형은 말하기 전에 많은 정보를 모으고 분석하고 생각한 다음 이야기하기 때문에 신중하게 단어를 선택하고 단정적이지 않은 표현을 사용한다. 사교형처럼 생각에 앞서 먼저 입을 여는 일이 없고 생각을 잘 모으고 정리하여 결론을 이끌어 낸다. 비교적 말수가 적지만 자신이 필요하다고 생각하는 것은 절약적으로 말한다.

둘째, 감정적, 주관적 표현을 절제하며 객관적 표현을 사용한다. 감정을 겉으로 드러내는 일이 거의 없는 신중형은 사실 위주로 이야기한다. 감정 표현도 "너무 기뻐"와 같이 직접적인 것이 아니라 "그때는 꽤 기쁘다고 느꼈지요"처럼 객관적인 표현을 사용한다. 또한 예의 바르고 격식적으로 이야기하는 것을 좋아한다. 그래서 호들갑을 떨거나 격의 없이 이야기하는 것을 탐탁지 않게 여긴다. 이 때문에 너무 경직되어 있고 다가가기 힘들다는 평을 듣기도 한다.

셋째, 언행일치의 대표적인 유형이다. 자신이 한 말은 반드시 지켜야 한다고 생각하기 때문에 과장되게 이야기하거나 빈말, 사교적 언사, 건성건성 이야기하는 사람을 신뢰하지 않는다. 또한 잡담이나 사적인 이야기는 거의 하지 않으며 진지하고 일과 관련된 공적인 주제들을 즐긴다. 신중형은 오락과 사교적 내용의 이야기를 쓸데 없거나 가치없는 이야기라고 생각하기 때문에 대체로 어느 곳에서나 진지한 주제만을 화제로 삼는다. 그래서 때로는 너무 진지하고 분위기를 심각하고 무겁게 만든다는 평을 듣는다.

넷째, 신중형은 상세하고 구체적으로 설명하는 것을 좋아한다. 목적 지향적이긴 하지만 일을 수행하는 데 있어 과정을 중시하기 때문에 데이터, 사실에 입각하여 상세히 설명하는 것을 즐기며 숫자를 잘 사용하기도 한다. 때로는 너무 상세하게 설명하기 때문에 다른 유형들이 잔소리하는 것으로 여긴다.

다섯째, 비언어적 특성을 살펴보면 신중형은 전체적으로 경직되고 진지한 느낌을 준다. 표정이 차갑고 제스처도 거의 사용하지 않으며 눈도 잘 마주치려 하지 않는다. 목소리도 낮고 일정한 톤으로 천천히 이야기하기 때문에 차갑고 단조롭게 느껴진다. 표정, 목소리의 변화가 거의 없으며 항상 복장이 단정하고 자세가 바르지만

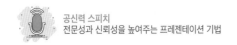

경직되어 있다.

여섯째, 듣기 스타일을 살펴보면 다른 사람의 이야기를 세부적으로 정보나 데이터에 입각하여 듣는다. 차분히 경청한 후 나중에 이야기를 하지만 주로 비판적, 평가적, 분석적 듣기를 하기 때문에 상대방에게 질문을 하거나 지적을 많이 한다. 거짓말이나 과장된 표현에 예민하게 반응하며 논리적 오류가 발생하면 상대방의 말을 신뢰하지 않는다. 또한 커뮤니케이션을 하다가 자신에 대해 비판이나 부정적인 말을 하면 예민하게 반응한다.

일곱째, 질문 스타일을 살펴보면 질문은 간결하게 하지만 끝까지 물고 늘어지는 경향이 있다. 비판적, 분석적 질문을 많이 하며 너무 세부적인 사항까지 질문한다. 특히 정확한 근거나 데이터를 요구하는 경우가 많다. 질문을 받으면 그 자리에서 바로 대답하지 않기 때문에 다소 반응이 더딘 편이다. "글쎄요", "그런가요?" 등 시간을 벌기 위한 말을 많이 한다.

📢 신중형의 커뮤니케이션 특성

- 논리적, 구체적, 분석적 스타일
- 신중하고 단정적이지 않는 표현
- 예의바른, 격식적 스타일
- 언행일치, 과장하지 않고 사실 위주
- 상세한 설명, 일관성 있고 정리된 결론
- 필요하다고 생각하는 것 위주로 절약적으로 말하며, 정리된 다음에 이야기함
- 감정적 표현 절제, 객관적 표현
- 데이터, 사실에 근거, 숫자 잘 사용
- 잡담이나 사적인 이야기 거의 안 함
- 심각하고 진지한 주제 즐김
- 이야기하는 도중 메모하는 습관 있음
- 표정 차갑고, 경직되고 진지한 느낌

- 목소리 낮고 침착하게 들린다.
- 일정한 톤으로 천천히 이야기함
- 제스처가 없고 표정, 목소리 변화 없음
- 눈을 잘 마주치려 하지 않음
- 세부적이고 정보나 데이터에 입각하여 들으며, 논리성, 사실성을 근거로 들음
- 거짓에 예민하게 반응
- 비판적, 분석적 경청
- 논리적 오류 발생 시 상대의 말을 신뢰 하지 않음
- 차분히 경청한 후 나중에 말함
- 질문을 받으면 바로 대답하지 않고 시간을 버는 용어 사용(글쎄요 등)
- 비판적, 분석적 질문
- 너무 세부적인 사항까지 질문
- 질문은 간결하게 하되 끝까지 물고 늘어지는 경향이 있음
- 정확한 근거나 데이터 요구
- 신중한 판단과 결정으로 피드백 느림
- 자신의 비판에 예민하게 반응
- Why에 관심

5 스타일에 따른 커뮤니케이션 적응 전략

모든 갈등은 어떠한 문제, 사안 때문에 생기는 것이 아니라 표현 방식, 즉 커뮤니케이션 스타일의 차이 때문에 발생한다. 우리는 모두 각자 자신만의 고유한 커뮤니케이션 스타일을 가지고 있다. 그래서 사람들 간에 커뮤니케이션 스타일의 차이가 생겨 갈등을 겪는다. 이때 다른 사람의 커뮤니케이션 스타일을 파악해 적응하는 것이 필요하다.

적응력이란 다른 사람들의 필요를 채워주기 위해 기꺼이 자신의 스타일을 조절

할 수 있는 능력을 말한다. 사람들은 자신의 커뮤니케이션 스타일대로 말하는 사람을 좋아하며, 그 말이 더 잘 인식되고 이해되며 설득된다. 예컨대 주도적, 직선적, 솔직한, 간결한 스타일을 가지고 있는 사람에게는 그와 같은 형태로 커뮤니케이션하면 갈등이 줄어들고 설득이 된다는 이야기이다. 우리가 적응력을 높여 다른 사람의 스타일에 적합하게 이야기해야 하는 이유이다.

주도형의 커뮤니케이션 스타일에 적응하는 방법

주도형의 커뮤니케이션 스타일에 적응하는 전략을 살펴보면 다음과 같다.

첫째, 솔직하고 명확하게 이야기해야 한다. 무슨 말이든 즉각적으로 가감없이 솔직하고 명확하게 이야기하는 것을 좋아한다. 설사 부정적인 이야기이거나 잘못한 사항이 있다 하더라도 그것을 지체하지 말고 즉시 솔직하게 이야기해야 한다. 예를 들어 A가 하는 업무에 문제가 생겼는데 상사에게 보고하기가 망설여져 머뭇거리고 있다. 만약 주도형인 상사가 이 사실을 다른 사람을 통해 알게 된다면 매우 화를 낼 것이다. 주도형인 상사는 통제받는 것을 가장 싫어하기 때문에 A가 이야기를 하지 않은 것이 자신을 속이려고 했다고 생각한다.

둘째, 간단명료하고 핵심적으로 설명해야 하며 언제나 결론부터 이야기해야 한다. 예를 들어 어제 주도형인 상사가 퇴근 후에 팀에 문제가 발생했다고 가정해 보자. A는 새벽까지 일을 하며 어렵게 그 문제를 해결했다. A는 그 문제와 관련하여 상사에게 보고를 하려고 밤새 상세하게 보고서를 준비하였다. 아침에 출근하자마자 A는 주도형의 상사에게 보고를 한다. "팀장님, 어제 이런저런 일이 있어서 (중략)" 두세 문장이 끝나기도 전에 주도형의 상사는 A의 말을 중간에 끊고 질문한다. "그래서 어떻게 됐어" 혹은 "결론이 뭐야." A가 "문제는 잘 해결됐습니다"라고 대답하면 주도형의 상사는 "됐어. 서면으로 보고해"라고 이야기한다. 그 문제가 해결된 과정이나 상세한 설명에 관심을 갖지 않는다. 주도형의 관심은 목적 달성에 있지 과정에 있지 않기 때문이다. 꼭 알아야 할 내용만 두괄식으로 간결하게 핵심 단어를 써서 해야 한다. 주도형은 상세한 이야기를 참을성 있게 끝까지 듣는 능력이 부족하기 때문에 간결하게 말해야 한다.

셋째, 애둘러서 말하거나 애매모호하게 이야기해서는 안 된다. 더욱이 의견을 밝히지 않고 침묵으로 일관하는 것을 참지 못한다. 답답해하면서 언짢아하거나 화를 내기도 한다. 어떠한 의견이라도 명확한 표현과 단어를 써서 직접적으로 표현해야 한다.

넷째, 일과 관련된 공적인 주제를 이야기해야 한다. 주도형은 사적인 이야기를 좋아하지 않고 시간이 아깝다고 생각하기도 한다. 그래서 필요한 말만 간단명료하게 이야기하고 목적 달성에

부합되는 이야기만 해야 한다. 일과 관련이 없는 이야기는 쓸모가 없다고 생각하기 때문이다.

다섯째, 큰 목소리, 빠른 속도로 말해야 한다. 목소리가 작고 느리게 이야기하면 답답해한다. 질문에 바로 답변해야 좋아하고 예/아니오 형태의 단답형의 대답을 해야 한다. 항상 당당하고 활기찬 목소리로 자신감이 넘치게 이야기를 해야만 좋은 이미지를 줄 수 있다.

사교형의 커뮤니케이션 스타일에 적응하는 방법

사교형의 커뮤니케이션 스타일에 적응하는 전략을 살펴보면 다음과 같다.

첫째, 말을 많이 하더라도 끝까지 들어주고 반응해주어야 한다. 사교형은 먼저 이야기를 꺼내고 주도한다. 사람들이 자신이 하는 이야기를 열정적으로 반응하면서 들어주는 것을 좋아한다. 따라서 사교형이 하는 이야기를 열심히 맞장구를 쳐주면서 들어주면 된다. 그렇게 하면 사교형은 신이 나고 기분이 좋아져 무엇이든 해주려고 한다.

둘째, 친밀하고 격의없이 이야기하고 풍부한 감정 표현을 하는 것이 좋다. 특히 사교적 언사, 농담, 사적인 이야기를 소재로 삼는 것도 좋은 방법이다. 사교형은 사

람들과 격의없이 관계를 형성하는 것이 커뮤니케이션 목적이기 때문이다. 사교형이 격의없고 친하게 굴어도 당황해하지 말고 이름을 불러준다거나 눈맞춤, 신체적 접촉을 많이 해서 편한 관계임을 보여주어야 한다. 특히 너무 예의를 차려 이야기하거나 논리적이고 이성적으로 이야기하는 것도 바람직하지 않다. 또한 의성어, 의태어, 부사, 형용사 등을 써서 감정을 극적으로 표현해주면 효과적이다.

셋째, 다소 내용이 과장되거나 핵심에서 벗어난다 할지라도 지적하지 말고 차분히 들어주어야 한다. 그후에 내용을 요약하거나 질문함으로써 요점을 파악하고 이야기를 전개시키는 것이 좋다. 예컨대 사교형은 보고를 할 때 장황하게 설명할 수 있다. 이때 사교형에게 미리 어떤 내용을 보고해야 하는지 구체적으로 제시한 다음 보고를 듣는 것이 좋다. 또한 보고를 들으면서 자연스럽게 내용을 요약한 뒤 그 다음 자신이 듣고 싶은 내용을 "그 다음은 어떻게 됐어" 혹은 "개선 방안은 뭐지?" 이런 식으로 요구하는 것이 좋다. 그래야만 시간을 절약하면서 핵심적이고 요점에 벗어나지 않는 보고를 받을 수 있다. 특히 사교형이 핵심적이고 간결하게 보고했을 경우 이를 칭찬해 주면 다음에 그 형식대로 보고할 가능성이 크다. 사교형은 칭찬을 통해 성장하고 동기부여를 받는 유형이기 때문이다.

넷째, 중요한 사항들은 체계적으로 정리하여 정확하게 이야기해 주고 그것을 이해했는지 점검해야 한다. 사교형은 다른 사람의 이야기를 잘 듣지 않거나 건성건성 듣는 경향이 있다. 이 때문에 논의한 사항을 잘 기억하지 못하거나 자신의 방식대로 잘못 해석하는 경우도 있다. 따라서 중요 사항은 다시 한번 짚어주어 정확하게 알도록 도와주어야 한다. 그리고 사교형이 실수를 하면 바로 이야기해서 고칠 수 있도록 해야 한다. 사교형은 그러한 실수를 사소하게 여기기 때문에 다음에 비슷한 실수를 또 할 수 있다. 만약 그 실수를 바로 수정한다면 과도하게 칭찬하여 그 행동이 지속적으로 일어날 수 있도록 동기부여를 해주어야 한다. 예를 들어 사교형이 자주 5-10분씩 지각을 했는데 어느날 일찍 출근했을 경우 "오늘은 무슨 일로 제시간에 출근했어"라고 반응을 보이지 말고 "이렇게 일찍 나오니 기분이 좋고 우리 사무실 분위기가 환해지네. 오늘은 일하는 데 즐겁겠어. 조금 있다 커피 한잔 마시지" 라는 식으로 기분좋게 칭찬하고 인정해 주면 지속적으로 일찍 출근하게 된다. 지지적 칭찬을 많이 해줘야 하는 유형이 바로 사교형이다.

다섯째, 극적이고 재미있고 풍부한 언어, 비언어를 사용하는 것이 효과적이다. 사교형은 화려하고 재미있는 표현, 풍부한 의성어와 의태어 사용, 생기있고 활기찬 비언어를 좋아하기 때문에 그에 맞춰 비언어를 사용하면 자신이 주목받고 있다고 생각할 것이다. 그리고 자신의 이야기를 잘 들어주고 관심을 보여준다고 생각해 좋아한다.

📢 안정형의 커뮤니케이션 스타일에 적응하는 방법

안정형의 커뮤니케이션 스타일에 적응하는 전략을 살펴보면 다음과 같다.

첫째, 항상 말걸기를 시도하고 사소한 배려의 말을 생활화해야 한다. 안정형은 착한 사람들이기 때문에 자신보다는 다른 사람을 배려하는 경향이 강하다. 자신이 다소 손해를 보더라도 다른 사람을 도와주려고 한다. 이때 안정형은 자신이 배려한 만큼 똑같이 다른 사람이 잘해줘야 한다고 생각하지는 않는다. 다만 자신이 다른 사람을 위해 이렇게 행동하고 있다는 진실한 마음을 알아주길 바란다. 따라서 안정형이 어떤 도움이나 배려를 하면 바로 "고마워", "도움이 됐어", "항상 애써줘서 고맙게 생각해" 등의 따뜻한 피드백을 해줘야 한다. 그 말을 들은 안정형은 지속적으로 다른 사람을 위해 애쓰려고 한다. 또한 안정형은 내성적이고 쑥스러움이 많아 다른 사람에게 먼저 다가가지 못한다. 따라서 안정형에게는 먼저 다가가 반갑게 인사하고 아는 척을 지속적으로 해주는 것이 좋다.

둘째, 편안한 분위기에서 느낌과 감정을 공유하는 이야기를 해야 한다. 안정형은 차분하고 조용히 그러면서도 따뜻하게 이야기하는 것을 좋아한다. 따라서 편안한 환경, 쉽게 이야기할 수 있는 내용, 따뜻한 태도로 배려하는 커뮤니케이션을 해야 한다. 너무 솔직하고 직선적으로 이야기한다든지 사무적으로 말하는 것은 안정형에게 부담감을 준다. 개인적인 이야기나 사적인 내용을 언급하면서 분위기를 좋게 하는 것도 하나의 방법이다. 특히 어쩔 수 없이 부정적인 이야기를 할 때조차도 직선적으로 말하지 말고 간접적이고 친절하게 설명해야 한다.

셋째, 자신의 생각을 정리해서 이야기하도록 시간을 배려하고 따뜻하게 반응해줘야 한다. 안정형은 주저하는, 수줍어하는 스타일이기 때문에 자신의 생각을 재빨리 정리해서 표현하거나 자신 있게 표현하지 못한다. 따라서 안정형이 이야기할 때까지 다그치지 말고 기다려주는 것이 필요하다. 질문에 대한 답변도 느리고 상대방이 의도한 방향으로 이야기하는 경향이 강하기 때문에 차분히 자신의 생각을 솔직하게 이야기할 수 있도록 진심으로 독려해야 한다. 간혹 안정형이 자신의 의견을 표현하지 않고 침묵으로 일관하더라도 부정적인 반응을 보이거나 계속 이야기를 하도록 강요하지 말아야 한다. 대신에 "무리하게 서둘러서 말할 필요는 없어. 5분이건 10분이건 기다리고 있을테니 생각이 정리되면 이야기해", "천천히 차분하게 생각해 보자구", "정답에 얽매일 필요는 없으니까 생각한 것이 있으면 편안하게 그대로 이야기해줘"라는 형태로 안정형이 이야기하기 쉬운 분위기를 만들어줘야 한다.

넷째, 무슨 이야기를 하든 의미있고 주의깊게 들어주고 함께 해결하도록 노력해야 한다. 안정형은 자신의 생각을 직접적으로 표현하지 못한다. 그래서 하고 싶은 말이 있어도 처음에 상관없는 개인적인 이야기로 시작하는 경우가 많다. 그러나 안정형은 어떤 이야기를 하기 위해 다른 유형보다도 훨씬 더 오랫동안 고민하고 생각한다. 자신이 그런 이야기를 하면 상대방이 어떻게 생각할까, 피해는 주지 않을까 등 많은 시간을 고민하고 주저하고 망설인다. 따라서 안정형이 자신의 생각을 이야기하면 어떤 내용이든 주의깊게 들어줘야 한다. 특히 안정형이 부탁을 하거나 부정적인 이야기를 하더라도 진심을 다해 들어줘야 한다. 안정형은 그 부탁을 하기 위해 적어도 하루 이상 고민하고 용기를 내서 했을 것이다. 따라서 안정형이 부탁을 하면 진심으로 공감해주고 도와주려고 노력해야 한다. 만약 그 부탁을 들어줄 수 없는 상황이라면 부탁을 듣자마자 바로 거절하면 안 된다. 안정형이 그 부탁을 하기 위해 오랫동안 고민했기 때문에 바로 그 상황에서 거절하면 상처를 받는다. 자신을 좋아하지 않거나 무시한다고 생각할 수 있다. 특히 빠른 판단과 결정을 내리는 주도형과 사교형은 조심해야 한다. 부탁을 들어줄 수 없을 때 우선 "알았어. 알아볼게"라고 이야기한 후에 실제로 이런저런 방법을 찾아본 뒤 안정형에게 해줄 수 없는 이유를 설명하면 된다. 이때 "부탁을 들어주지 못해 진심으로 미안하다"는 말을 하면 감동을 받는다. 안정형은 자신이 한 부탁을 상대방이 들어주지 않아도 너무 고마워하고 미안해한다. 자신의 부탁을 들어주기 위해 애써준 상대방의 마음과 친절함에 감동하기 때문이다.

다섯째, 목소리를 다소 작고 느린 속도로 따뜻하게 이야기해야 한다. 안정형은 수줍어서 비언어에 소극적인 편이지만 신체적 접촉이나 따뜻한 눈맞춤을 좋아한다. 조용하고 편안한 말투로 이야기하는 것을 선호하기도 한다. 따라서 안정형과 이야기를 할 때는 큰 목소리, 빠른 속도, 다그치거나 따지는 듯한 분위기, 흥분하거나 소리 지르는 것에 주의해야 한다. 안정형은 이러한 상황이 되면 당황해서 이야기를 잘못하고 침묵으로 일관한다. 또한 따뜻하게 눈맞춤을 해주고 손을 잡아주는 등의 신체적 접촉을 시도해 상대방을 신뢰하고 있다는 것을 보여주어야 한다.

신중형의 커뮤니케이션 스타일에 적응하는 방법

신중형의 커뮤니케이션 스타일에 적응하는 전략을 살펴보면 다음과 같다.

첫째, 생각을 정리해서 신중하게 이야기해야 한다. 신중형은 생각하고 분석한 다음 이야기하기 때문에 즉흥적으로 생각나는대로 이야기하는 사람을 진지하지 못하고 경솔하다고 생각한다. 따라서 매사에 깊게 생각하고 잘 정리하여 필요한 말 위주로 감정적 표현을 자제하면서 이야기해야 한다. 답변을 할 때도 질문을 받은 즉시 이야기하기보다는 "생각해 보고

말씀드리겠습니다"라고 말한 뒤 나중에 답변을 하는 것이 좋다. 특히 생각나는대로 바로 그 자리에서 자신의 생각을 이야기하는 주도형과 사교형은 주의할 필요가 있다. 또한 신중형이 지적이나 질책을 했을 때도 바로 그 상황에서 "시정하겠습니다", "잘못했습니다"라고 사과를 하면 안 된다. 신중형은 건성으로 상황을 모면하기 위해 그 말을 한다고 받아들여 신뢰하지 않는다. 어떤 경우에는 "무엇을 잘못했

는데"라고 다시 비판적인 질문을 던지기도 한다.

둘째, 가능한 많은 데이터와 자료를 통해 근거를 가지고 상세하게 설명해야 한다. 신중형은 구체적이고 상세하게 설명하며 객관적인 표현을 즐겨 사용하고 데이터나 사실에 근거하여 이야기하는 것을 좋아하기 때문이다. 특히 간결하게 이야기하는 주도형은 더 상세하고 깊게 이야기해야 한다. 사적 이야기나 잡담, 사교적 언사를 즐기는 사교형과 안정형은 더 업무와 관련된 주제, 객관적인 표현 등을 사용해 사실 위주로 이야기해야 한다. 만약 데이터에 오류가 있거나 대충 이야기하면 신중형은 그 말도, 그 사람도 신뢰하지 않는다. 신중형과 이야기할 때는 데이터 하나라도 정확하게 표현해야 한다.

셋째, 언행일치의 커뮤니케이션을 해야 한다. 신중형은 잡담이나 사교적 언사를 좋아하지 않는다. 따라서 신중형과는 사교형처럼 과장하지 않고 정확하게 이야기를 해야 한다. 신중형은 우리가 흔히 사용하는 사교적 언사인 '밥 먹자'라는 이야기를 믿고 그 약속을 지키기를 기다린다. 만약 '밥먹자'라는 말을 지키지 않으면 거짓말했다고 생각한다. 어떠한 말이라도 자신이 한 말은 반드시 지켜야 하는 것이다. 또한 신중형 앞에서는 함부로 "시정하겠습니다"와 같은 말을 하면 안 된다. 시정하겠다고 말하는 순간 신중형은 정말로 시정하는지 지켜본다. 만약 시간이 흘렀어도 시정하지 않으면 그것을 또 질책하고 그 사람을 신뢰하지 않는다.

넷째, 예의 바르고 격식있게 이야기해야 한다. 신중형은 친한 사람이라 하더라도 처음 만나는 사람처럼 존대말을 쓰면서 공손하고 깍듯하게 대해주는 것을 선호한다. 서로 일정한 관계적 거리를 유지하면서 존중해주길 바란다. 따라서 친한 사이라고 격의없이 대하거나 너스레를 떨거나 반말을 하거나 신체적 접촉을 시도하면 부정적인 이미지를 줄 수 있다.

다섯째, 진지한 태도, 의미있는 주제, 격식을 갖춘 분위기에서 커뮤니케이션해야 한다. 신중형은 농담이나 사교적 언사, 잡담을 쓸모가 없는 이야기로 여긴다. 심한 경우 이러한 이야기를 하는 사람을 한심하다고 생각할 수도 있다. 따라서 신중형 앞에서는 농담이나 사교적 언사를 자제해야 하며 매사에 진지한 태도로 커뮤니케이션을 하는 것이 효과적이다. 또한 신중형과 회의나 이야기를 할 때 메모하는 모습을 보여주는 것도 좋다. 신중형은 모든 것을 메모하고 기록하는 스타일이다. 그래서 회의 시간에 메모를 하지 않으면 자신의 말을 잘 듣지 않고 있거나 성의가 없는 것으로 생각한다. 메모하면서 들어야 자신의 이야기에 집중하고 의미있게 받아들이고 있다고 여긴다.

여섯째, 과도한 비언어나 감정 표현을 자제해야 한다. 신중형의 비언어는 매우 제한적이고 차갑다. 눈맞춤을 잘하지 않고 목소리도 크지 않으면서 단조롭다. 제스처도 거의 쓰지 않고 얼굴 표정도 굳어있다. 따라서 눈맞춤을 많이 한다거나 제스처를 자주 사용한다거나 큰 목소리로 이야기한다거나 하는 비언어 사용을 절제하는 것이 좋다.

일곱째, 비판적이고 분석적인 질문에 성의있고 상세히 대답해야 한다. 신중형은 어떤 일에 대한 이유나 과정이 중요한 사람이기 때문에 질문을 많이 한다. 다른 유형들은 당황스럽고 집요하다고 느낄 수 있다. 때로는 추궁하는 것처럼 느껴지고 믿지 못하는 것 같아 기분이 안 좋을 수도 있다. 그러나 신중형이 질문을 많이 하는 것은 문제의 본질에 접근하는 것을 좋아하고 '왜'라는 이유를 정확히 알고 싶어서이다. 따라서 신중형이 과도하다 싶을 만큼 질문을 하더라도 기분 상하지 말고 차분히 상세하고 정확하게 아는 만큼 답변을 해주면 된다.

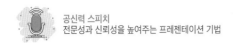

 **참고문헌**

- 강원국(2014), 대통령의 글쓰기, 서울: 메디치미디어
- 김기원·안은숙
- 강주희(2007), "인지·정서·행동치료를 활용한 불안감소 훈련 프로그램이 배구선수들의 경쟁불안에 미치는 효과", 한국스포츠심리학회, 18(1), 133-146
- 강태완(2010), 설득의 원리, 서울: 페가수스
- 게리 개이블 지음, 나선숙 옮김(2003), 마인드 혁명, 서울: 대교베텔스만
- 고든 웨인라이트 지음, 조은경 옮김(2003), 몸짓을 알면 대화가 즐겁다, 서울: 미래의 창
- 곽금주(2007), 습관의 심리학, 서울: 갤리온
- 곽해선 옮김(2003), 로지컬 프리젠테이션, 서울: 이다미디어
- 김경태(2008), 스티브 잡스의 프레젠테이션, 서울: 멘토르
- 김문정 옮김(2009), 사람을 움직이는 칭찬화술, 서울: 나라원
- 김상운(2011), 왓칭: 신이 부리는 요술, 서울: 정신세계사
- 김재진(2010), 뇌를 경청하라, 서울: 21세기북스
- 김종명(2011), 설득의 비밀, 서울: 쿠폰북
- 김혜남(2008), 서른 살이 심리학에게 묻다, 서울: 갤리온
- 나이토 요사히토 지음, 이윤희 옮김(2004), 나를 능력있게 보여주는 자기 연출법, 서울: 가야넷
- 나이토 요시히토 지음, 한은미 옮김(2007), 심리학 칵테일, 서울: 웅진윙스
- 남충희(2012), 7가지 보고의 원칙, 서울: 황금사자
- 니콜라 게겐 지음, 고경란 옮김(2006), 소비자는 무엇으로 사는가, 서울: 지형
- 다카하시 아츠코 지음, 배정숙 옮김(2007), 3분 코칭, 서울: 베텔스만
- 데일 카네기 저, 최염순 역(2000), 카네기 인간관계론, 서울: 성공전략연구소
- 도로시 리즈 지음, 노혜숙 옮김(2008), 질문의 7가지 힘, 서울: 더난출판
- 디모데성경연구원(2003), 건강한 관계 형성을 위한 피플 퍼즐 세미나 인도자 지침서, 서울: 디모데성경연구원
- 로버트 롬 지음, 박옥 옮김(2006), 성격으로 알아보는 속시원한 대화법, 서울: 나라
- 로버트 치알디니 지음, 이현우 옮김(2006), 설득의 심리학, 서울: 21세기북스
- 리처드 윌리암스 지음, 이미주 옮김(2007), 피드백 이야기, 서울: 토네이도
- 리처드 칼슨 지음, 강정 옮김(2004), 사소한 것에 목숨 걸지 마라: 습관 바꾸기 편, 서울: 도솔
- 마빈 토마스 지음, 전소영 옮김(2006), 일촌의 마을, 서울: 해바라기

- 마음의 수수께끼를 연구하는 모임 지음, 채숙향 옮김(2006), 행동에 드러나는 심리를 읽어라, 서울: 지식여행
- 마이클 엘스버그 지음, 변영옥 옮김(2012), 눈맞춤의 힘, 서울: 21세기북스
- 무로후시 준코 지음, 정택상 옮김(2008), 고객을 감동시키는 마법의 대화법, 서울: 중앙경제평론사
- 바바라 패치터·수잔 매기 지음, 서영조 옮김 (2006). 대립의 기술. 서울: 푸른 숲
- 방영훈(2002), 성공을 이야기하는 사람, 서울: 비전코리아
- 베아트 샬러 지음, 김혜진·배진아 옮김(2004), 사람의 행동을 결정짓는 심리코드, 서울: 흐름출판
- 사이토 다카시 지음, 장은주 옮김(2014), 잡담이 능력이다, 서울: 위즈덤하우스
- 산업능률대학종합연구소(2008), 지적 사고의 기술, 서울: 미래의창
- 샘 혼 지음, 이상원 옮김(2013), 설득의 언어, 엘리베이터 스피치
- 샘 혼 지음, 이상원 옮김(2008), 설득의 언어, 엘리베이터 스피치, 서울: 갈매나무
- 스즈키 요시유키 지음, 최현숙 옮김(2003), 칭찬의 기술, 서울: 거름
- 스티븐 카터 지음, 나선숙 옮김(2002), 사랑을 움직이는 9가지 사소한 습관, 서울: 대교베텔스만
- 시라이시 다카시 지음, 곽기형 옮김(2004), 잘나가는 사람들의 특별한 심리학, 서울: 황금비늘
- 시브야 쇼즈 지음, 은영미 역(2010), 상대의 심리를 읽는 기술, 서울: 아라크네
- 아시아경제 "논리男과 수다女 언어의 벽, 어떻게 넘을까", 2014. 2. 12.
- 아트 마크만 지음, 박상진 옮김(2012), 스마트 싱킹, 성루: 진성북스
- 앨런 피즈·바바라 피즈 지음, 서현정 옮김(2005), 보디 랭귀지, 서울: 베텔스만
- 앨런 피즈·바바라 피즈 지음, 황혜숙 옮김(2012), 당신은 이미 읽혔다, 서울: 흐름출판
- 오시마 도모히데 지음, 장진한 옮김(2009), 논리적으로 말하는 기술, 서울: 행담출판
- 윤태영(2016), 대통령의 말하기, 서울: 위즈덤하우스
- 이민규(2006), 끌리는 사람은 1%가 다르다, 서울: 더난출판
- 이상훈(2010), 1만 시간의 법칙, 서울: 위즈덤하우스
- 이현경(2007), 비언어 전달행위가 커뮤니케이터 공신력 평가에 미치는 영향, 광운대학교 대학원 박사학위논문
- 임태섭(1997), 스피치 커뮤니케이션, 서울: 연암사
- 장해순·한주리·이인희(2008), 조직구성원의 체면민감성, 인상관리동기, 부정적 평가에 대한 두려움이 커뮤니케이션 불안감에 미치는 영향, 한국출판학연구, 34(1), 293-322
- 정성훈(2011), 사람을 움직이는 100가지 심리법칙, 서울: 케이엔제이
- 정혜경(2008), 웹사이트의 공신력 차원 도출 및 그 차원과 웹사이트의 시각적 구성요소와의 관계에 관한 연구, 이화여자대학교 대학원 박사학위논문
- 제임스 보그 지음, 전소영 옮김(2012), 그녀는 몸으로 말한다, 서울: 지식갤러리
- 조 내버로·마빈 칼린스 지음, 박정길 옮김(2011), 행동의 심리학, 서울: 리더스북

- 조 내버로·토니 시아라 포인터 지음, 장세현 옮김(2012), 우리는 어떻게 설득 당하는가, 서울: 위즈
  덤하우스
- 조두환(2006), 최고의 설득을 이끌어내는 프레젠테이션, 서울: 가림
- 조용래·이민규·박상학(1999), 한국판 발표불안척도의 신뢰도와 타당도에 관한 연구, 한국심리학회
  지: 임상, 18(2), 165-178
- 존 젠거·조셉 포크먼 지음, 김준성·이승상 옮김(2005), 탁월한 리더는 어떻게 만들어지는가, 서울:
  김앤김북스
- 차배근(1973), 공신력의 개념과 그 효과에 관한 소고, 신문학보 10호, 53-81
- 차배근(1995), 화법, 서울: 지학사
- 찰스 보이드 지음, 김영희·허혼 옮김(2000), 우리 아이는 왜 이럴까, 서울: 디모데
- 최광선(2004), 몸짓을 읽으면 사람이 재미있다, 서울: 일빛
- 최광선(2007), 인간관계 명품의 법칙, 서울: 리더북스
- 최성애(2006), 부부 사이에도 리모델링이 필요하다, 서울: 해냄
- 최인철(2007), 프레임, 서울: 21세기북스
- 최정훈·이정윤(1994), 사회적 불안에서의 비합리적 신념과 상황요인, 한국심리학회지: 상담과 심리
  치료, 6(1), 21-47
- 최창호(1997), 마음을 움직이는 77가지 키워드, 서울: 가서원
- 최현숙 옮김(2003), 칭찬의 기술, 서울: 거름
- 카마인 갈로 지음, 김태훈 옮 (2010), 스티브 잡스 프레젠테이션의 비밀, 서울: 랜덤하우스
- 캐릴 킨제이 고먼 지음, 이양원 옮김(2011), 몸짓언어 완벽 가이드, 서울: 날다
- 커마인 칼로 지음, 김태훈 옮김(2010), 스티브잡스 프레젠테이션의 비밀, 서울: 팬덤하우스
- 커트 모텐슨 지음, 김정혜 옮김(2006), 설득의 힘, 서울: 황금부엉이
- 케빈 호건 지음, 손기찬 옮김(2007), 통쾌한 설득 심리학, 서울: 행복한 마음
- 케빈 호건·메리 라베이 지음, 이수정 옮김(2004), 호감의 심리학, 서울: 북라인
- 클리포드 나스·코리나 옌 지음, 방영호 옮김(2012), 관계의 본심, 서울: 푸른숲
- 타고 아키라 지음, 정유선 옮김(2005), 프로들의 말의 법칙, 서울: 한국경제신문사
- 토니야 레이맨 지음, 강혜정 옮김(2011), 몸짓의 심리학, 서울: 21세기북스
- 토니야 레이맨 지음, 박지숙 옮김, 왜 그녀는 다리를 꼬았을까, 서울: 21세기북스
- 토미타 타가시 지음, 박진희 옮김(2004), 표현의 심리학, 서울: 비전코리아
- 팀 샌터스 지음, 정지현 옮김(2007), 완전 호감 기술, 서울:대교베텔스만
- 프랑크 나우만 지음, 이기숙 옮김(2009), 호감의 법칙, 서울: 그책
- 필 에윈 지음, 고은경 옮김(2006), 태도와 설득, 서울: 시그마프레스
- 하영목·최은석(2010), 한국형 프레젠테이션의 완성, 서울: 팜파스
- 한겨레 21, "정재승의 사랑학 실험실: 니가 나를 알아?", 제718호, 2008. 7. 7.

· 한스 미하엘 클라인·알브레히트 크레세 지음, 김시형 옮김(2007), 심리학을 아는 사람이 먼저 성공한다, 서울: 갈매나무

· 홍성민 옮김(2009), 프로팀장의 대화 기술, 서울: 행간풍경

· 후쿠다 타케시 지음, 정유선 옮김(2006), 프레젠테이션 잘하는 법, 서울: 바른지식

· Berlo, D. K., Lemert, J. B., & Mertz, R. J.(1970). Dimensions for evaluating the acceptability of message sources. *Public Opinion Quarterly, 33*, 563-576.

· Buller, D, & Aune, R.(1988). The effects of vocalics and nonverbal sensitivity on compliance. *Human Communication Research, 14*, 301-332.

· Buller, D. B., LePoire A., Aune, R. K., & Eloy, S. V.(1992). Social perceptions as mediators of the effect of speech rate similarity on compliance. *Human Communication Research, 19* 286-311.

· Burgoon, J., Buller, D., & Hale, H.(1984). Relational message associated with nonverbal behaviors. *Human Communication Research, 10*, 351-378.

· Burgoon, K. Walther, J. Basesler, E.(1992). Interpretations, evaluations, and consequences of interpersonal touch, *Human Communication Research, 19*, 237-263.

· Chaiken, S.(1979). Communicator physical attractiveness and persuasion. *Journal of Personality and Social Psychology, 37*, 1387-1397.

· Dion, K. K., Berscheid, E., & Walster, E.(1972). What is beautiful is good. *Journal of Personality and Social Psychology, 24*, 285-290.

· Duran, R. L.(1992). Communicative adaptability : A review of conceptualization and measurement. *Communication Quarterly, 40*, 253-268.

· Duran, R. L., & Kelly, L.(1988). The influence of communication competence on perceived tasks, social and physical attractiveness. *Communication Quarterly, 36*, 41-49.

· Eagley, A., Ashmore, R. Makhijani, M., & Longo, L.(1990). What is beautiful is good. but... : A meta-analytical review of research on the physical attractiveness stereotype. *Psychological Bulletin*, 109-128.

· Fisher, J. Ryting, M., & Heslin, R.(1976). Hands touching hands : affective and evaluative of an interpersonal touch, *Sociometry*, 29, 416-421.

· Frymier, A. B.(1993). The relationships among communication apprehension, immediacy and motivation to study. *Communication Reports*, 6, 8-17.

· Giles, H., Mulac, A., Bradac, J., & Johnson, P.(1987). Speech accomodation theory : The first decade and beyond. In M. McLauglin(Ed.), *Communication Yearbook 10*(pp. 13-48). Beverly Hills, CA : Sage.

· Hazleton, V. J., & Cupach, W. R.(1986). An exploration of ontological knowledge : Communiction competence as a function of the ability to describe, predict, and explain. *Western Journal of Speech Communication*, 50, 119-132.

· Knapp, M. L., & Hall. J A.(2002). Nonverbal Communication in Human Interaction, Belmont California : Wadsworth.

· Kulka, R. & kessler, J.(1978). Is justice really blind? The effect of litigant physical attractiveness on judiciai judgement, *Journal of Applied Social Psychology*, 336-381.

· Lederman, L. C.(1983). High communication apprehensive talk about communication apprehension and its effects on their behavior. *Communication Quarterly*, 31, 233-237.

· Lucas, S. E.(1995). *The art of public speaking(5th ed.)*. New York : McCraw-Hill.

· McCroskey, J. C. & Richmond, V. P.(1998). *Communication apprehension avoidance and effectiveness.* Scottsdale, AZ; Corsuch Scaribrick.

· McCroskey, J. C., & Beatty, M. J.(1998). Communication apprehension. In J. C. McCroskey, J. A. Daly, M. M. Martin, & M. J. Beatty(Eds.), *Communication and personality : Trait perspectives. 215-231,* Cresskill, NJ : Hampton.

· McCroskey, J. C.,(1978). Validity of the PRCA as an index oral communication apprehension, *Commmunication Monographs,* 45, 192-203.

· McCroskey, J. C., Booth-Butterfield, S., & Payne, S.(1989). The impact of communication apprehension on college student retention and success, *Communication Quarterly*, 37, 73-81.

· McCroskey, J. C.. & Anderson, J. F.(1976). The relationship between communication apprehension and academic achievement among college students, *Human Communication Research,* 3(1), 73-81.

· McCroskey, J. C.. & Sheahan, M. E.(1978). Communication apprehension, social preference, and social behavior in a college envionment, *Communication Quarterly,* 26, 41-45.

· McCroskey, J., Richmond, V., & Daly, J. The development of measure of perceived homophily in interpersonal communication, *Human Communication Research,* 323-332.

· Rosenfeld, I. B., Grant, C. H., & McCroskey, J. C.(1995). Communication apprehension and self-perceived communication competence of academically gifted students, *Communication Education*, 44(1), 79-86.

· Rubin, R. B., Perse, E. M., & Barbato. C. A.(1988). Conceptualization and measurement of interpersonal communication motives. *Human Communication Research*, 14, .652-682.

· Street, R. L., Jr, Brady, R. M.(1982). Speech rate acceptance ranges as a function of evaluations domain, listener speech rate and communication context. *Communication Monograhps, 49*, 290-308.

· Street, R. L., Jr, Giles, H.(1982). Speech accommodation theory : A social cognitive approach to language and speech behavior. In M. Roloff & C. Berger(Eds), *Social cognition and communication*(pp. 193-226). Beverly Hills : Sage.

· Street, R. L., Jr.(1984). Speech convergence and speech evaluation in fact-finding ineviews. *Human Communication Research, 11,* 139-169.

· Street, R., & Brady, R.(1982). Listner speech rate acceptance ranges as a factor of evaluative domain, listner speech rate and communication context. *Communication Monographs, 49,* 290-308.

· Zakahi, W. R., & Duran, R. L.(1984). Attraction, communication competence and communication satisfaction. *Communication Research Reports, 1,* 54-57.

· http://ggvc1365.tistory.com

· https://kookbang.dema.mil.kr/newsWeb/20200226/1/BBSMSTR_000000010050/view.do

· https://www.lgbr.co.kr/uploadFiles/ko/pdf/man/LGBI1026-19_20090203134525.pdf

· https://weeklybiz.chosun.com/site/data/html_dir/2012/05/18/2012051801187.html

· https://namu.wiki/w/%ED%9B%84%EA%B4%91%ED%9A%A8%EA%B3%BC

· https://m.segye.com/view/20190731503047

저자 소개

장 해 순 경희 대학교에서 박사 학위를 받고 미디어 커뮤니케이션 대학원에서 10년간 〈스피치 토론 지도사 과정〉, 〈스피치 소통 전문 과정〉 전담 교수로 재직하며 수많은 스피치 강사, 토론 강사를 양성하였다. 경희대 대학원에서 스피치 토론 전공 주임 교수를 맡아 20여 편의 석사 학위 논문을 지도하기도 했다.

감사원, 국가인재개발원, 대검찰청, 지방행정연수원, LG전자, 삼성생명, 국민연금공단, 한국주택금융공사, 농촌진흥청, 중앙소방학교, 충남경찰청 등 60여 개의 연수 기관과 20여 개의 대학에서 스피치와 토론, 면접, 대화법 강의와 컨설팅을 하였다. 국가인재개발원 사이버 및 모바일 강좌 〈커뮤니케이션 스킬〉, 중앙교육연수원 사이버 강좌 〈갈등관리 스킬 업〉을 개설해 원고를 집필하고 이러닝 튜터로 활동하였다.

현재는 고향인 전북으로 내려와 전북대학교 강사로 재직하면서 〈행복한 스피치 면접 아카데미〉 원장으로 활동하며 스피치와 프레젠테이션, 면접, 토론 강의와 컨설팅을 하고 있다. 스피치와 소통 관련 35편의 학술 논문을 게재하였고 저서로는 《행복한 스피치》, 《텔레비전 토론 프로그램 내용 분석과 시청자 평가》가 있다.

이 만 제 원광 대학교 행정언론학부 미디어 커뮤니케이션 전공 교수로 커뮤니케이션 이론과 실무를 강의하고 있다. 경희 대학교에서 박사 학위를 취득한 뒤 20년간 한국방송진흥원, 한국콘텐츠진흥원에서 미디어 제도, 콘텐츠 산업 실무와 커뮤니케이션 측면을 연구하였다.

호남언론학회장, 방송제도연구회장, 한국콘텐츠경영학회 호남지회장 등을 역임하였고 한국언론학회, 한국방송학회, 한국언론정보학회 총무, 연구, 기획 이사로 활동하였다. 정부 미디어다양성위원회, 지역방송발전위원회, 미디어리더스포럼 위원으로 활동 중이며 KBS, MBC, TBS 객원 해설 위원, 시청자 위원 등을 역임하였다.

휴먼 커뮤니케이션에 관심을 갖고 스피치 능력과 불안감 관련 학술 논문을 15편 게재하였다. 저서로 《현대사회와 언론》, 《DMB와 모바일 콘텐츠》, 《드라마 제작사의 건전한 육성과제》, 《방송영상 콘텐츠 유통 패러다임 변화와 제작환경 개선》 등이 있다. 문화 콘텐츠 산업 발전에 기여한 공로로 문화체육관광부 장관상 2회, 방송통신위원회 위원장상을 수상하였다.

박 양 신 건국 대학교 대학원 휴먼이미지학과 겸임 교수이며 〈박양신 스피치 & 이미지연구소〉 소장으로 활동하며 스피치와 프레젠테이션, 리더십 관련 강의를 하고 있다. 북경 대학교 〈한중 경제 정책 CEO 과정〉을 수료하였으며, 경희 대학교 미디어 커뮤니케이션 대학원에서 스피치토론 전공으로 언론학 석사 학위와 건국 대학교에서 휴먼이미지학 박사 학위를 받았다.

20여 년간 가톨릭대, 건국대, 성균관대, 이화여대, 안동대 등 전국 대학에서 면접, 스피치 & 프레젠테이션 스킬, 리더십 전략 등을 강의하였다. 현대산업개발, 조선호텔, 금융연수원, 행정안전부, KIST, 경북공무원교육원 등 기업과 정부 기관에 출강해 리더의 커뮤니케이션 및 이미지메이킹, 조직 갈등 관리 등을 강의, 컨설팅하고 있다.

휴먼커뮤니케이션, 스피치와 프레젠테이션 관련 학술 논문을 여러 편 게재하였으며 저서로는 《직장인을 위한 말 잘하는 법》, 《정치인 이미지메이킹》, 《나를 사랑하게 하는 대화법》 등이 있다.

전문성과 신뢰성을 높여주는 프레젠테이션 기법

공신력 스피치

초판 1쇄 인쇄 2024년 3월 20일
초판 1쇄 발행 2024년 3월 25일

저　자　장해순·이만제·박양신
펴낸이　임순재
펴낸곳　(주)한올출판사
등　록　제11-403호
주　소　서울시 마포구 모래내로 83(성산동 한올빌딩 3층)
전　화　(02) 376-4298(대표)
팩　스　(02) 302-8073
홈페이지　www.hanol.co.kr
e-메일　hanol@hanol.co.kr
ISBN　979-11-6647-448-4

공신력 스피치

공신력 스피치